Augustines Erkenntnisse

38057

Norman Augustine

Augustines Erkenntnisse

Goldene Regeln für das Überleben in unserer Wirtschaft

Aus dem Englischen von Sascha Mantscheff

Campus Verlag
Frankfurt/New York

Die englische Ausgabe *Augustines Law's* erschien 1986 bei Viking Penguin Inc., New York.

Bibliografische Information der Deutschen Bibliothek.
Die Deutsche Bibliothek verzeichnet diese Publikation in der Deutschen Nationalbibliografie. Detaillierte bibliografische Daten sind im Internet über http://dnb.ddb.de abrufbar.
ISBN-13: 978-3-593-37837-4
ISBN-10: 3-593-37837-X

Umschlaggestaltung: Büro Hamburg
Druck und Bindung: Freiburger Graphische Betriebe
Gedruckt auf säurefreiem und chlorfrei gebleichtem Papier.
Printed in Germany
Besuchen Sie uns im Internet: www.campus.de

»Berater zu engagieren,
ist ein ausgezeichnetes Mittel,
Probleme in Gold zu verwandeln –
Ihre Probleme in deren Gold.«

Für die vielen Menschen in der Wirtschaft
und vor allem in der Regierung und Verwaltung,
die durch ihr Können und Engagement so viel
erreicht haben – allzu oft trotz des Systems,
das sie eigentlich unterstützen sollte.

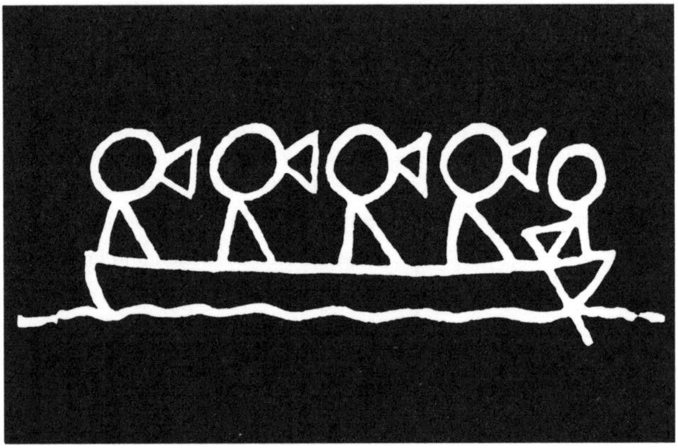

»Schon beim Zuschauen kann man eine Menge sehen.«

Yogi Berra

Vorwort zur neuen Auflage

Haben Sie sich schon einmal gefragt, warum Sie eigentlich auf »Start« klicken müssen, wenn Sie Ihren Computer ausschalten möchten? Warum das einzige, was Sie wirklich über Ihre Autoreifen wissen müssen – nämlich die Angabe, wie hoch der Reifendruck sein muss – in winzig kleinen Buchstaben geschrieben ist, der Name des Herstellers hingegen gut lesbar in großen Lettern auf dem Reifen prangt? Oder warum ein Raumfahrzeug mit einem einzigen fatalen Softwarefehler in einem nur äußerst selten gebrauchten Backup-Modus eine endlose Reihe von Testläufen besteht, um dann beim ersten Start genau diesen Modus zu aktivieren und zu explodieren?

Diese Rätsel scheinen sich immer wieder all jenen zu stellen, die versuchen, unsere moderne Technik zu nutzen – oder sie, Gott behüte, gar zu beherrschen. Doch es waren in der Tat Beobachtungen wie diese, die den Autor vor langer Zeit zu der Schlussfolgerung führten, dass Mutter Natur durchaus nicht streitsüchtig ist. Sie ist schlichtweg höchst anspruchsvoll, ziemlich nachtragend ... und äußerst fair.

Augustines Erkenntnisse versucht, solche merkwürdigen Phänomene zu erklären, und damit Manager, Ingenieure und alle anderen Menschen für eine Welt zu wappnen, in der Technik allgegenwärtig ist. Die ersten Erkenntnisse wurden vor über vierzig Jahren verkündet und bezogen sich – wie alle nachfolgenden – auf die Abnormalität des Strebens nach technologischem Fortschritt. Der Autor war selbst einmal ein recht respektabler Ingenieur, doch war dies –

wie seine Technologen-Kollegen ihm gerne immer wieder in Erinnerung rufen – bevor er ins Management abstieg.

Zu dem Zeitpunkt, als diese *Erkenntnisse* zum ersten Mal in Worte gefasst wurden, hoffte der Verfasser natürlich, sie würden sich mit der Zeit als falsch erweisen und die Management- und Ingenieurswelt wäre doch nicht so ungnädig, wie sie im Allgemeinen erscheint. Doch leider, leider war dies nicht der Fall, vielmehr schienen sie sich im Laufe der Zeit nur zu bestätigen. Eine Ausnahme jedoch ist der Erwähnung wert: Als die *Erkenntnisse* zum ersten Mal veröffentlicht wurden, erhielt ihr Autor einen überaus herzlichen Brief von Laurence Peter, dem Begründer des berühmten Peter-Prinzips.* In diesem Schreiben wies Mr. Peter darauf hin, dass der Verfasser dieses vorliegenden Machwerks sein gesamtes Lebenswerk unterminiert habe. Mr. Peters Untersuchungen hätten nämlich ergeben, dass der Autor mit diesem Buch nicht nur die Stufe der eigenen Unfähigkeit erreicht, sondern sie sogar überschritten habe!

Schlimmer jedoch erscheint dem Autor die Tatsache, dass scheinbar unaufhörlich neue Erkenntnisse wie Pilze aus dem Boden schießen. Dies lässt sich in der verwirrenden Welt des Technologiemanagements tagtäglich beobachten. Diese neuen Verkündigungen beinhalten oftmals zahlreiche empirische Beobachtungen, wie zum Beispiel: »Ölhaltige Gesteinsformationen entstehen durch politische Instabilität an der Oberfläche« (Das können Sie nachschlagen!), oder auch »Tornados entstehen durch Wohnwagenparks.« (Auch dies können Sie nachschlagen!) Doch damit wollen wir uns das nächste Mal beschäftigen.

Die ursprünglichen *Erkenntnisse* erlebten mit den Jahren eine beträchtliche Anzahl von Neuauflagen und liegen mittlerweile auf Deutsch, Italienisch, Russisch und Japanisch vor. Natürlich auch

---

* Das sogenannte Peter-Prinzip wurde von Dr. Laurence J. Peter und Raymond Hull formuliert. Es besagt, dass in einer Hierarchie jeder Beschäftigte dazu neigt, bis zur Stufe seiner Unfähigkeit aufzusteigen, also so lange befördert wird, bis er eine Position erreicht hat, für die er nicht mehr kompetent genug ist. Auf dieser verbleibt er dann.

auf Englisch, welches des Autors erste Fremdsprache ist (wie bereits festgestellt wurde, ist der Autor Ingenieur und als solcher in Computersprachen beheimatet, wie dies bei den meisten Ingenieuren der Fall ist). Es ist offensichtlich, warum die in diesem Buch dokumentierten Pannen, Fehler und teilweise regelrechten Reinfälle unbedingt auch in andere Sprachen exportiert werden mussten: nur so ist gewährleistet, dass in unserem globalen High-Tech-Wettlauf alle Nationen gleich benachteiligt bleiben.

Sicherlich ist viel geschehen in den Jahren, seit diese Erkenntnisse erstmals auf dem harten Boden der Wirklichkeit aufschlugen. Die Informationsrevolution hat zwischenzeitlich nahezu alle Bereiche unseres täglichen Lebens durchdrungen. Das menschliche Genom wurde entschlüsselt, was zum Beweis führte, dass wir Menschen uns nur unwesentlich von einer Fruchtfliege unterscheiden. (Genau das, was dieses Buch schon lange vermutet hat!) Und die erst vor kurzem eingesetzte Revolution der Nanotechnologie hat bereits riesige Ausmaße angenommen.

Wenden wir uns dem Spielfeld der Wirtschaft zu. Kann es wirklich eine Berufsgruppe geben, die per se noch weniger für Schlagzeilen taugt als Wirtschaftsprüfer? Ach, diese Augenschirmträger, wie tapfer sie den Kampf gegen die Widerwärtigkeiten von Enron, Sunbeam und WorldCom aufnahmen, gegen Health South, Tyco und offenbar einen ganzen Stall voller schwarzer Schafe. Alle, die in diese Eskapaden verwickelt waren, hätten besser daran getan, sich diesen kleinen, allerletzten Rat zu Herzen zu nehmen, der sich in der Original-Ausgabe von *Augustines Erkenntnissen* findet, nämlich »Integrität ist die Conditio sine qua non aller menschlichen Bemühungen, einschließlich der geschäftlichen«. Dieser Feststellung folgte die Erkenntnis: »Wüssten die Gauner um den Wert der Ehrlichkeit, dann wären sie ehrlich, ganz einfach weil sie Gauner sind.«

So vieles hat sich verändert, auch während der beruflichen Karriere des Autors in seiner Eigenschaft als CEO eines Luft- und Raumfahrtunternehmens. Dem lange erhofften Ende des Kalten Krieges folgte ein jäher Absturz des globalen Luft- und Raumfahrtmarktes.

Für die Firmen, die der Realität ins Gesicht sahen – und das waren anfangs nur wenige –, gab es nur drei plausible Optionen: Fusionieren, abwickeln oder verschwinden. (Es sollte wohl dazu gesagt werden, dass diese Optionen eine durchaus anerkannte Strategie unberücksichtigt lassen, die in der Vergangenheit von den meisten Luft- und Raumfahrtunternehmen weltweit in Zeiten des Konjunkturrückgangs angewandt worden war, nämlich die des Diversifizierens. Das einzige Problem dieser Strategie ist jedoch, dass sie bislang nie von Erfolg gekrönt war.)

Während dieser jüngsten Rezession entschied sich das Unternehmen des Autors für erstere Möglichkeit, die Fusion, und vereinte so schon bald insgesamt siebzehn Großunternehmen ganz oder in Teilen in einer einzigen neuen Firma unter dem Namen Lockheed Martin. Dieser Konzern hatte fast 200 000 Beschäftigte und einen Umsatz von etwa 35 Milliarden Dollar. So groß diese Herausforderung auch gewesen sein mochte, es fehlte ihr doch völlig die Verwegenheit, die dem Geschäftsführer – und Freund des Autors – einer Konkurrenzfirma mit Namen Northorp in der Zeitschrift *USA Today* zugeschrieben wurde: Laut *USA Today* hatte Kent Kresa verkündet, Northorp würde sich von allen unrentablen Anlagen trennen. Im letzten Jahr hätten sie ihren Stammsitz in Los Angeles verkauft ... Das ist doch mal ein Beispiel für wirkliches »Über-den-Tellerrand-Hinaus«-Denken. Weit darüber hinaus!

Oftmals finden sich Einblicke in die Probleme von Unternehmen in der Tat dort, wo man sie am wenigsten erwartet. Alan A. Milne zum Beispiel hätte in seinem ersten Kapitel von *Pu der Bär* ebensogut über die Höhen und Tiefen des Managements schreiben können: »Hier kommt nun Eduard Bär die Treppe herunter, rumpeldipumpel, auf dem Hinterkopf, hinter Christopher Robin. Es ist dies, soweit er weiß, die einzige Art treppab zu gehen, aber manchmal hat er das Gefühl, als gäbe es in Wirklichkeit noch eine andere Art, wenn er nur mal einen Augenblick lang mit dem Gerumpel aufhören und darüber nachdenken könnte.«

Leider sind die meisten Geschäftsleute, ebenso wie Bären, so sehr mit der Vielzahl von täglich neuen Problemen beschäftigt, dass sie nicht dazu kommen, über die grundlegenden Prinzipien nachzudenken und aus ihren Erfahrungen zu lernen. Ein hervorragendes Beispiel dafür ist das Problem, über das die britische Zeitung *Midlands of England* berichtete. Auf der Buslinie von Bagnall nach Greenfields war es wiederholt vorgekommen, dass mitfahrwillige Passagiere einfach an den Bushaltestellen stehen gelassen und vom Fahrer nicht mitgenommen wurden, obwohl die Busse halb leer waren. Auf die verärgerten Beschwerden der verhinderten Fahrgäste hin ließ ein Sprecher der Busgesellschaft verlauten: »Wenn die Busfahrer für die Fahrgäste anhielten, dann könnten sie unmöglich ihren Zeitplan einhalten.« Diese Aussage ist von bestechender Logik – und doch, irgendwie scheint man dabei irgendetwas übersehen zu haben.

Dieses Buch über Management möchte eine Verschnaufpause vom Alltagsstress des Geschäftslebens schaffen, einen Moment des Atemholens, in dem Zeit ist für kritische Selbstprüfung und die Frage, ob es nicht doch einen anderen Weg gibt, wie Eduard Bär glaubt. Eine allseits anerkannte Autorität, Thomas Edison, bestätigt in seinen eigenen Worten, dass uns diese stetige Aufgabe obliegt: »Es gibt immer einen besseren Weg. Finde ihn!«

Unzählige höchst erfolgreiche Unternehmer haben den Beweis erbracht, dass es einen Weg gibt, es besser zu machen. Und doch bleibt da der gewaltige Rest vielgeschmähter geschäftlicher Abläufe. *Augustines Erkenntnisse* leiten sich überwiegend von dieser Art von geschäftlichen Unternehmungen ab. Sie wurden in der Hoffnung formuliert, dass mithilfe eines besseren Verständnisses vergangener – und gescheiterter – Versuche man wenigstens nur teilweise die Geschichte wiederholen muss. Wie Bismarck sagte: »Nur ein Idiot glaubt, aus den eigenen Erfahrungen zu lernen. Ich ziehe es vor, aus den Erfahrungen anderer zu lernen, um von vornherein eigene Fehler zu vermeiden.« Das entspricht Augustines Grundregel der Luftfahrt: »Fliegen Sie nie in einem Flugzeug mit einer Seriennummer kleiner als zehn.« Dieser vernünftige Ratschlag generiert sich aus der eigenen Fliegerkarriere des Autors (unglücklicherweise verzeichnet diese einen Start mehr als Landungen).

Vielleicht betrifft das Hauptproblem der folgenden Seiten ja weniger die Manager als vielmehr die Bibliothekare: Soll man das Buch nun unter Komödie oder Tragödie einordnen? Wahrscheinlich kommt »Science Friction« der Wahrheit am nächsten. Das lässt den Buchkritikern viel Raum zu erklären, dieses Buch hätte in Wirklichkeit (oder möglicherweise in Unwirklichkeit) beginnen müssen: »Es war einmal...« Doch das Sujet des Buches, nämlich das Management, ist ein sehr wirkliches und sehr ernstes Thema, das unsere gesamte Existenz durchdringt. Schließlich stehen wir unaufhörlich vor der Aufgabe, nicht nur unser geschäftliches Leben zu managen, sondern auch unser privates.

Ganz wie es seinem launischen Forschungsgegenstand entspricht, wurde dieses Buch nicht als Buch geboren. Es war ursprünglich eine Sammlung von Entwürfen für verschiedene Vorträge und Artikel über Management. Dass daraus ein Buch wurde, verdankt der Autor einer Blinddarmentzündung, der Notwendigkeit, sich während der Genesung die Zeit zu vertreiben, und dem Drängen seiner damals fünfzehnjährigen Tochter. Es wurde also ein Tauschgeschäft daraus: Ein Blinddarm gegen ein Buch.

Die Urfassung des Buches richtete sich vor allem an Führungskräfte in der Luft- und Raumfahrt (das Spezialgebiet des Autors) und wurde vom Amerikanischen Institut für Luft- und Raumfahrt veröffentlicht. Zur allseitigen Verblüffung wurden binnen kurzem 10000 Exemplare verkauft – fast alle per Direktversand. Die Leserschaft umfasste allerdings weit mehr als die Luftfahrtspezialisten, für die das Buch ursprünglich gedacht war. Es wurde von Senatoren, Ministern, Ärzten, Rechtsanwälten und allen möglichen Leuten gelesen und zitiert, deren Geschäftsbereiche sich buchstäblich von Damenmode bis zu Krankenhausbetten erstreckten. Das Buch fand Eingang in die Lehrpläne mehrerer Universitäten und wurde Diskussionsgegenstand im amerikanischen Kongress und in den Medien: von Time und Wall Street Journal bis hin zu Atlantic Monthly,

Fortune und National Geographic. In den CBS Abendnachrichten wurde sogar ein Sonderbeitrag darüber ausgestrahlt.

Bei der Lektüre des Buches fiel einer großen Anzahl von Lesern auf, dass die Managementprobleme, die auftreten, wenn es um die Entwicklung eines Raumschiffs für einen Marsflug geht, sehr viel mit denen gemeinsam haben, mit denen sich kleine wie große Unternehmen aller Branchen und Sparten herumschlagen müssen. Gerald Howard vom Verlag Viking Penguin regte daher an, eine neue Version der Erkenntnisse zu erschaffen, die sich diesmal an – wie Howard es zum Leidwesen des Autors ausdrückte – »normale Menschen« richten würde. (Wahrscheinlich meinte er damit nicht die Ingenieursszene.) Trotzdem profitiert das Buch nach wie vor erheblich von der Erfahrung des Autors bei der Leitung von Raumfahrtprojekten, ebenso wie von seiner Zeit bei der Regierung und in der Hochschullehre. Dies liegt hauptsächlich daran, dass der Autor es vorzieht, gegen die übliche Praxis von Washingtoner Schreibern und Rednern über etwas zu sprechen, von dem er zumindest ein wenig Ahnung hat.

In den letzten Jahrzehnten sind viele ausgezeichnete Bücher erschienen, die von erfolgreichen Unternehmen handeln. Dieses Buch hingegen wählt den entgegengesetzten Standpunkt und will seine Lehren aus einem fiktiven Geschäft, das schief gegangen ist, ziehen. Dies ähnelt dem üblichen Vorgehen auf medizinischen Kongressen, bei denen man eine Menge lernen kann, indem man sich nicht allein auf die Gesunden konzentriert.

Bei seinen eigenen geschäftlichen Erfahrungen hatte der Autor (der ganz oben – in der Distribution – anfing: während seiner Studienzeit pflegte er Flachdächer zu teeren) das Glück, mit einer Reihe wirklich hervorragender Unternehmen und Teams zusammenzuarbeiten. Dazu gehört auch die Organisation, die er in jüngster Zeit zu führen die Ehre hatte. Doch gleichzeitig hatte der Autor Gelegenheit, das Wesen großer und kleiner Organisationen in schwierigen Situationen zu beobachten. Offenbar verfügte er über ein inneres Gespür für das richtige Timing und trat gerade dann in die

Firmenleitung eines kleinen und notleidenden Unternehmens ein, als dieses von einem größeren aufgekauft wurde. Er verließ Douglas Aircraft unmittelbar bevor dieses Unternehmen von McDonnell Aircraft übernommen wurde, nahm genau bei Kriegsausbruch eine Stelle im Pentagon an und begann just in derselben Woche bei der riesigen LTV Corporation, als deren Gründer Jimmy Ling seiner Aufgaben enthoben wurde und die Firma vor dem Bankrott stand. Er fing gerade rechtzeitig als Berater des amerikanischen Präsidenten an, um mitzuerleben, wie Präsident und Vizepräsident zum Rücktritt gezwungen wurden, übernahm genau in dem Moment die Leitung von Martin Mariettas größter Abteilung, als die Bendix Corporation ihren lauthals proklamierten (und erfolglosen) Versuch startete, Martin Marietta zu übernehmen und wurde CEO von Martin Marietta just als mit dem Ende des Kalten Krieges die Märkte für Verteidigungstechnik und Luft- und Raumfahrt zusammenbrachen. Narbengewebe kann im Geschäftsleben von großem Wert sein – auch wenn sein Erwerb nicht immer schmerzfrei ist.

So war auch die Entstehung dieses Buches mit einer gewissen Beklommenheit verbunden – besonders im Hinblick auf den scharfsinnigen Ratschlag, den ein Freund des Autors gab, der ehemalige Secretary der Air Force und spätere Partner der Anwaltskanzlei Zuckert, Scoutt, Rasenberger & Johnson Gene Zuckert, nämlich: »Woran liegt es, dass so viele ehemalige Regierungsmitglieder erst dann eine eigene prägnante Sichtweise und Reformvorschläge entwickeln, wenn sie nicht mehr in der Position sind, um wirklich etwas verändern zu können?« In der Tat, diese Frage ist berechtigt.

Obgleich *Augustines Erkenntnisse* sich bei der Schilderung der Probleme in diesem Buch eines oftmals ironischen Tons bedient, sind es dennoch unzweifelhaft echte Probleme, mit denen echte Menschen und echte Unternehmen fertig werden müssen. Mit dieser zeitweise etwas respektlosen Haltung gegenüber der Geschäftswelt und besonders »dem System« hofft der Autor, dass seine Abhandlung über das Fehlverhalten von Organisationen dazu beitragen möge, diese Abläufe zu verbessern. Denn trotz der vielen Reinfälle zeigt sich, dass diesen Prozessen wahrhaft enorme Stärke und Leistung innewohnen und dies ist maßgeblich all denen geschuldet, die sich mit Einsatz und Können dafür einsetzen, dass sie funktionieren. Der Autor ist stolz darauf, solche Menschen zu seinen Kollegen – innerhalb wie außerhalb der Regierung – zählen zu dürfen, und hat höchsten Respekt für die Hingabe und die Integrität, mit der sie ihre Pflicht erfüllen – ungeachtet einiger weniger Abtrünniger, welche übermäßige Medienaufmerksamkeit auf sich ziehen. Es versteht sich von selbst, dass der Autor unveränderlich fest an die Macht der freien Markwirtschaft glaubt.

Danken möchte der Autor Paul Blumhardt und James Morrison für ihre Hilfe bei der Sammlung verschiedener hier verwendeter statistischer Daten, Pamela Seats für die Durchsicht eines Teils des Materials, Rhoda Glaser für ihre Hilfe beim Abschreiben bestimmter, bereits vom Defense Systems Management College veröffentlichter Passagen, Joel Makower von Tilden Press, Inc. für seine Unterstützung bei den Recherchen, Glenda McFarlin für die Gesamtbearbeitung des Manuskripts und Patti Watson für ihre Unterstützung bei der Überarbeitung dieser neuesten Ausgabe von Augustines Erkenntnissen.

Die ursprüngliche, nicht ganz vollständige Sammlung dieser Erkenntnisse trug die Bezeichnung »The Compleat Augustine's Laws«. Dies ist die vergängliche Natur unveränderlicher Gesetze.

Norman R. Augustine

Washington D.C., 2006

Inhalt

Dädalus, Handwerker und Erfinder, formte aus Federn und Wachs zwei Paar Flügel und schwang sich mit seinem Sohn Ikarus hoch in die Luft empor, bis Ikarus der Sonne so nah kam, dass seine Flügel schmolzen. Er stürzte ab und ertrank im Meer.

Griechische Mythologie

»Selbst die Stürmer und Dränger brauchen Katastrophenpläne«

Teil I
Grenzenlose Begeisterung

Kapitel 1

Der Anfang vom Ende

»Befreit Gondwanaland!«
Graffito an der Duke University

Kaum hatten sie die aufregende Wirtschaftsfakultät hinter sich gelassen, wurde ihnen schon in jungen Jahren zu ihrer Enttäuschung klar, dass nichts als die Zukunft vor ihnen lag. Doch sie besaßen den Sturm und Drang der Jugend und den Ehrgeiz, die Geschäftswelt zu erobern und dann zu Schwierigem überzugehen. Beide waren dazu ausgebildet, sofort als Vorstandsvorsitzende eines führenden amerikanischen Unternehmens anzufangen, oder falls das nicht klappen sollte, wenigstens als Generaldirektor. Sie hatten sogar beide ihr Examen mit Auszeichnung bestanden, vor allem aufgrund der gemeinschaftlich verfassten Diplomarbeit mit dem Titel »Top-Management für Anfänger«. Aber wie das Schicksal so spielt, hatte zufällig gerade keine der Fortune-500-Firmen eine Vakanz für einen Vorstandsvorsitzenden oder auch nur einen Generaldirektor. Ohne Berufserfahrung, die sie für einen anderen Job qualifiziert hätte, blieb ihnen als einzige Alternative, selbst eine kleine Firma zu gründen. Selbst die Stürmer und Dränger brauchen Katastrophenpläne. Doch wie C. D. Jackson sagt: »Große Ideen brauchen nicht nur Flügel, sondern auch ein Fahrgestell.« So schlüpfte mit einem Flügel und einem Stoßgebet die Dädalus-Modellflugzeug-Gesellschaft aus dem Ei – weil beide sich für Modellflugzeuge interessierten, aber bedauerlicherweise keine Stellung fanden, in der sie anderen zu Reichtümern verhelfen konnten. Not macht wirklich erfinderisch. Aus kleinen Eicheln wachsen mächtige Eichen – und hat nicht jede erfolgreiche Firma einst klein angefangen? Oder hört man von Gene-

ral Electric, General Motors und General McArthur einfach mehr als von General Candle, General Carriage und General Custer – ohne ersichtlichen Grund? In der Tat war den aufstrebenden Jungunternehmern kaum bewusst, dass es von nun an bis nach oben nur noch bergab ging. Das ist ein Problem, das neue Firmen und neue Menschen gemeinsam haben – sie werden jung geboren.

Die Idee von Gewinn und Verlust steht gleichberechtigt neben Baseball und Apple Pie als Eckpfeiler des amerikanischen Lebensstils. Ironischerweise war vielleicht das beste Beispiel für die freie Wirtschaft in Amerika passenderweise zu Beginn der achtziger Jahre in der Landeshauptstadt zu beobachten, als einige Studenten eine kommerzielle »Protestfirma« gründeten. Die Idee war eine Art »Demo-Mietservice«, bei dem jeder, der eine Demonstration vor dem Weißen Haus inszenieren wollte, das für ein paar lächerliche Dollars tun konnte – und die Schilder wurden kostenlos gestellt. Für größere Demonstrationen gab es Mengenrabatte. Das sprach natürlich diejenigen an, die für wichtige Dinge kämpften, dafür aber noch lange nicht persönlich einen kalten Bürgersteig auf- und abmarschieren wollten.

Das ist das Fundament des amerikanischen Geschäftslebens – dieser mit Abenteurern und Pionieren gut besetzten Bühne. Doch Enthusiasmus, Energie und Euphorie sind, wie wir noch sehen werden, nicht immer genug, um sicher durch die gefährlichen Stromschnellen der modernen Wirtschaft zu steuern. Ein Bericht von Booz, Allen & Hamilton beschreibt eine jener Katastrophen mit den Worten: »Die Geisteskraft der Firmenleitung verblasste vor ihrem Adrenalingehalt.«

Tom Watson jr., der legendäre langjährige Vorstandsvorsitzende von IBM, schrieb Ende der siebziger Jahre, dass »von den fünfundzwanzig führenden Industrieunternehmen der USA im Jahre 1900 heute nur noch zwei in diesem Rang vertreten sind. Eines hat seine Identität behalten, das andere ist ein Zusammenschluss von sieben Unternehmen der ursprünglichen Liste. Zwei dieser fünfundzwanzig sind Konkurs gegangen. Drei weitere haben fusioniert und sind zurückgefallen. Die restlichen zwölf blieben im Geschäft, doch jedes hat beträchtlich an Boden verloren.«

Leider treibt der Schnitter Firmentod auch heute noch sein Unwesen. Vor etlichen Jahren beurteilte die Zeitschrift *Forbes* die Solvenz der zehn »profitabelsten» US-Unternehmen, und zwar gemessen an Eigenkapital, Wachstum und den Leistungen in einem Zeitraum von fünf Jahren. Fünfzehn Jahre später existierten drei davon nicht einmal mehr als unabhängige Firmen. Bei vier weiteren lag die Eigenkapitalrendite kaum über der von Pfandbriefen. Bei einer dieser drei Firmen lag die Eigenkapitalrendite sogar unter der, die man erzielt, wenn man sein Geld unter der Matratze versteckt: Nach der Übernahme musste sie Konkurs anmelden.

Einer Studie der Columbia University zufolge haben von 75 Computerfirmen, die Ende der sechziger Jahre gegründet wurden, nur zehn die nächsten 15 Jahre überlebt. Thomas Willmott von der International Data Corporation meint, eine Nische zu verteidigen sei so, »als wäre man in der Schlacht am Alamo.« Und mit Calvin Coolidges Worten: »Wenn eine große Zahl von Menschen keine Arbeit finden kann, führt das zur Arbeitslosigkeit.«

1984 wurde in einer Titelgeschichte der *Business Week* mit der Überschrift »Oops!« das anregende Buch »Auf der Suche nach Spitzenleistungen« von Thomas Peters und Robert Waterman einer gründlichen Nachschau unterzogen. Das Urteil von *Business Week* lautete, dass »... mindestens 14 der 43 Unternehmen, die Peters und ... Waterman vor gerade erst zwei Jahren in ihrem Buch bejubelten, ihren Glanz eingebüßt haben.« Das Buch hingegen wurde ein Bestseller.

Alle elf Profi-Basketball-Ligen, die zwischen 1976 und 1983 gegründet wurden, trieben kieloben – was jedoch die Gründung von Nummer 12 nicht hinderte.

Irgendwie kommen diese Aussichten für die meisten Leute überraschend, genauso wie es erstaunt, wenn der Tennistrainer Vic Braden seine ungläubigen Schüler daran erinnert, dass die Hälfte aller

Tennisspieler verliert. Warum sollte es so außerordentlich schwierig sein, im Geschäftsleben Fuß zu fassen, wo man doch mit einem unbeschriebenen Blatt anfangen und seine eigenen Produkte, Märkte, Einrichtungen und sogar Mitarbeiter auswählen kann? Vielen erscheint es leicht, doch die Einfachheit sollte man im selben Licht betrachten wie die Mühelosigkeit des ersten Schritts auf einer Feuerwehrleiter: Es ist nicht so leicht, wie es aussieht.

Die Zeitschrift *Inc.* schrieb über die Firma Osborne Computer, dies sei »keine 08/15-Firmengründung» gewesen und zitierte daneben den Gründer mit der Behauptung: »Ich hatte kein Diplom als Elektroniker und ich hatte nie einen Produktionsbetrieb geleitet.« Trotzdem »wusste ich, wir würden Erfolg haben,« sagte er zuversichtlich 1983, kurz bevor seine Firma bankrott machte. Als er kurz darauf über seine neue Firma interviewt wurde, bemerkte er unerschrocken: »Ich bin zu dem Schluss gekommen, dass das Geld nur so auf der Straße liegt und dass es einer aufheben sollte.«

Laut *Computer & Software News* wird der Aktienmarkt – kaum überraschend – »der Computerladenketten müde, deren Umsatzverdoppelungen nur zu verdoppelten Verlusten führen.« Raymond Rose von Oliver Rose Securities bemerkte, dass »der Quotient Gewinn/Einnahmen sinnlos ist, wenn es keine Einnahmen gibt.«

Und doch werfen allein die amerikanischen Business-Schools Jahr für Jahr rund 120000 hoffnungsvolle Unternehmer auf den Markt. Ein Institut bietet einen MBA-Lehrgang in den New Yorker Pendlerzügen an. Mancher meint, sie sollten den Kurs besser in dem Zug anbieten, der zum Konkursgericht fährt. Jahrelang waren unter den 2000 College-Absolventen, die das »Blue-Chip«-Unternehmen General Electric jährlich rekrutiert, interessanterweise weniger als 50 MBAs. Robert Mills, zuständig für die Beziehungen zu den Universitäten und die Personalbeschaffung von GE, behauptete schlichtweg: »Das MBA-Diplom ist wertlos.«

Wenn man den Weg zum geschäftlichen Erfolg oder auch nur zum Überleben nicht auf den angesehensten höheren Bildungsinstituten des Landes lernen kann, lassen sich die großen Wahrheiten vielleicht am anderen Ende des akademischen Spektrums entdecken – auf der Schule der rauen Wirklichkeit. Frank Perdue, der Großmeister des amerikanischen Hähnchens fasste alles ohne Lehrbuch, Pendlerzug oder Bittbriefe an die Ehemaligen in nur drei Sätzen zusammen: »Achtzig Prozent aller neuen Produkte fallen durch. Der Hersteller meint, der Verbraucher sei ein Dummkopf. Deswegen versagen die Produkte.« Punkt.

The Economist berichtete von einer Studie über die Einführung neuer Produkte am Markt, wonach 58 Prozent aller Innovationen letztendlich durchfallen, außer denjenigen, die vom Top-Management initiiert wurden – die fallen zu 74 Prozent durch.

Der Forschungsleiter von Sodyeco, einem Hersteller von Stofffarben, behauptete, dass sein Unternehmen 13 000 Farbstoffe synthetisiere, doch bloß 28 davon auf den Markt gebracht habe. Unter denen, die es schafften, war ein langgesuchter, lichtechter Farbstoff für Bluejeans. Diese vielversprechende Entdeckung, das Produkt jahrelanger intensiver Forschung, kam gerade rechtzeitig für den Trend der Massen zu vorgebleichten Jeans auf den Markt. Man erinnert sich, dass sogar Thomas Edison einige hundert Fehlschläge verzeichnete, bevor er endlich eine Substanz fand, die sich als Glühfaden für die elektrische Birne eignete. Aus den 1 069 Patenten Edisons sind sogar nur 13 grundlegend neue Produkte hervorgegangen, die sich auf dem Markt durchgesetzt haben.

Heutzutage werden täglich etwa 800 Patente beim Patentamt der USA beantragt. Mehr als die Hälfte davon erhält den erwünschten Schutz – doch der ist meist überflüssig, da noch nicht einmal ein Prozent der Erfinder damit einen Gewinn erzielen. Was die anderen 99 Prozent brauchen, ist Schutz vor sich selbst.

Dass ein Unternehmen lediglich Erfolg hat, reicht jedoch nicht. Es muss erfolgreicher sein, als die Finanzwelt von ihm erwartet. Am 27. Dezember 1984 gab Toys ‚Я' Us, Inc. bekannt, der Umsatz sei in der Weihnachtszeit um spektakuläre 17 Prozent gestiegen. Nur gab es da ein Problem: Die Börsenmakler hatten allen erzählt, die Steigerung werde bei 30 Prozent liegen. Anderntags fiel der Kurs von Toys ‚Я' Us um 7 Punkte – von 47 auf 40 – und sank in den folgenden Wochen noch weiter.

Ein neues Geschäft aufzumachen, ist riskant. Wie riskant, zeigt Grafik 1. Die Gründung einer Firma rangiert etwa auf gleicher Stufe wie das Überqueren der Niagarafälle in einem Fass, und manchmal ist sie ungefähr genauso sinnvoll. Die Überlebenschancen bei Fallschirmspringen, Autorennen und Raumfahrt sehen dagegen vergleichsweise gut aus. Ein passenderer Begriff für »Risikokapital« wäre vielleicht »Abenteuerkapital«.

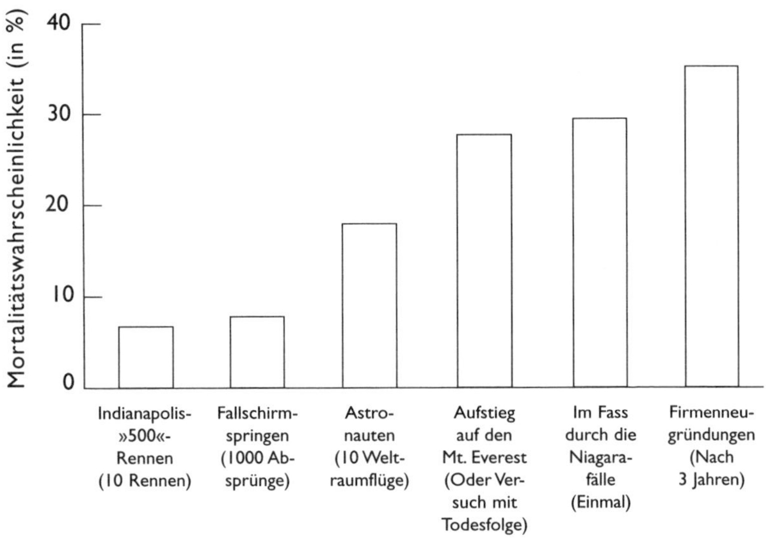

Grafik 1: *Gefährliches Geschäft.* Es gibt viele riskante Unterfangen auf dieser Welt, doch nur bei wenigen ist die Wahrscheinlichkeit des Scheiterns so erschreckend hoch wie beim Aufbau eines neuen Unternehmens.

Als der Autor einmal Jim Doolittle fragte, worin in den Kindertagen der Luftfahrt die größte Gefahr bestand, erwiderte der hochangesehene Luftfahrtpionier ohne Zögern: »Im Verhungern«. Seine Bemerkung scheint auf die meisten in den Kinderschuhen steckenden Unternehmen zuzutreffen.

Augustines erstes Gesetz, das Gesetz des ewigen Optimismus, lässt sich aus dem oben Vorgebrachten ableiten:

Gesetz Nummer I

Um Dreck in Gold zu verwandeln, fängt man am besten mit goldenem Dreck an. Das gleiche gilt für das Geld.

Für jede Firma, die in einem See aus roter Tinte ertrinkt, gibt es Hunderte, denen die Tinte bloß bis zum Hals steht. Zu Beginn der achtziger Jahre, in einem Jahr, das in den jährlichen Geschäftsberichten verschämt »ein Jahr der Konsolidierung« genannt wird, verzeichneten 528 870 der 1 468 725 in den USA tätigen Unternehmen einen Nettoverlust. Das ist es, was wirklich unter dem Strich steht.

Sogar scheinbar erfolgreiche Betriebe schreiben zuweilen rote Zahlen. So gelang es zum Beispiel, wie die *Washington Post* schrieb, W. Clement Stone von Combined International Corporation nie, » ... mit der Zeitschrift *Success* [Erfolg] Gewinn zu machen.« Andererseits beschloss Fred Smith, der Gründer von Federal Express, die schlechte Note für seine College-Semesterarbeit zu widerlegen, in der er das Konzept eines 24-Stunden-Paketdienstes entwickelt hatte – er legte den Grundstein zu einem Unternehmen mit heute mehr als 27 Milliarden Dollar Umsatz bei steigender Tendenz.

Die Fähigkeit, Risiken und potentiellen Gewinn abzuwägen, ist das A und O der Entscheidungsbildung im Geschäftsleben – und im Privatleben sowieso. Ein wirklich klassisches Beispiel dafür wurde bei einer nicht geprobten Vorlesung im Rahmen des »PACE« genannten Programms für Führungskräfte der James R. Neuman Corporation im Film festgehalten. Der Referent bat jemanden aus dem Publikum nach vorne und fragte, ob er bereit sei, für 20 Dollar über einen (gedachten) schmalen Stahlträger zu balancieren, der auf dem Boden liege. Nach der Bejahung lautete die Frage, was wäre, wenn derselbe Stahlträger zwischen zwei vierzigstöckigen Gebäuden gespannt wäre. Die lernwillige Führungskraft antwortete prompt, unter solchen Umständen würde er nicht darüber balancieren und schon gar nicht für 20 Dollar. Nachdem der Referent anscheinend bewiesen hatte, worauf es ihm ankam, fuhr er leichtsinnigerweise fort: »Angenommen, ich stehe auf einem der beiden Wolkenkratzer und halte eines Ihrer Kinder über den Rand und sage Ihnen, ich lasse es fallen, wenn Sie nicht herüberkommen. Was tun Sie jetzt?« Der Befragte dachte einen Moment nach und brachte dann das Publikum völlig außer Rand und Band, als er zurückfragte: »Welches meiner Kinder meinen Sie?«

Einige der bedeutendsten Wagnisse der Geschichte waren nicht allein das Ergebnis enormer Risikobereitschaft, sondern vor allem schieren Glücks in Verbindung mit scharfer Beobachtungsgabe und Fantasie. Penicillin wurde entdeckt, als Sir Alexander Fleming zufällig beobachtete, dass Bakterien in einer Kultur nicht gediehen, die versehentlich durch Schimmel verunreinigt war. Die Kunstfaser war das Resultat dessen, was ein Forscher von Du Pont beim Auswaschen eines Reagenzglases beobachtete, das für die Polymer-Grundlagenforschung benutzt worden war. Ein für die Bildung von synthetischem Kautschuk unerlässlicher Katalysator wurde entdeckt, als ein Quecksilberthermometer zerbrach, das man leichtsinnigerweise als Rührstab benutzt hatte. Die Suche nach künstlichen Süßstoffen wurde überraschend vorangetrieben, als ein Forscher zufällig eine süß schmeckende Zigarette bemerkte, die auf einem Labortisch gelegen hatte. Ivory Soap – »die Seife, die schwimmt« – wurde erfunden, als ein Arbeiter versehentlich Druckluft in einen Seifenkochkessel einleitete. Wilhelm Röntgen entdeckte die Röntgenstrahlen, als er Kathodenstrahlen untersuchte. Und Amerika wurde »entdeckt«, als Kolumbus auf seiner Suche nach Indien scheiterte.

In einer hervorragenden Anzeigenserie fasste Harry Gray im Namen seiner Firma United Technologies Corporation beredt den Grund dafür zusammen, dass es glücklicherweise immer Abenteurer geben werde, die bereit und sogar begierig seien, das Glück einzufordern. »R. H. Macy«, erklärte eine Anzeige, »machte siebenmal

Pleite, bevor sein Kaufhaus in New York Fuß fasste. Der englische Romancier John Creasey erhielt 753 Ablehnungen, bevor er 564 Bücher veröffentlichte.« Dieselbe Anzeigenserie berichtete von einem Mann, der »... aus der Grundschule flog. Er eröffnete einen Laden. Machte Pleite. Brauchte 15 Jahre, um seine Schulden zu bezahlen. Heiratete. Die Ehe war unglücklich. Kandierte für den Kongress. Verlor zweimal. Kandierte für den Senat. Verlor zweimal. Hielt eine Rede, die zum Klassiker wurde. Das Publikum blieb ungerührt. Er wurde täglich von der Presse angegriffen und vom halben Land verachtet. Er hieß Abraham Lincoln.«

Kapitel 2

Warten Sie bis letztes Jahr

»Warum Banken berauben?
Weil da das Geld ist.«

W. Sutton

Der erste Entwurf eines Fünf-Jahres-Plans sah fantastisch aus – zu schön, um wahr zu sein. Nur der Ein-Jahres-Plan war wohl ein bisschen wackelig... doch unsere knospenden Titanen des amerikanischen Geschäftslebens hatten sich langfristig in dieser Branche etabliert, so dass es keine Zukunft hatte, sich mit kurzfristigen Betrachtungen aufzuhalten. Dermaßen begeistert bemerkte keiner der beiden die Prämisse der vorliegenden Marktprognosen: dass nämlich jeder einzelne Amerikaner, ob Mann, Frau oder Kind, sein restliches Leben lang jeden Tag ein Modellflugzeug kaufen müsste. Andererseits hatte die Dädalus-Modellflugzeug-Gesellschaft die besten Berater, die für Geld zu haben waren, Leute mit genau derselben Ausbildung wie diejenigen, die die Verkaufszahlen für das Überschallflugzeug Concorde, das Auto Ford Edsel und den Markt für Heim-Videospiele vorausgesagt hatten. Der Datenbestand über den Markt für Modellflugzeuge war gelinde gesagt mager, doch jeder weiß, dass die Landeshauptstadt voll von renommierten Wirtschaftswissenschaftlern ist, die sich ihre Reputation durch die Extrapolation eines einzigen Datenpunkts erwarben. Außerdem muss man sich, wenn man etwas Neues anfängt, auf das große Ganze konzentrieren. So sagte die amtierende Regierung höchstpersönlich angesichts der anstehenden, heiß umkämpften Wahlen einen gewaltigen Aufschwung des Wirtschaftswachstums voraus. Und diese Prognosen waren mit Sicherheit nicht bloß die flüchtige Laune eines unerfahrenen Prognostikers – genau dieselben Prognosen wurden nun seit vier Jahren immer wieder aufs Neue aufgestellt. Sie hat-

ten Format. Nur der Beginn des bald zu erwartenden Aufschwungs schien etwas zweifelhaft – jedes Jahr verzögerte er sich um ein Jahr.

Wie heißt es in der alten Kabarett-Nummer: »Sie sagten: Kopf hoch, es könnte schlimmer sein; also fasste ich Mut, und tatsächlich – es wurde schlimmer.« Betrachten wir beispielsweise die Anzahl der Kriegsschiffe der amerikanischen Marine. Über Jahre hinweg wurden Prognosen angestellt, die klar erkannten, dass die Budgetstraffung in nächster Zukunft eine Verminderung der Flottenstärke zwingend vorschriebe. Doch sagten dieselben Prognosen auf lange Sicht immer einen starken Aufschwung voraus. Wie Grafik 2 zeigt, haben sich diese Prognosen insgesamt als halbrichtig erwiesen: Die Anzahl der Schiffe sank tatsächlich der Prognose entsprechend kurzfristig, doch auf lange Sicht wurde es in Wirklichkeit sogar noch schlimmer. Mit den Worten von Quintus Ennius vor 2200 Jahren, der sich viel-

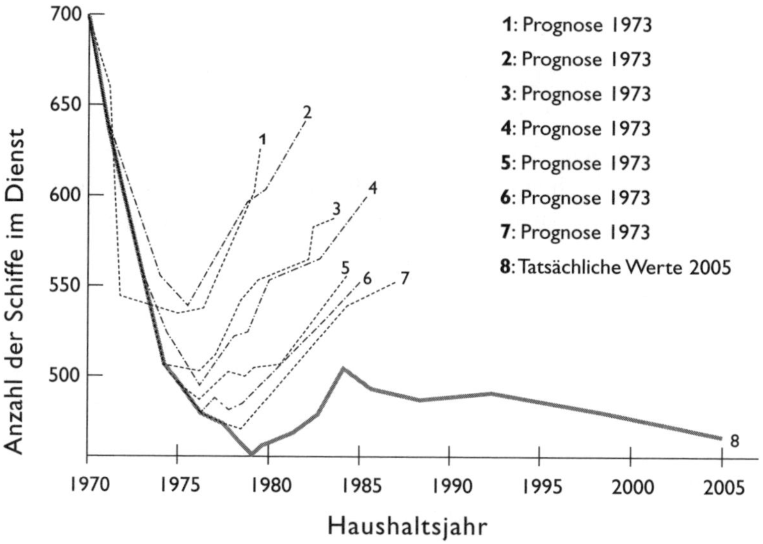

Grafik 2: *In Wirklichkeit versunken oder: Das Sargassomeer der Wirklichkeit.* Viele Jahre lang erwarteten die offiziellen Prognosen eine erhebliche Steigerung der Flottenstärke – die jedoch nie eintrat. Heute verfügt die U.S.-Marine noch über 289 Großschiffe.

leicht über die Zukunft der römischen Flotte Sorgen machte: »Keiner scheint zu sehen, was vor seinen Füßen liegt; wir alle blicken zu den Sternen.« In der Tat ist es wohl seit Jahrhunderten so, dass die Planer über ihre eigenen Füße stolpern, wenn sie in die Ferne schauen. Was Verkaufsprognosen und Finanzierungsmittel angeht, sind die Planer traditionell zu optimistisch bei ihren langfristigen Betrachtungen. Die große Ausnahme scheint das Gebiet der technologischen Prognosen zu sein, bei denen die Planer auf kurze Sicht allzu optimistisch waren, auf lange Sicht jedoch nicht optimistisch genug. Man hat einmal einen guten Planer als einen Menschen definiert, der damit zufrieden ist, mit den Ergebnissen falscher Vorhersagen zu leben.

Das Problematische an der Prognose einer baldigen Genesung ist, dass sie sich schließlich selbst stützt und tatsächlich geglaubt wird – nicht nur von den Prognostikern selbst, sondern auch von den Marketingmanagern der Unternehmen, die eine Art umgekehrten Bombenalarm geben. Francis Bacon bemerkte ganz richtig: »Der Mensch glaubt am liebsten das, was ihm die liebste Wahrheit ist.«

In so einem Umfeld werden häufig neue Produkte ins Leben gerufen, wobei man darauf zählt, dass in den herrlichen Zeiten, die da fast mit Sicherheit kommen, Mittel zu ihrer Vollendung zur Verfügung stehen werden. Das Problem ist, dass die fetten Jahre, die da kommen, anscheinend immer genau das tun: sie kommen erst noch. So beginnt ein Teufelskreis, in dem man viele Projekte anfängt und viel Geld in sie investiert; dann steht nicht genug Geld zur Verfügung, um sie wie geplant fortzuführen; um die durch Streichung scheinbar entstehende Verschwendung zu vermeiden, werden alle Projekte zeitlich gestreckt; diese Terminverlängerungen treiben die Kosten in die Höhe; die Kostensteigerungen führen zu Finanzierungslücken; dann sind weitere Terminverschiebungen erforderlich; und so weiter usque ad destructum.

Prognosen wie die in Grafik 2 gezeigten sind Indizien für die Überzeugung, dass nach jedem Fall auch wieder ein Aufstieg kommen muss. Oder wie die alte Redensart sagt: Jenseits des Hügels ist das Gras immer grüner. Von Erma Bombeck stammt die zutreffendere Bemerkung, dass das Gras immer über der Klärgrube grüner ist.

Das britisch-französische Überschallflugzeug Concorde ist ein Beispiel für ein technologisch gutes Produkt, das wirtschaftlich gesehen trotzdem eine Katastrophe wurde. Im November 1962 ursprünglich auf 160 Millionen Pfund geschätzt, beliefen sich die Entwicklungskosten im Juni 1973, als die Entwicklung abgeschlossen war, auf insgesamt 1 065 Millionen Pfund. Die ursprüngliche Schätzung des Marktvolumens ging von 400 Flugzeugen aus. In Wirklichkeit wurden sechzehn Maschinen gebaut und neun verkauft – alle an die hauseigenen Fluglinien der an der Entwicklung beteiligten Regierungen. 2003 schließlich wurde der Linienflugbetrieb mit der Concorde endgültig eingestellt.

James Cook bemerkte in einem *Forbes*-Artikel über Atomkraftwerke, dass sich bei einem siebenprozentigen jährlichen Wachstum die benötigte Kapazität alle 10 Jahre verdoppelt. Nach der »72er-Regel« hingegen, die besagt, dass die Zahl der Jahre zur Verdoppelung einer »Investition« etwa 72 geteilt durch die Rendite beträgt, ist die Verdoppelungszeit bei einem Prozent etwa 70 Jahre. Als die Industrie mit einiger Verspätung bemerkte, dass auf ihrem Markt etwas sehr, sehr falsch lief, hatte die Tennessee Valley Authority acht von siebzehn Kernkraftprojekten storniert, Public Service Electric and Gas fünf von acht, Duke Power sechs von dreizehn und Detroit Edison drei von vier ... bislang. Mit Silas Marners Worten: »Nichts ist so gut, wie es vorher aussieht.«

Das Problem beschränkt sich nicht nur auf die »große« langfristige Planung, sondern tritt auch in den Schützengräben der kurzfristigen Planung endemisch auf. Oliver Wright, Präsident des gleichnamigen Unternehmens, hat einmal bemerkt: »Der durchschnittliche amerikanische Vorarbeiter verbringt 60 bis 80 Prozent seiner Zeit mit Tätigkeiten, für die er eigentlich nicht bezahlt wird. Weil die Terminplanung schlecht ist, arbeitet er im Versand, während er auf Material wartet.« Dann gibt es den Fall in Beckley, West Virginia, über den United Press International berichtete: »Die Autobahnbehörde des Bundesstaates sagt, ihr wurde erst zu spät klar, dass sie eine zweispurige Brücke für einen dreispurigen Streckenabschnitt des West Virginia Turnpike baute.« John Gallagher, ein Sprecher der Autobahnbehörde, meinte: »Das hört sich viel schlimmer an, als es ist.«

Zu viele Projekte sind durch schlechte Planung derart endgültig zum Scheitern verurteilt, dass sie den nachfolgenden Managern keine echte Chance lassen, sie zu einem Erfolg zu verwandeln. Präsident Lyndon Johnson soll oft die Geschichte von dem Mann erzählt haben, der sich um eine Stelle als Schrankenwärter an einem Bahnübergang bewarb und dem man sagte, er erhalte den Job, wenn er einen Test bestehe, der aus einer einzigen Frage bestand. Der Bewerber war einverstanden und man sagte ihm, er solle sich vorstellen, er sei Schrankenwärter an einem eingleisigen Übergang und bemerke plötzlich, wie sich aus der einen Richtung der Continental Express mit 95 Stundenkilometern nähere. Er schaue in die andere und sehe den Century Limited mit 100 Stundenkilometern heranbrausen. Die Züge seien noch 100 Meter voneinander entfernt. Nun fragte man ihn, was er in dieser Situation tun würde. Ohne zu zögern erwiderte der angehende Schrankenwärter, er würde seinen Schwager holen gehen. Verwirrt fragte der Eisenbahn-Prüfer, was das nützen würde, worauf der Arbeitswillige prompt antwortete: »Der hat noch nie ein Zugunglück gesehen.«

Das alles führt zu Augustines pragmatischem Gesetz der surrealistischen Planung:

Gesetz Nummer II

Wenn es heute halb so gut wäre, wie es morgen sein soll, wäre es wahrscheinlich doppelt so gut wie gestern.

Kapitel 3

Probier's mal ohne Gemütlichkeit

»Er hat meine Erwartungen übertroffen und sogar noch mehr.«

Yogi Berra über Don Mattingly

Allmählich ging es ihnen auf die Nerven, immer wieder von den Freunden (die ihre Zeit und Arbeitskraft bloß an andere verschacherten) zu hören, wie schön es sein müsse, sein eigener Herr zu sein. Natürlich konnten sie sich aussuchen, wo und wann sie arbeiten wollten, doch wie sich herausstellte, konnten sie sich auch bei niemandem beschweren, wenn das Gehalt zu spät kam. Trotz alledem hatte die Dädalus-Modellflugzeug-Gesellschaft nun eine Rechtsform und war im Handelsregister eingetragen. Jetzt musste man sich nur noch zurücklehnen, entspannen und darauf warten, dass das Geld in Strömen hereinfloss. Die Geschäftsstrategie der Dädalus-Modellflugzeug-Gesellschaft war ziemlich simpel: ein hochwertiges Produkt billiger zu verkaufen als die Konkurrenz. Dieser altbewährte Ansatz hat sich als sichere Methode erwiesen, einen großen Marktanteil zu erobern. Schwierig wird es, wenn man auch kostengünstiger verkaufen will als die Konkurrenz. Zufällig gibt es einen bedeutsamen Unterschied zwischen Preisen und Kosten… manchmal wird er auch »Gewinn« genannt. Mathematiker meinen damit eine kleine Differenz zweier sehr großer Zahlen – und das ist die kleinlichste aller Berechnungen. Wie ein neureicher Bekannter der Dädalus-Gründer (der das Pech hatte, dass seine Hochschulkarriere auf Betreiben des Lehrkörpers vorzeitig beendet wurde) sein eigenes prosperierendes Geschäft erklärte: »Es kostet mich einen Dollar, mein Produkt herzustellen, und für vier Dollar das Stück kann ich so viel davon verkaufen, wie ich will. Ihr glaubt gar nicht, wie viel Gewinn in den drei Prozent steckt.«

Nach Informationen der Personalberatung Robert Half International arbeiten Spitzenkräfte durchschnittlich 57 Stunden pro Woche, mittlere Führungskräfte 50 Stunden. Die restliche Belegschaft arbeitet etwa 40 Wochenstunden. Die Buchhaltung kennt einen Ausdruck für dieses Verhalten der Führungskräfte: »FILO« – »First In, Last Out.« Da sehen wir, was die Leute, die die oberen Etagen der Unternehmenshierarchie bevölkern, »Erfolg« nennen. Kein Wunder, dass wir in Schwierigkeiten stecken.

Im Jahre 1929 arbeitete der durchschnittliche amerikanische Arbeiter 2 342 Stunden. 1980 waren es noch 1 582 Stunden. Vergleicht man dies mit der heutigen, noch etwas niedriger liegenden Anzahl von Arbeitsstunden und rechnet diese Entwicklung auf die Zukunft hoch, kommt man zu der Erkenntnis, dass in 100 Jahren überhaupt niemand mehr arbeiten wird.

Zwar muss man sich hüten, Ursache und Wirkung zu verwechseln, doch gibt es in der Tat eine Menge Beweise, dass der Erfolg bei den meisten Unterfangen am ehesten dem zufällt, der über Selbstdisziplin und den Willen verfügt, sich selbst »das Letzte« an persönlicher Leistung abzuringen. Wenn alle anderen Faktoren gleich sind, wie es beim Wettbewerb zwischen etwa gleichstarken Unternehmen oder Menschen oft der Fall ist, geht häufig das- oder derjenige, der am tiefsten nach diesem letzten Quäntchen Leistung schürfen kann, als Sieger hervor. Studien zeigen, dass der Wettbewerb um neue Aufträge gewöhnlich durch sehr kleine Preisunterschiede entschieden wird. Das Gleiche gilt im Sport, in der Politik und in den meisten anderen Gebieten menschlichen Strebens. Wie Yogi Berra* erklärte: »Zu 90 Prozent kommt es in diesem Spiel halb auf die Psyche an.«

Bei den Endausscheidungen der Olympiade 2004 betrug der Unterschied zwischen dem Goldmedaillen-Gewinner des 100-Meter-

* der im deutschen Sprachraum zu Recht unbekannte Baseballspieler

Sprints und dem, der als letzter ins Ziel ging, nach jahrelangem Training der Teilnehmer nur 0,25 Sekunden. Zwischen dem Eintreffen des Silbermedaillen-Gewinners und des Viertplatzierten verstrichen lächerliche 0,03 Sekunden. 1982 verlor Susan Butcher das strapaziöse Hundeschlittenrennen in Alaska – 16 Tage lang bei Temperaturen bis zu 45 Grad unter dem Gefrierpunkt und Windgeschwindigkeiten bis zu 90 Stundenkilometern über eine Strecke von 1 820 Kilometern – um bloße 3 Minuten und 43 Sekunden. Ähnlich groß ist auch die Spannweite zwischen Ruhm und Vergessenheit im Geschäftsleben.

Das Unternehmen Nummer 501 der Fortune-500-Liste bleibt um ein winziges Zehntelprozent Umsatz hinter Nummer 500 zurück. Doch von Nummer 501 wird man nie etwas lesen. Ein Jahrhundert lang oder noch mehr versuchten Läufer auf der ganzen Welt, die 4 Minuten pro Meile zu unterlaufen – eine Marke, die unüberwindlich schien, bis Roger Bannister sie 1954 erschütterte. In den drei folgenden Jahrzehnten kam es nicht weniger als siebenundzwanzigmal vor, dass Menschen neue Rekorde unterhalb der 3 Minuten 50 Sekunden pro Meile setzten. Es gibt zwei Athleten, die über hundert 4-Minuten-Rennen gelaufen haben. Es gibt sogar Läufer mit der fragwürdigen Ehre, ein Rennen mit 4 Minuten pro Meile gelaufen zu haben und trotzdem als letzter angekommen zu sein. Vermutlich ist die Welt voll von Sportlern, Geschäftsleuten und Menschen jeglichen Glaubens, die sich an einen kleinen Unterschied erinnern und lamentieren: »Wenn doch nur …«

Es gibt kein schöneres Beispiel für die potentiellen Früchte des Siegeswillens und der Disziplin, das Äußerste an persönlichem Einsatz aus sich herauszuholen, als die Politik. Einer der populärsten Präsidenten des letzten Jahrhunderts, John F. Kennedy, schlug Richard Nixon um winzige 0,09 Prozent der 68 Millionen Wählerstimmen. Jimmy Carter wäre 1976 nicht Präsident geworden, wenn bei dieser Wahl, bei der 81 Millionen Stimmen abgegeben wurden, 1,3 Prozent der Wähler eines einziges Staates (Pennsylvania) und 3 678 Hawaiianer sich anders entschieden hätten. Und bei der Präsidentschaftswahl im Jahr 2000 bescherten letztendlich 537 Stimmen aus Florida George W. Bush den Sieg über Al Gore.

Solche »Was-wäre-wenns« beschränken sich natürlich nicht auf die Präsidentschaftspolitik. Auch bei Wahlen zum Senat kommen sie häufig vor, und bei den Kongresswahlen sind sie eindeutig in der Mehrzahl.

So verwundert es nicht mehr, wenn Augustines Gesetz vom letzten Quäntchen verkünden kann:

GESETZ NUMMER III

Es gibt keine faulen alten Großwildjäger.

Kapitel 4

Die Madison Avenue kreuzt Wall Street

»Mit einem Bajonett kann man alles machen, außer darauf sitzen.«

Napoleon

Das gemeinsame Geschäftsgenie der beiden Gründer der Dädalus-Modellflugzeug-Gesellschaft hatte ein eminent vermarktungsfähiges Produkt hervorgebracht. Das Dumme war, dass noch keiner je davon gehört hatte. Die Kunden blieben buchstäblich scharenweise weg. Da lag die Lösung nahe: Werbung. Es ist nämlich so: Wenn man sein Licht unter den Scheffel stellt, sieht es niemand – oder der Scheffel fängt Feuer. Beides ist schlecht. Wie ein bekannter Footballtrainer der aggressiven Angriffsschule meinte: »Wenn man den Ball wirft, können nur drei Dinge passieren, und zwei davon sind schlecht.« Die Dädalus-Modellflugzeug-Gesellschaft lernte Ähnliches über die Chancen bei geschäftlichen Entscheidungen und machte sich also daran, eine etablierte Public-Relations-Firma zu finden, die die so dringend benötigte große Werbekampagne starten würde. Der erste Rat dieser Firma war, einen Stand auf der Pariser Luftfahrt-Messe einzurichten – ein Ereignis mit derart anspruchsvollem kulinarischen und sozialen Gepränge, dass die altgedienten Teilnehmer an den Gelagen sie den »Pariser Totenmarsch« nennen. Das Geschäft ist wirklich hart ... manchmal verlangt es sogar, dass man den eigenen Körper dem Firmenwohl opfert.

Der amerikanische Jugendliche wird, wenn er von der High School abgeht, von durchschnittlich 500 000 Fernseh-Werbespots konditioniert, gedrängt, gezogen und geschoben. Die durchschnittliche

Zahl der Werbespots pro Woche ist laut Television/Radio Age von 1839 im Jahre 1965 auf mittlerweile über 8000 gestiegen. Bald wird es nötig sein, die Werbung zu unterbrechen, um das Programm zu bringen.

William Wrigley (der Erfinder des berühmten Kaugummis) wurde einmal von einem Mitreisenden in einem Pendlerzug gefragt, warum seine Firma immer noch Werbung mache, obwohl sie den Kaugummimarkt fast vollständig erobert habe. Wrigleys Antwort bestand in der Bemerkung, der Zug, in dem man gerade sitze, fahre doch ganz schön schnell – »warum also koppeln wir die Lok nicht einfach ab?«

Zwar kann man sich durchaus darüber streiten, ob Werbung eher die Lok oder das Bremserhäuschen ist, doch lässt sich kaum bestreiten, dass Werbung einen Teil des prächtigen amerikanischen Lebensstils ausmacht. Doch wie bei so vielem im Geschäftsleben stellt die Logik dem Unbedachten sonderbare Fallen. Die erste davon betrifft die Frage, welche Unternehmen und Produkte am meisten Werbung brauchen. Die Unlogik der Marketingwelt ist in Grafik 3 dargestellt, aus der man ersehen kann, dass Budweiser und Miller Lite Beer keine Werbung brauchen und Old Frothingslosh und Billy sich keine leisten können – eine Situation, die in Augustines Gesetz der gedungenen Verkaufskanone auf den Punkt gebracht wird:

GESETZ NUMMER IV

Wenn man sich Werbung leisten kann,
braucht man keine mehr.

Wenn es um die wunderbare Geschäftswelt geht, schreibt das Leben die besten Romane – denn die nächste Beobachtung über diesen Kuddelmuddel läuft darauf hinaus, dass eine Menge Werbung gar nicht erst zu verkaufen versucht, was Sie verkaufen wollen! Charles Revson, Gründer der überaus erfolgreichen Kosmetik-Firma Revlon, erklärt: »In unserer Fabrik machen wir Lippenstifte.

In unserer Werbung verkaufen wir Hoffnung.« Ein Vertreter einer amerikanischen mittelteuren Steakhouse-Kette verrät: »Unsere Anzeigen versuchen nicht, Steaks zu verkaufen, sondern das Brutzeln.«

Was auch immer da verkauft wird, das Verkaufen ist ein Bombengeschäft. 1980 kostete eine Minute Werbezeit in einer Footballübertragung aus dem Super-Bowl-Stadion eine Million Dollar; heute sind es fünf Millionen Dollar. Das sind 83 333,33 Dollar pro Sekunde. Die Gesamtrechnung für die Werbung aller Unternehmen der USA beläuft sich auf 8 700 Dollar pro Kopf und Jahr – dabei sind Hunde und Katzen, die vermutlichen Zielgruppen von Hunde- und Katzenfutterwerbung, noch nicht einmal mitgerechnet. Im Jahr 1980 beliefen sich die Ausgaben pro Kopf noch auf 350 Dollar. In *The Image Makers* führte William Meyers aus, dass die Werbeaus-

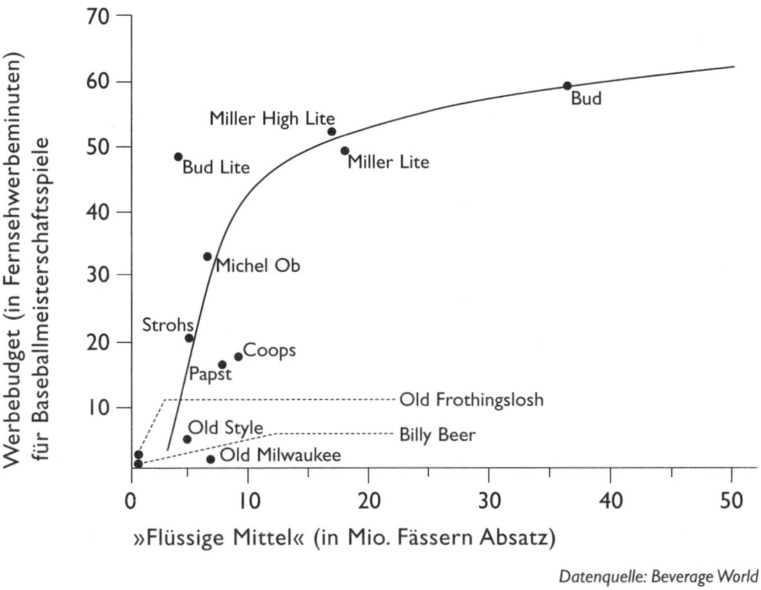

Grafik 3: *Ruhm hat seinen Preis.* Bekannte Produkte werden in der Regel von Firmen hergestellt, die reichliche Mittel besitzen, um für sie zu werben. Unbekannte Produkte hingegen bleiben normalerweise unbekannt, weil ihre Hersteller nicht über die nötigen Mittel verfügen, um allen Leuten von ihrem Produkt zu erzählen.

gaben der USA 1983 das Bruttosozialprodukt von Saudi-Arabien überstiegen. Dies trifft heute noch zu, wenn auch nur knapp.

Um etwas von der Werbung zu verstehen, muss man natürlich fähig sein, unlogisch zu denken. So gibt es zum Beispiel beim Verkauf von Luxusgütern (Parfüm, Pelze, Mode) die alte Faustregel, wenn ein Artikel nicht geht, den Namen zu ändern und den Preis zu erhöhen. Jawohl, erhöhen statt senken. Der Schriftsteller Sinclair Lewis bemerkte dazu: »Die Leute kaufen alles, wenn es nur exklusiv ist.« So übernahm Ted Turner, als er seinen Aufstieg beim legendären Cable TV begann, einen sich mühsam über Wasser haltenden Sender, der sich an Programmen kaum mehr leisten konnte als Wiederholungen alter Schwarz-Weiß-Filme. Sein Marketing-Trick? Er brachte den potentiellen Werbekunden bei, dass ihre farbigen Spots sich nur auf seinem Kanal wirklich vom Rest des faden Bildmaterials abheben würden. Anscheinend zog das Argument: Der Sender kam ins Geschäft, und der Rest ist Geschichte. Wenn Sportartikelfabriken Tennisbälle herstellen, die zu schlaff sind, um den »Titschtest« zu bestehen (nach einer Turniervorschrift müssen alle Bälle, wenn man sie aus einer Höhe von 100 Zoll fallen lässt, bis zu einer bestimmten Höhe zurückspringen), werfen diese Fabriken dann die Bälle weg und schreiben sie als Verlust ab? Natürlich nicht. Sie stecken die Ausschussbälle in eine spezielle Dose, erhöhen den Preis und liefern sie als »Hochplateau«-Bälle in die Gebirgsregionen. Ivar Bombach, der Vizepräsident von AeroVironment, Inc., erwiderte in der Zeitschrift *Inc.* auf den Vorwurf, dass einmotorige Flugzeuge nicht so sicher sind wie mehrmotorige: »Das Wesentliche an den Zweimotorigen ist, dass die Wahrscheinlichkeit eines Motorenausfalls doppelt so hoch ist...« (Am sichersten müssten demnach nullmotorige Flugzeuge sein.) Als Bob Uecker es als Baseballspieler nicht schaffte, ging er zum Fernsehen und wurde reich, indem er den Leuten erzählte, dass er nicht Baseball spielen kann. Dann gibt es die verbreiteten Anzeigen für »echtes Kunstleder«, wirklich diamantenähnlichen Strassschmuck, echtes Marmorimitat, massives Walnussfurnier und so fort.

Natürlich gibt es die unabhängigen Warentest-Organisationen, die sich ins Zeug legen, um den Verbraucher aus diesem Labyrinth zu befreien. In seinem Buch All Out of Step berichtete Gerard Lambert von den Wogen der Heiterkeit in den Cheftoiletten bei Gillette, als eines dieser Verbraucherinstitute Tuxedo-Rasierklingen besser beurteilte als Gillettes eigene Klingen. Tuxedo war wohl der Markenname, unter dem Gillette seinen Ausschuss verkaufte – oder die »zweite Wahl«, wie es in der Branche etwas feiner heißt.

Es gibt aber nicht nur Forschungsinstitute, die den Verbrauchern helfen wollen, sondern auch Marktforschungsinstitute im Überfluss, die den Unternehmen beistehen. Dabei werden zuweilen wirklich profunde Erkenntnisse gewonnen. Nur ein Beispiel aus dem *Wall Street Journal*: »Ein Aspirinhersteller wollte seine Anzeigen so terminieren, dass sie am Anfang einer Kälteperiode geschaltet wurden. Untersuchungen zeigten jedoch, dass die Leute neues Aspirin kaufen, wenn ihr Vorrat zur Neige geht – unabhängig vom Wetter.« Das klingt vernünftig. Marilyn Machlowitz, Chefin einer New Yorker Unternehmensberatung, schrieb einmal, dass »... eines der führenden New Yorker Kulturinstitute eine kostspielige Studie in Auftrag geben wollte, um herauszufinden, welche der vielen Exponate bei den Besuchern am beliebtesten waren. Kurz bevor der Auftrag unterzeichnet wurde, schlug ein Mitglied der Kommission plötzlich vor, den Hausmeister zu fragen, wo er am meisten putzen müsse.«

Weitere Anstöße für die Marktforschung über Verbraucherpräferenzen bietet der Jahresbericht, den das Institut für Verkehrssicherheit über die zehn begehrtesten Autos erstellt. Das heißt: von den Autodieben begehrtesten. Zu der Zeit, als die US-amerikanischen Autobauer anfingen, allmählich auf die Auswirkungen des globalen Wettbewerbs zu reagieren, standen auf der prestigeträchtigen Liste acht europäische Modelle, ein japanisches und nur ein einziges amerikanisches als Schlusslicht – der Cadillac Brougham auf Platz 10. Besonders enttäuschend schnitt die Corvette ab, die lange ein Favorit war und schließlich gänzlich von der Liste verschwand. Diese mangelnde Loyalität der Verbraucher ist eine besonders traurige Seite des Geschäftslebens. Doch Detroit hat schließlich doch noch aufgeholt: auf den aktuellen Favoritenlisten der Autodiebe hat Cadillac Nissan von Platz eins verdrängt.

Auch gibt es die traditionsreiche und wahrscheinlich apokryphe Geschichte von den zwei Marktforschern, die unabhängig voneinander für einen großen Schuhfabrikanten ein Entwicklungsland unter die Lupe nahmen. Als ihre ersten Berichte in der Konzernzentrale eintrafen, lautete der eine: »Kein Markt hier. Niemand trägt Schuhe«, während der andere versprach: »Großartiger Markt hier. Niemand hat Schuhe.« Und die meisten Studien zeigen, dass nach eigener Einschätzung fast niemand Werbeanzeigen liest. Andere Studien hingegen zeigen, dass die meisten Leute wissen, was in den Anzeigen stand (die sie nicht gelesen haben). So läuft es in der Marktforschung.

Eine Erörterung des Marketings wäre unvollständig ohne ein paar Worte zur Verpackung – die Kunst, einen Schokoriegel schrumpfen zu lassen und dabei die Umhüllung auf eine Weise konstant zu halten, dass niemandem auffällt, dass überhaupt keine Schokolade darin ist. Gemäß der vorherrschenden Unlogik kann es sogar vorkommen, dass der Inhalt der Verpackung gar nicht so wichtig ist wie die Verpackung selbst. Es gibt mehr als genug Beweise für diese bedauerliche These. Wie *Forbes* festhielt, berichtete Paul Fussel: Molloy gab sich als Durchschnittsbürger aus, der seine Brieftasche zu Hause vergessen hatte und irgendwie zurück in die Vorstadt kommen musste. Er versuchte in der Stoßzeit, 75 Cents für die Busfahrkarte zu leihen, wobei er in der ersten Stunde einen Anzug, doch keine Krawatte trug, und in der zweiten mit Krawatte und allem Drum und Dran korrekt gekleidet war. »In der ersten Stunde«, berichtete er, »nahm ich 2,73 Dollar ein, doch in der zweiten, als ich den Schlips anhatte, schaffte ich 26 Dollar, und ein Mann gab mir sogar noch etwas obendrauf für eine Zeitung.«

Dann gibt es das breite Spektrum der so beliebt gewordenen Verkaufsförderungs-Tricks. So bot zum Beispiel Trans World Airlines Leuten, die eine Kamera vom Partner der Fluggesellschaft bei dieser

Aktion, nämlich der Polaroid Corp., erstanden, unglaublich günstige Rabattcoupons an. Laut Stewart Long, dem Senior Vice President der TWA für Marketing und Verkauf, war das Problem, dass »... die Käufer jedes Schlupfloch finden, wenn es eines gibt, und wir hatten ein paar riesige übrig gelassen.« Die Käufer fanden die Schlupflöcher, wie etwa die fehlende »Ein-Coupon-pro-Kunde«-Regel und die fehlende Einschränkung hinsichtlich Auslandsreisen – und wie! Die Maritz Travel Co. erstand prompt 10 000 Kameras, um in den Genuss der Preisnachlässe zu kommen. Laut *Business Week* fand die Frequent Flyer Ltd. einen Polaroid-Händler, der zu einem Sonderpreis verkaufte, und erstand genug Kameras, um mehr als 7 000 Flugcoupons zu erhalten (angeblich strich Polaroid dem Händler die Bezugsvergünstigung). Schnell sprangen die Börsenmakler auf den fahrenden Zug – es entstand ein blühender Sekundärmarkt. Die Zahl der TWA-Auslandsflüge verdoppelte sich fast – wobei die Firma anscheinend versuchte, den Verlust durch jeden Fluggast mit höherem Umsatz wettzumachen. Auch die Konkurrenten, Pan American World Airways Inc. und Northwest Airlines Inc., die ihre Marktanteile verschwinden sahen, wurden ins Fettnäpfchen gezogen – sie mussten für ihre eigenen Flüge die Polaroid-Coupons von TWA akzeptieren. Die Schwemme der Polaroid-Kameras wurde schließlich ein wenig eingedämmt, als Polaroid 2 000 Kameras an die eigenen Mitarbeiter verteilte – Kameras, die die hauseigene Reiseabteilung gehortet hatte, als sie sich zum Anführer der Massen machte, die auf den lukrativen Geschenkewagen aufsprangen.

Nicht alle Werbekampagnen sind so »erfolgreich« wie die von TWA, und das ist wohl ein Glück für die bereits in Bedrängnis geratene Luftfahrtindustrie. Die Erfahrungen mit den Baseball-Meisterschaften 1985 im Super-Bowl-Stadion sind ein Beispiel dafür, wie launisch das Publikum sein kann – selbst wenn ihm Werbespots für eine Millionen Dollar in der Minute vor den Augen flimmern. Auf die Frage, welcher Super-Bowl-Werbespot ihnen als Erster einfalle, war die bei weitem häufigste Antwort laut einer Studie des SRI Research Center: »Gar keiner« – der bleibende Eindruck von ganzen

65 Prozent der Fernsehzuschauer. Und das, obwohl elf verschiedene Werbeträger alles mögliche von Autos bis zu Hamburgern anpriesen, und trotz eines besonders spektakulären Spots für den Apple Macintosh Office Line. Doch es kam noch schlimmer. Laut *Advertising Age* »wussten fast sieben von zehn Leuten ..., die sagten, sie hätten einen Apple-Spot gesehen, nicht, für welches Produkt da geworben wurde.« Und am schlimmsten: Fast die Hälfte der Leute, die sich doch an den Apple-Spot erinnerten, meinten, er hätte ihnen »sehr missfallen«. Wobei das lahme Spiel schon vor dem Spot bereits scharenweise Zuschauer vom Fernseher vertrieben hatte. (Vielleicht könnte man damit in den kommenden Jahren für die Werbung werben – indem man herausstreicht, dass zum Zeitpunkt eines Spots, der so vielen Leuten missfällt, ohnehin niemand zusieht.)

Im großen und ganzen jedoch scheint Werbung zu wirken. Lewis Kornfeld, ehemaliger Vize-Präsident der Tandy Corp., zitiert in seinem Buch eine Studie von Robert Vaile von 1927 über die Werbung während der Wirtschaftskrise 1920 – 1924. Anhand dieser Daten von 230 Firmen kann man nachweisen, dass die Firmen, die in den schweren Zeiten, als die Unternehmen sehr unter Geldmangel litten, trotzdem die Werbebudgets steigerten, 14 bis 20 Prozent mehr Umsatz (und einen bescheidenen, doch immer noch positiven Gewinn) machten als diejenigen, die ihre Werbeaufwendungen kürzten.

Der Schlüssel zu dem Ganzen liegt vielleicht im Titel von Kornfelds Buch, der übersetzt lautet: »Um eine Maus zu fangen, machen Sie ein Geräusch wie ein Käse.«

Kapitel 5

Mit voller Kraft ins Mittelmaß

»Cave Canem«*

Lateinisches Sprichwort

Trotz aller Schwierigkeiten sah es so aus, als könne die Dädalus-Modellflugzeug-Gesellschaft möglicherweise doch endlich anfangen, Gewinn abzuwerfen. So konnten die beiden Gründer beispielsweise nicht mehr alles selbst machen. Es war nötig geworden, noch ein paar Kräfte einzustellen, vor allem einen Rechtsanwalt, einen Buchhalter, einen Werbefachmann, einen Fabrikwächter, einen PR-Experten, einen Personalchef und sieben Sekretärinnen. Man gelangte zu der Auffassung, das werde die Produktivität erheblich steigern. Als die Gründer ihre Personalbeschaffungskampagne starteten, wurde ihr Verdacht, den sie mit einer breiten Mehrheit der Durchschnittsbürger teilen, bald bestätigt – dass nämlich nur sehr wenige Bürger dem Durchschnitt entsprechen. Außerdem entdeckten unsere frischgebackenen Führungskräfte die Trugschlüsse der Personalbeschaffung: 1. Wer einen Job braucht, ist nicht jemand, dem man gern einen Job gibt; 2. an den Firmenchef adressierte Umschläge mit dem Vermerk »Persönlich« stammen entweder von Fremden, die einen Job suchen, oder von Börsenmaklern, die Kunden suchen; 3. von der Sekretärin entgegengenommene Telefonate von »persönlichen Freunden« sind unweigerlich von unbekannten Arbeitssuchenden und 4. die Personalabteilung ist so ungefähr die letzte Stelle, von der man je eine Stelle erhält. Wie Terry Bradshaw einmal über die Erfordernisse der Vortragsbranche bemerkte, nachdem er sich aus dem Profi-Football zurückgezogen hatte: »Wenn

---

* »Warnung vor dem Hunde«

man arbeitslos ist, muss man die ganze Zeit arbeiten.« Mit all dieser Unlogik ausgerüstet, fing die Dädalus-Modellflugzeug-Gesellschaft an zu wachsen. Und wuchs und wuchs.

Robert Frost gehörte zu den ersten, denen auffiel, dass die Welt voller williger Leute ist – »die einen sind arbeitswillig und die anderen willig, sie arbeiten zu lassen.«

Der Beitrag einer beliebigen Gruppe von Leuten, die an einer gemeinsamen Sache arbeiten, resultiert in der Regel hauptsächlich aus den Leistungen von ein paar wenigen Mitgliedern dieser Gruppe. Wie man in Grafik 4 sehen kann, folgt der Konzentrationsgrad offenbar einem grundlegenden Gesetz. Aus der Grafik geht hervor, dass der Löwenanteil des Outputs von einem unterproportional kleinen Segment der Beteiligten produziert wird – wobei dasselbe Resultat fast aufs Haar genau für Schriftsteller ebenso wie für Piloten, Ingenieure, Polizisten oder Football-Spieler gilt. Leider scheint das auch für die Verhaftungen der Polizei von Washington und den Bierkonsum zu gelten.

Grafik 4 zeigt, dass der durchschnittliche Output, wenn einem bestimmten Projekt mehr Arbeitskräfte zugeteilt werden, sinkt. Zu guter Letzt kommen massenweise Kräfte hinzu, ohne dass der Output überhaupt noch nennenswert steigt (es sei denn, dass gleichzeitig die Arbeitsmethoden geändert werden). Groucho Marx fasste das alles mit den Worten zusammen: »Ich möchte keinem Verein angehören, der mich als Mitglied haben will.«

Vielleicht wäre es zutreffender, oben stehende Beobachtung bloß als Verallgemeinerung oder Korollar von Paretos 1897 veröffentlichtem Werk zu betrachten, in dem bewiesen wird, dass der Anteil der Leute mit irgendeinem gegebenen Einkommen bei wachsendem Einkommen rapide sinkt – das sogenannte Pareto-Prinzip, das, wie man herausgefunden hat, für viele Gebiete gilt. Die Welt besteht aus denen, die etwas in Gang setzen, denen, die zusehen, wie etwas geschieht, und denen, die fragen, was geschehen ist.

Die in Grafik 4 gezeigten Resultate sind wahrscheinlich sogar untertrieben, da der Datenbestand nur Beteiligte erfasst, die zumindest irgendeinen Beitrag geleistet haben, zum Beispiel ein Patent erwirkt oder einen Artikel geschrieben, während es in Wirklichkeit viele gibt, die keine Patente erhalten und keine Artikel schreiben. Und dann gibt es, noch schlimmer, diejenigen, die negativen Output produzieren – wie den Forscher, der fehlerhafte Abhandlungen schreibt, oder den Arbeiter, der so viele Fehler macht, dass die anderen potentiell produktiven Arbeiter einen Großteil ihrer Zeit damit zubringen, seine Fehler wieder zu bereinigen. Das kann für die

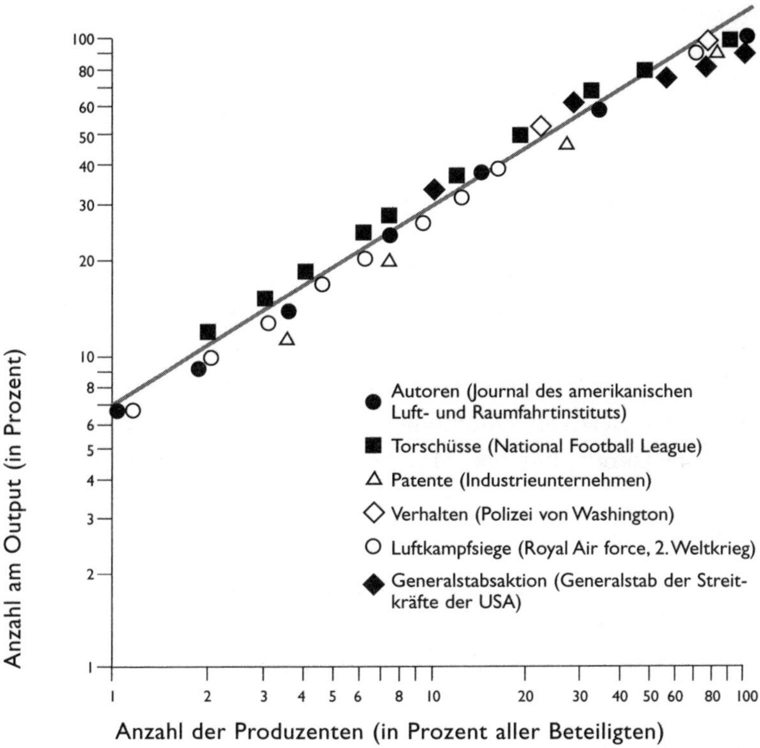

Grafik 4: *Konzentration auf Produktivität.* Bei praktisch jeder Unternehmung stellt man fest, dass ein sehr kleiner Bruchteil der Beteiligten einen sehr großen Teil der Leistungen erbringt. Man muss der Gerechtigkeit halber jedoch darauf hinweisen, dass ein sehr kleiner Bruchteil der Beteiligten auch einen sehr großen Teil der Probleme verursacht.

Leute, die hinterher aufräumen müssen, ziemlich frustrierend sein – was ein Licht auf die Bedeutung der richtigen Motivation und Belohnung der Leistungsstarken wirft, damit diese nicht ihren Arbeitgeber verlassen und sich neuen Aufgaben zuwenden. Dies war der Fall in der Geschichte von dem Hausbesitzer, der sich über eine Klempnerrechnung von 40 Dollar für lächerliche 10 Minuten Arbeit erregte und protestierte: »Das ist ja mehr Geld, als ich verdiene, und dabei bin ich Chirurg.« Worauf der Klempner erwidert haben soll: »Ja, und es ist mehr, als ich verdient habe, als ich noch Chirurg war.«

Wie eine Studie von General Electric zeigte, ordnete der Durchschnitt der Probanden sich ins 77. Perzentil ein, das heißt sie meinten, ihre Leistungen seien besser als die von 76 Prozent ihrer Kollegen. Als unterdurchschnittlich stuften sich nur 2 Prozent der Befragten ein. (Als dieselbe Gruppe von ihrem Vorgesetzten beurteilt wurde, erhielten 85 Prozent schlechtere Noten, als sie sich selbst gegeben hatten.) »Man trifft nie einen Finanzmanager«, sagt Bruce Hauptman, Chef einer Firma, die Finanzmanager beurteilt, »der nicht zum oberen Leistungsquartil irgendeiner Gruppe gehört.«

Dies alles führt zu Augustines Produktivitätsgesetz, prägnanter auch das Gesetz vom Durchschnitt genannt, das von der Zuteilung der Arbeitskräfte handelt. Man kann es so formulieren:

Gesetz Nummer V

Ein Zehntel der Arbeitskräfte produziert mehr als ein Drittel des Outputs. Wenn man die Zahl der Mitarbeiter erhöht, senkt das lediglich den Durchschnitt.

Überraschenderweise produziert das eine Prozent an der Spitze fast zwanzigmal so viel pro Kopf wie die untere Hälfte. Eine Belegschaft aufzubauen, die sich ausschließlich aus diesem oberen einen Prozent rekrutiert, ist weder mathematisch noch gesellschaftspolitisch besonders leicht. Trotzdem ist dies das A und O des Erfolgs für große und kleine Organisationen. Wie man das schafft? Das Einstellungsmotto der weltweit operierenden Firma EDS besagt: »Adler bilden keine Schwärme – man muss sie Stück für Stück finden.«

Kapitel 6

Hungrige Hunde jagen am besten

»Sie dürfen nicht erwarten, gleichzeitig Großes zu leisten und es bequem zu haben.«

James Matthew Barrie, 1891

Dädalus war ein voller Erfolg – zumindest, wenn man den Erfolg an den Verbindlichkeiten der Firmenbesitzer misst. In ihren nachdenklichen Momenten wurden sie an die Worte des Profi-Golfspielers George Archer erinnert: »Wenn es das Golfspiel nicht gäbe, wäre ich heute wahrscheinlich Caddie.« Das Wachstum von Dädalus war zwar wirklich bemerkenswert gewesen – die Gehaltsliste umfasste nun über 30 Leute und auf die Frage: »Wie viele Leute arbeiten bei Ihnen?« erwiderten die Gründer in der Regel: »Fast die Hälfte«. Doch genau in diesem Moment machten sich die Organisatoren des Ortsverbandes der Gewerkschaft daran, die Dädalus-Arbeiter anzuwerben. Besorgt, dass kollektives Handeln der Arbeiterschaft die Kosten unmäßig steigern könne, wurde der Unternehmensleitung von zahlreichen größeren und erfahreneren Firmen geraten, den Teufel mit dem Beelzebub auszutreiben, nämlich die Anstrengungen der Gewerkschaft zu vereiteln, indem man allen Mitarbeitern wesentlich höhere Bezahlung bot, als ihre organisierten Kollegen erhielten. Das würde die Gewerkschaft mit Sicherheit in Schach halten – und gleichzeitig alle Mitarbeiter glücklich machen und motivieren. Um die Kosten zu decken, wurden die Preise für die mobile Kantine erhöht, die von der Belegschaft bereits liebevoll »Maden-Express« genannt wurde.

Eine motivierte, fähige Belegschaft gilt seit jeher als das sine qua non erfolgreicher Unternehmen. Doch Motivation ist nur sehr schwierig zu kaufen, insbesondere auf lange Sicht, ebenso wie Loyalität, persönlicher Einsatz, Integrität und eine Fülle weiterer immaterieller, doch unabdingbarer Eigenschaften der Mitarbeiter.

Wie die Erfahrung zeigt, kann man – zumindest im amerikanischen Profi-Football – keine statistische Korrelation zwischen der Höhe der Gehälter und der Leistung nachweisen. Es wäre ein bisschen untertrieben zu behaupten, dass das für Führungskräfte, die hoffen, ihrer Belegschaft gute Leistungen abkaufen zu können, etwas enttäuschend ist. So lässt sich zum Beispiel in der amerikanischen Football-Bundesliga Folgendes beobachten:

Die höchstbezahlte Mannschaft der Liga wurde Tabellenletzter. Das schlechtestbezahlte Team gewann in seiner Klasse. Aus dem oberen Gehaltsviertel gingen keine Klassensieger hervor. Zwei der acht ärmsten Mannschaften gewannen in ihrer Klasse. Nur eine Mannschaft aus dem oberen Gehaltsquartil gewann über die Hälfte ihrer Spiele. Die drei höchstbezahlten Mannschaften wurden Tabellenletzter, -vorletzter und -achtletzter.

Damit soll nicht gesagt sein, dass die Bezahlung völlig egal wäre; nur ist impliziert, dass es noch viel wirkungsvollere Ingredienzien des Erfolgs gibt als diejenigen, die man in die Lohntüte steckt. Das kann man natürlich auch mit noch so viel Phantasie keine neue Erkenntnis nennen. Das vielleicht bekannteste Experiment in dieser Hinsicht wurde vor vielen Jahren im Hawthorne-Werk der Western Electric Company durchgeführt. Hier wollten Personalforscher den Einfluss einer Steigerung der Beleuchtungsstärke auf den Output der Produktionsarbeiter messen, die diffizile Stückarbeit leisteten. Tatsächlich stieg mit der Beleuchtungsstärke auch das Arbeitstempo, mit dem Resultat, dass fast täglich neue Produktionsrekorde aufgestellt wurden. Doch zur Verblüffung der Forscher, wenn auch nicht der Aktionäre, stieg die Leistung weiter an, als das Licht im Folgenden wieder gedämpft wurde! Schließlich wurden neue Höchstleistungen unter Beleuchtungsbedingungen erzielt, die angeblich kaum besser als in einer Vollmondnacht waren. Der Grund war natürlich, dass man den Arbeitern vorher gesagt hatte, die Firma brauche ihre Hilfe bei einem wichtigen Experiment – was zur Folge hatte, dass die Motivation der Mitarbeiter durch das Bewusstsein, eine wichtige Funktion zu erfüllen, alle widrigen Lichtverhältnisse bei weitem überwog.

Es gibt, so will es scheinen, wesentliche Faktoren, die die Produktivität weit stärker beeinflussen, als bloße finanzielle Anreize oder der Druck von oben. So ist zum Beispiel interessant, dass der Heimspiel-Vorteil im Sport – gemessen an den gewonnenen oder verlorenen Spielen bei Sportarten wie Basketball oder Hockey – dann am größten ist, wenn das Publikum nahe am Spielfeld sitzt und die Spieler zu mehr Leistung anstacheln kann.

Natürlich kann sich niemand leisten, fähige Mitarbeiter zu verlieren, weil man weniger zahlt als die Konkurrenz. Die Kosten, die aufgebracht werden müssen, um einen neuen Mitarbeiter zu gewinnen, umzusiedeln und in die Belegschaft zu integrieren, machen niedrige Löhne fast immer zu einer kostspieligen Einsparung. Wenn eine Firma andererseits mit den Gehältern zu großzügig ist, hat sie – wenn alle anderen Umstände gleich sind (was selten der Fall ist) – möglicherweise Mühe, Produkte herzustellen, die zu konkurrenzfähigen Preisen auf den Markt kommen. Weltweit stehen die Unternehmen in den Industrienationen unter dem Druck, im eigenen Land wettbewerbsfähige Löhne zu zahlen, nur um festzustellen, dass die schlechtbezahltesten Monteure in Vietnam 25 Cent in der Stunde verdienen – oder dass man elf indische Ingenieure für den Preis von einem westlichen anheuern kann.

Soweit man feststellen kann, ist der Hauptanreiz des Tarifsystems des amerikanischen Basketballverbandes, die Körpergröße der Spieler zu entlohnen. (Jedenfalls scheint es in keinem sichtbaren Zusammenhang zu der Anzahl der Siege und Niederlagen eines Teams zu stehen.) Die höchstbezahlten Spieler verdienen durchschnittlich 15 Millionen Dollar für ein halbes Jahr Arbeit (etwa 75 000 Dollar pro Zentimeter). Mit Ausnahme von Shaquille O'Neal natürlich, der knapp 127 000 Dollar pro Zentimeter verdient.* 1980 gab es

* Shaquille O'Neal ist der derzeit bestbezahlte Spieler der NBA

elf Spieler in der Liga, die pro Saison über eine Million Dollar verdienten – heutzutage findet man kaum noch einen Wasserträger, der bereit ist, für dieses ärmliche Gehalt zu arbeiten. Das sind die inflationären Löhne. Wie zumindest ein Fan anmerkte, als ein Streik der Basketballspieler in der Luft lag, könne man sich nicht allzu sehr über die Nöte einer Gewerkschaft erregen, deren Mitglieder im Durchschnitt 329408 Dollar im Jahr verdienten. Das mittlere Gehalt der Leute, die diese angehenden Millionäre ausbilden, der Trainer also, beträgt natürlich nur einen Bruchteil dessen, was die Spieler verdienen. Am Rande bemerkt: Der amerikanische Präsident hat ein Jahresgehalt von 400000 Dollar. Doch wie der Baseballstar Babe Ruth auf den Vorwurf erwiderte, er verdiene mehr Geld als Präsident Hoover: »Warum auch nicht? Ich hatte schließlich ein besseres Jahr als er.«

Offenbar haben eine Menge Leute bessere Jahre als der Präsident der USA gehabt, darunter ein Schauspieler in einer Fernsehserie, der fünfzehnmal so viel verdiente, ein Filmstar, der für einen einzigen Streifen das 25fache der präsidentialen Einkünfte einstrich, oder der Sänger, der für eine einzige LP neunzigmal soviel wie das Jahreseinkommen des Präsidenten einsackte. Den Film aufzugeben, um Präsident zu werden, kann ein echter Abstieg sein.

Doch was wichtiger ist: Das Beweismaterial bestätigt, was jeder Bauernjunge weiß: »Hungrige Hunde jagen am besten.« So kann man sogar das Gesetz der fetten Jahre formulieren:

Gesetz Nummer VI

Hungrige Hunde jagen am besten. Noch hungrigere Hunde jagen noch besser.

»Dies war nicht der richtige Augenblick für Grundsatzdiskussionen – zumindest nicht in den Anfangsphasen des Projektes.«

Teil II
Begrenzte Begeisterung

Kapitel 7

Was hoch steigt ... bleibt oben

»Aus der Entfernung treffen die nicht mal einen Elef-«

Die letzten Worte von General John Sedgwick in der Schlacht von Spotsylvania, 1864

Den Vorstandsvorsitzenden und den Generaldirektor nicht mitgerechnet, waren unter den mittlerweile fünfzig Dädalus-Mitarbeitern nun fünfundzwanzig Subdirektoren und vierundzwanzig Personen im Range eines Abteilungsleiters. Ohne Anreize kann man eben niemanden für eine neue und riskante Sache gewinnen. Wie die Firmeneigner schnell herausfanden, sind Titel billig. Die meisten Dädalus-Manager, die sich an das gute Leben gewöhnt hatten, kannten »Entbehrungen« nur insoweit, als die Dienstboten bummelten. Überraschend leicht passte sich Dädalus an das Muster neuer, wachsender Unternehmen an. Doch woran lag es dann, dass man so sehr um Kostenkontrolle kämpfen musste, wo doch, wie jeder weiß, die Gemeinkosten im Verhältnis zu den Gesamtkosten sinken, wenn das Unternehmen wächst? Man kam zu dem Schluss, dass man ein so heikles Thema einer unabhängigen und selbständigen Untersuchungskommission anvertrauen müsse. So wurde die Stabsabteilung ins Leben gerufen. Gleich zu Beginn der anschließenden Kostenanalyse fand dieser Stab tatsächlich heraus, dass zwei seiner eigenen Mitglieder auf die Frage, was sie täten, völlig frustriert erwiderten: »Nichts ... absolut nichts«. Um ihren bemerkenswerten Fleiß und ihre Strenge zu demonstrieren, empfahl die Kostenkommission, einen der beiden von seinen Aufgaben zu entbinden. Auch schien es vielleicht angebracht, vier Roboter stillzulegen. Ungefähr um diese Zeit tauchte am Schwarzen Brett vor dem neuen Sportzentrum für Führungskräfte wiederholt ein Cartoon auf, der zwei wohlbeleibte Direktoren vor einer Schautafel zeigte, die die sinkenden Verkaufsziffern darstellte. Die Bildunterschrift ließ einen der Bosse erregt ausrufen: »Was meinen Sie mit ›abspecken‹? Der Speck sind wir!«

Wahrscheinlich gibt es nur wenige Führungsaufgaben, die anspruchsvoller oder tückischer sind als die Kontrolle der Gemeinkosten. Das liegt vielleicht zum Teil daran, dass es nur wenige andere Führungsaufgaben gibt, von denen man behaupten kann, dass die Manager selbst buchstäblich einen Teil des Problems – oder, wie es zuweilen in lichten Momenten genannt wird, der »Belastungen« – darstellen.

Natürlich ist es ein weithin akzeptierter Lehrsatz der Betriebswirtschaftslehre, dass der Gemeinkostenanteil in schweren Zeiten nach oben tendiert. Das lässt sich logisch dadurch erklären, dass die

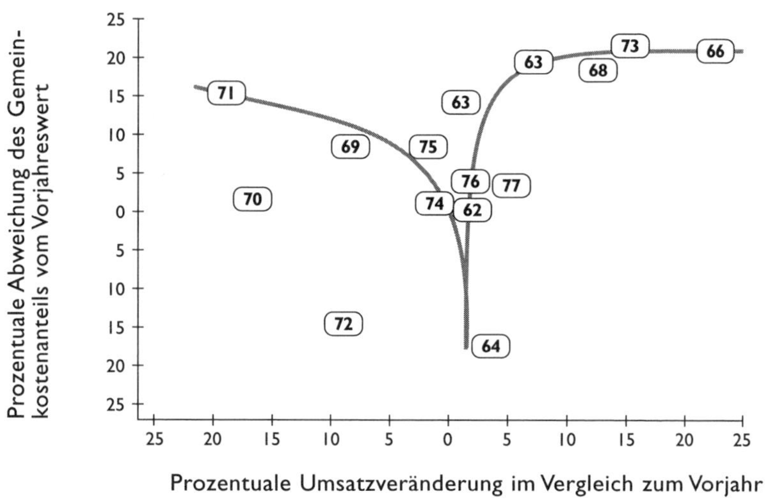

Datenquelle: Handelsministerium der USA

Grafik 5: *Umsatz und Gemeinkosten.* Obwohl die Daten, die die Gemeinkosten mit dem Umsatz verknüpfen, variieren, gibt es kaum Belege für den Gemeinplatz, dass eine Umsatzsteigerung eine Senkung der Gemeinkosten nach sich zieht.

Fixkosten auf einen kleineren Umsatz umgelegt werden, der zudem durch weniger effiziente Produktionsraten und gesteigerte Forschungs- und Marketingtätigkeit, um den Abwärtstrend umzukehren, weiter geschmälert wird. Daher freut sich die Firmenleitung auf den Tag, an dem der Umsatz wieder steigt und das Gegenteil zutrifft – dass nämlich der Gemeinkostenanteil fast automatisch sinkt, wie es sich gehört.

Grafik 5 untersucht diese These, wobei sie von den branchenweiten Gemeinkosten für ein Segment der Volkswirtschaft ausgeht, deren Daten das Handelsministerium zusammengestellt hat. Die Grafik bestätigt eindeutig, dass in Zeiten schrumpfenden Umsatzes die Gemeinkosten tatsächlich steigen. Doch sie bestätigt auch, was viele Management-Don Quijotes von heute, die sich mit Gemeinkosten herumgeschlagen haben, vermuten: dass bei einem Aufschwung die

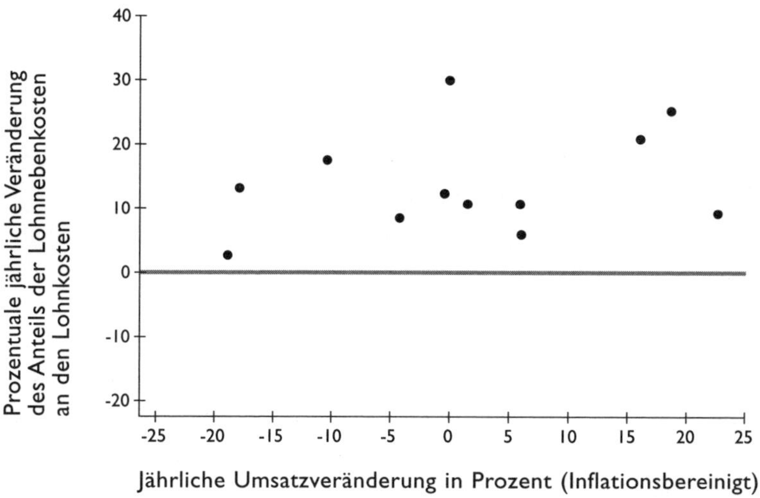

Datenquelle: Handelsministerium der USA
Verband der Luftfahrtinsustrie

Grafik 6: *Die Auswirkung der fetten und der mageren Jahre auf die Lohnnebenkosten.* Der stetige Zuwachs der Lohnnebenleistungen ist ein immer wichtigeres Element der Gemeinkosten und hat sich gegenüber Konjunkturschwankungen als sehr resistent erwiesen.

Gemeinkosten ebenfalls nach oben tendieren. Durch irgendeinen gemeinen Kurzschluss in der Natur scheinen Gemeinkosten, Software, Entropie und Gesetze eines gemeinsam zu haben – sie werden mehr. In späteren Kapiteln kommen wir darauf zurück.

In die gleiche Richtung zielt die Beobachtung, dass die Arbeitslosigkeit zurückgeht, wenn man die Räumlichkeiten erweitert, um mehr Leute unterzubringen. Durch die zusätzlichen Gebäudekosten jedoch bleibt weniger Geld übrig, um die Belegschaft zu bezahlen.

Grafik 6 zeigt, dass der augenfälligste Bestandteil der Gemeinkosten – die Lohnnebenleistungen – sich nach demselben Trend verhalten wie oben beschrieben. Wenn der Umsatz sinkt, steigen die Nebenleistungen – selbst als Prozentsatz der Lohnkosten insgesamt. So berichtet das Handelsministerium, dass ungefähr ein Drittel aller im Land gezahlten Gehälter als »Lohnnebenkosten« zu bezeichnen sind – dieses unschuldig klingende, doch sicherlich nicht marginale Kostenelement.

Wenn es um Gemeinkosten, insbesondere Lohnnebenleistungen, Bewirtungskosten und dergleichen geht, gibt es anscheinend gar keine schweren Zeiten: Alle Zeiten sind gut, doch wie die Grafik zeigt, sind manche »guter« als die anderen. Um die gefürchtetsten Worte der Verkaufs- und Marketing-Profis zu zitieren: »Er hat mich zum Essen ausgeführt.« Bei den meisten Firmen bilden die Gemeinkosten das größte Einzelprojekt – doch nur selten schenkt ihnen die Firmenleitung so viel Aufmerksamkeit wie dem zweitgrößten, was auch immer das sein mag.

Irritierenderweise gibt es unter den Daten von Grafik 5 einen Punkt, wo die Gemeinkosten sanken, als die Bezugsgröße stieg. Diese irritierende Ausnahme scheint jedoch nichts weiter als das zu sein – eine irritierende Ausnahme, ein Vorbote von fast nichts. Über die in dieser Grafik gezogene Trendkurve durch die Daten lässt sich sicherlich streiten, doch leider kann niemand die Daten so missinterpretieren, dass sie die Bauernregel von den zum Umsatz umgekehrt proportionalen Gemeinkosten unterstützen. Eine mögliche Erklärung für den einzigen anomalen Datenpunkt findet sich übrigens in Wilder Bancrofts Artikel im *Journal of Physical Chemistry* von 1931. In dieser gelehrten Abhandlung weist Bancroft darauf hin, dass die Abweichungen der experimentellen von den theoretischen Resultaten in der Regel zu korrigieren sind, indem man die experimentellen Ergebnisse mit einem Faktor multipliziert, der gleich dem Verhältnis des erwarteten Wertes zum Messwert ist. Sucht man jedoch – zumindest vorläufig – einen anderen Ansatz, ist es lehrreich, die Theorie vom expandierenden Universum auf die Dynamik der Gemeinkosten anzuwenden. Auch die astronomische Theorie der schwarzen Löcher ist hier von Belang.

Es gibt heute wohl kaum einen Manager, der nicht mit Verblüffung und Befremden miterleben musste, wie während eines konjunkturellen Hochs entgegen den Erwartungen und trotz aller Mühen sowohl der Umsatz wie auch die Gemeinkosten stiegen. Es scheint ganz so, als seien die etablierten Gesetze der Volkswirtschaft außer Kraft gesetzt und wir würden auf den Zenit einer Politik zustolpern, die in der Regierungszeit Carters prophetisch proklamiert und »Null-Basis-Budgetierung« genannt wurde. Doch zum ewigen Ärger der Manager, die sich um bedeutende Gemeinkostensenkungen bemühen, ist der Haupteffekt ihrer Aktionen gewöhnlich nichts weiter als die sogenannte »große Zeitkarten-Jagd«: Für alle Mitarbeiter bekommt es plötzlich höchste Priorität, jeden Tag die Zeitkarte zu suchen, die sie dazu ermächtigt, auf der Lohnliste zu bleiben.

Dasselbe Phänomen ist übrigens auch jedem Konstrukteur wohlbekannt, der das überall gelehrte Prinzip verstanden hat, dass die Kosten fast aller größeren Systeme – ob Züge, Autos, Schiffe oder Flugzeuge – direkt und eng mit ihrem Gewicht in Korrelation stehen. Derselbe Konstrukteur nimmt jedoch gleichzeitig fraglos hin, dass jeder Versuch, das Gewicht einer solchen Maschine zu senken, die Kosten dramatisch steigert! Wie üblich gibt es dafür Erklärungen: »Die Verwendung exotischer Leichtmaterialien steigert immer die Kosten«, oder hinsichtlich der Gemeinkosten: »Steigerungen der Arbeitsbelastungen steigern immer auch die Kosten für die zusätzliche Personalbeschaffung, Schulung und Arbeitsplatzeinrichtung – von dem Effekt, mit weniger erfahrenen Angestellten zu arbeiten, ganz zu schweigen«. Irgendwie scheinen Kürzungen bei einem Konto immer zu Aufblähungen bei einem anderen zu führen, ein Phänomen, das Gemeinkosten-Fachleute auch den »Luftmatratzen-Effekt« nennen. Wie Yogi Berra auf die Frage antwortete, was er täte, wenn er eine Million Dollar fände, die jemand verloren hat: »Wenn der Kerl wirklich arm wäre, würde ich sie ihm zurückgeben.«

Jeder pragmatische Manager, der sich von seinen Untergebenen die Tatsachen des Lebens erklären lassen musste, wird nicht umhin können, die Gültigkeit von Augustines Gesetz des unersättlichen Luxus anzuerkennen:

GESETZ NUMMER VII

Schrumpfender Umsatz steigert die Gemeinkosten.
Wachsender Umsatz auch.

Oder wie John Newbauer vom Amerikanischen Luft- und Raumfahrtinstitut sagte: »Echte Dekadenz ist, wenn Luxus zur Notwendigkeit wird!«

Kapitel 8

Gewisse Ungewissheiten

»Mir scheint, es könne bestimmt
kein Opferdeuter einen anderen Opferdeuter anschauen,
ohne zu lachen.«

Cicero vor dem römischen Senat

Als die neuen Produkte in Produktion gingen, verstand allmählich jeder den bekannten Football-Trainer, der, nachdem ihm der Besitzer des Clubs ein unbegrenztes Budget zugestanden hatte, noch vor Saisonbeginn beschuldigt wurde, es überschritten zu haben. Im Falle von Dädalus erwies es sich als völlig unmöglich, die Kosten im Griff zu behalten, da immer, wenn ein neues Produkt fast marktreif war, die Ingenieure anfingen, es umzukonstruieren, um es noch besser zu machen. Auch wurde schmerzlich bewusst, dass die Kostenschätzung bei modernsten technologischen Projekten eine unexakte Wissenschaft ist. Trotz ihrer Zahlengebirge verwendeten die Experten anscheinend einen Ansatz, der von einer in Texas weitverbreiteten Methode abgeleitet war, Masteber zu wiegen. Angeblich besteht dieses Verfahren darin, dass alle, wenn das Schwein eingefangen und auf eine Seite eines schnell gezimmerten Gestells gebunden ist, einen Stein suchen, dessen Gewicht, wenn er auf die andere Seite der Vorrichtung gelegt wird, dem Schwein genau die Waage hält. Wird so ein Stein schließlich gefunden, versammeln sich alle darum und versuchen, sein Gewicht abzuschätzen. So sieht die Wissenschaft der Kostenschätzung aus. Doch die Wirtschaftslehre wurde ja schon immer die traurige Wissenschaft genannt.

Zwei Arten der Ungewissheit erschweren die meisten wichtigen neuen Produkteinführungen: bekannte Unbekannte und unbekannte Unbekannte. Für die bekannten Unbekannten wie die Oberflächenstruktur des Mondes am genauen Landepunkt bei der ersten Apollo-Landung kann man Vorsorgen und einen Ansatz planen, der ihre möglichen Folgen minimiert.

Die zweite Kategorie, die unbekannten Unbekannten, lässt sich nicht im einzelnen vorausbestimmen, doch ihre Existenz an sich lässt sich mit ebenso viel Zuversicht voraussagen, wie die Versicherungen in ihren Sterbetafeln haben. Ein Beispiel für diese letztere Kategorie der Unbekannten ist der Blitz, der kurz nach dem Start zum Mondflug von Apollo XII einschlug. Irgendwie schlägt bei jedem größeren geschäftlichen Unterfangen ein »Blitz« ein. Man kann nicht voraussagen wo, sondern nur, dass er einschlagen wird. Doch leider kennt die Kostenplanung der meisten Projekte derartige Eventualitäten und entsprechende Vorkehrungen als »Blitzableiter« nicht. Das liegt teils daran, dass die sogenannten »Reserven« der Firmenleitung Budgetkürzungen keinen Widerstand leisten, und teils an den optimistischen Angeboten, die bei Ausschreibungen für Kostenerstattungsverträge, zum Beispiel für Reihenhäuser, Autoreparaturen oder die Entwicklung von Militärflugzeugen, erzeugt werden.

Die Notwendigkeit, bei der Kostenschätzung Ungewissheiten einzukalkulieren, ist als Problem keineswegs neu. So genehmigte beispielsweise der amerikanische Kongress am 27. März 1794 den Bau von sechs großen Fregatten, die das Rückgrat der Marine bilden sollten. Erst sechzehn Monate später begann das Kriegsministerium, die Schiffe auf Kiel zu legen, und kurz danach wurde das Programm wegen Kosten- und Terminüberschreitungen auf drei Schiffe gestutzt.

Das Problem kennt weder geografische noch Branchengrenzen. Es betrifft gleichermaßen die U-Bahn von Washington wie eine Kostenüberschreitung, von der man nie etwas hört, nämlich die Computeranlage des regierungseigenen Wachhunds gegen Kostenüberschreitungen, des amerikanischen Bundesrechnungshofs. 1972 beschloss der amerikanische Senat, dafür ein neues Bürogebäude – wohl weder hinsichtlich der Technologie noch der Unsicherheitsfaktoren eine überwältigende Herausforderung – für 48 Millionen Dollar zu errichten. Bald waren die Kosten für eine abgespeckte Version des Gebäudes auf 137,7 Millionen Dollar gestiegen. Senator John Chafee bemerkte, das sei kaum zehnmal so viel, wie seinerzeit der Erwerb des Staates Louisiana gekostet hat. Irgendein Weiser hat einmal gesagt, ein Konservativer sei ein Liberaler, den man ausgeraubt hat.

Es gibt Belege in Hülle und Fülle dafür, dass es nicht im menschlichen Wesen liegt, aus der gut dokumentierten Geschichte zu lernen, sondern dass man sie eher wiederholt. Das stellte die Great Mahaiwe Bank in Great Barrington, Massachusetts, fest, als ein Scheck, mit dem jemand ein Buch mit dem Titel »So gleiche ich mein Konto aus« bezahlt hatte, wegen ungenügender Deckung zurückgewiesen werden musste.

Schlechte Kostenschätzungen sind gelegentlich kaum mit den Unwägbarkeiten der Wahrscheinlichkeitsrechnung abzutun. Stattdessen lassen sie eine grundlegende Beziehung zu bestimmten Wachstumsunternehmen vermuten, die zu jedermanns Verdruss das Motto pflegen: »Je niedriger das Angebot, um so größer die Nachforderungen.«

Obwohl es weit mehr ausgeklügelte Methoden zur Vorhersage von Projektkosten gibt, wenn man sie tatsächlich benutzen will, hätte allein der in Grafik 7 dargestellte Kostenkorrekturfaktor alles in allem die Kostenüberschreitungen bei wichtigen Projekten des Verteidigungsministeriums eliminiert, wenn er zur Verfügung gestanden hätte und angewendet worden wäre. Doch solche kluge Maßnahmen könnten ja dem schlechten Ruf schaden.

Hier muss man anmerken, dass der Entscheidungsträger, wenn er die Daten aus Grafik 7 tatsächlich anwendet, mit Sicherheit darüber falsch informiert ist, zu welchem Teil das Projekt bereits abgeschlossen ist. In Grafik 7 wurde diese Verzerrung durch Anwendung von Gesetz Nummer XXI kompensiert. Indem man angemessene Eventualreserven bereitstellt, lassen sich realistische Schätzungen der erforderlichen Mittel aufstellen. Hier ist natürlich

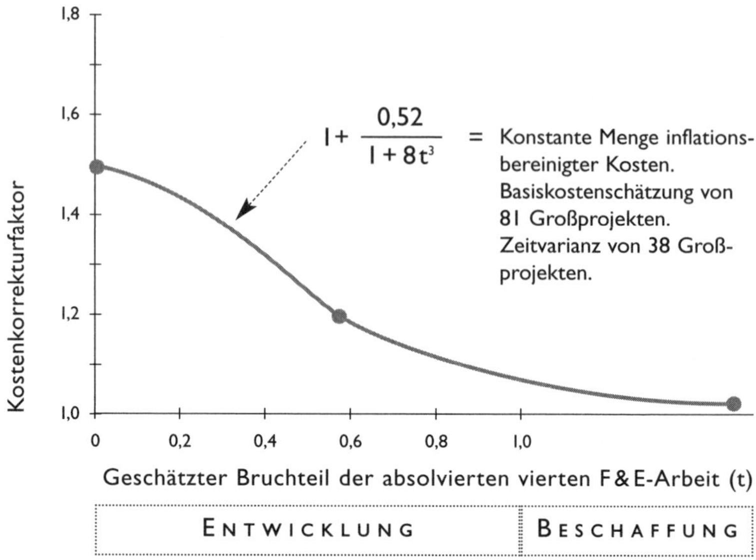

Grafik 7: *Kostenschätzung (F & E plus Beschaffung).* Aufgrund der bisherigen Daten kann man den Korrekturfaktor bestimmen, der im Falle seiner Anwendung – zumindest in der Vergangenheit – die ansonsten durch die Bank dürftigen Leistungen der Fachleute für Kostenschätzung dramatisch verbessert hätte.

hinsichtlich der Delegation von Verantwortung für die erforderlichen Mittel Vorsicht geboten, damit nicht Parkinsons Gesetz zur Anwendung kommt und die Kosten bis zur Höhe der verfügbaren Mittel steigen. Das ist jedoch ein durchaus lösbares Problem.

Ein Berater eines früheren US-Präsidenten soll die Ansicht geäußert haben, dass ein Wirtschaftsgutachter zwei Bedingungen erfüllen müsse: Erstens sollte er einen Grundkurs in Wirtschaftswissenschaften absolviert und zweitens die Abschlussklausur bestanden haben. Es wird vermutet, dass die wichtigste Referenz allzu vieler Kostenprüfer ist, dass sie einmal einen Preis als »Eifrigster Schüler beim Rechnen« gewonnen haben. Einfach gesagt, führen die vorherrschenden Kostenschätzungsverfahren dazu, dass der durchschnittliche Kostenschätzer elf der letzten zwei Kostenunterschreitungen vorausgesagt hat.

Wenigstens bietet unsere Kostenkontrolle eine Menge Spielraum für Verbesserungen. Um die Leistungen der Kostenschätzer der letzten paar Jahrzehnte zu verbessern, ist es also nötig, die unbekannten Unbekannten zu erkennen, doppelt so hart zu arbeiten und doppelt so schlau zu sein. Das ist zum Glück nicht schwer.

Das alles führt zu Augustines Gesetz der unabsehbaren Konsequenzen:

Gesetz Nummer VIII

Die fruchtlosesten Stunden in der Ausbildung eines Kostenschätzers sind der Rechenunterricht in der Grundschule.

Kapitel 9

Der Anwalt im Haus

»Als erstes töten wir alle Anwälte.«

Heinrich VI.

Die Börsenaufsichtsbehörde hatte bestimmt, dass man bei Abschreibungen den Wiederbeschaffungswert eines Gegenstandes zugrunde legen muss, damit den Aktionären die Höhe des Betriebsvermögens transparent ist. Gleichzeitig hatte die Finanzdirektion verfügt, dass Abschreibungen nicht vom Wiederbeschaffungswert ausgehen dürfen, damit die Finanzämter ein Maß für die tatsächlichen Kosten (und – welche Überraschung – die höchstmöglichen Steuereinnahmen) haben. Als die Verwaltungshengste sich daran machten, für jede Eventualität vorzusorgen und jedes mögliche Problem mit Vorschriften einzukreisen, erinnerten sich viele Dädalus-Mitarbeiter an die sprichwörtlichen drei Beamten, die auf Kaninchenjagd gingen. Nachdem der erste eine Kugel abgefeuert hatte, die dem Kaninchen einen halben Meter vor der Nase vorbeisauste, und der zweite eine Salve abgab, die genau einen halben Meter hinter dem Kaninchenschwanz vorbeipfiff, warf der dritte sein Gewehr in die Luft und rief: »Wir haben es!« Der Hauptteffekt solch bürokratischer Unlogik war, dass die Rechtsabteilung von Dädalus mittlerweile das am schnellsten wachsende Segment der Firma war, übertroffen nur von der PR-Abteilung. Diese wurde belagert von vorwitzigen Reportern, die über Produkthaftungsklagen schreiben wollten, und von verschiedenen örtlichen Wohltätigkeitsorganisationen, die reiche Gönner um mildtätige Spenden baten. Die einzigen Gruppen des aufblühenden Unternehmens, die nicht mehr wuchsen, waren die Abteilungen Konstruktion und Herstellung – doch bei der ganzen Aufregung um Klagen, Ge-

genklagen, Steuerstreitigkeiten und Marketing-Abkommen fiel das kaum einem auf. Außerdem sollte gerade das neue Restaurant für die Chefetage eröffnet werden.

»Der genaue Zeitpunkt, wann der Berufsstand des Rechtsanwaltes sein Dasein begann, ist unbekannt, obgleich die ersten Beschwerden über ihn aus dem 12. Jahrhundert datieren«, berichtete David Oppenheim, selbst Anwalt und Analyst bei der obersten Konkursbehörde der USA. Weiterhin merkte er an, dass die Zulassung von Anwälten 1402 in England gesetzlich geregelt wurde: »Der Erlass wurde diktiert, weil es zu viele Anwälte gab – etwa 2000. Um ihre Zahl zu beschränken, wurden Gesetze verabschiedet, die etwa 400 Jahre gültig blieben, doch nie befolgt wurden.«

In der Vergangenheit wurden Anwälte hie und da sogar für illegal erklärt, so beispielsweise im frühen Salem und vor gerade erst drei Dekaden in China. Heutzutage jedoch scheinen die Schranken des Gerichts keine Schranken mehr zu kennen, zumindest nicht in den USA. Die amerikanische Anwaltskammer berichtet, dass in den USA über 1 Million Anwälte leben, und das vermutlich sehr gut – einer pro 295 Einwohner, um genau zu sein. Unterdessen spucken die juristischen Fakultäten des Landes wie Menschengeysire Jahr für Jahr weitere 40000 Anwälte aus. So haben die USA fast so viele Anwälte zu verzeichnen wie Estland Einwohner. Einem Richter des Appellationsgerichts von Colorado zufolge befinden sich sogar zwei Drittel aller Anwälte der Welt in den USA. Das hat an bestimmten Stellen zu Vorschlägen für ein neues Exportprodukt geführt. Weiterhin betrachtete jener Richter die Kompliziertheit der Rechtsfragen in der heutigen Welt und riet einer Gruppe frischgebackener Anwälte: »Wenn Sie nicht verwirrt sind, denken Sie nicht klar.«

200000 Anwälte stehen allein auf der Gehaltsliste der amerikanischen Bundesregierung, von denen ein Teil neue Gesetze verfasst, während ein anderer Teil sich damit abmüht zu interpretieren, was die ersteren gemeint haben und ein dritter Teil Strafen verhängt über die Außenseiter, die falsch geraten haben. Wieder andere verdingen sich als Lobbyisten, weil sie mit den Interpretationen aller Gruppen nicht einverstanden sind. Ihre Armee schwoll von 3400 bundesweit registrierten Lobbyisten im Jahr 1976 bis zum Ende des Jahrhunderts auf 20512 an. Somit kommen derzeit 38 Lobbyisten auf ein Kongressmitglied – und 138 von ihnen saßen bereits selbst einmal im Kongress oder Senat.

»Warum gibt es in Kairo mehr Fliegen als Lobbyisten in Washington?« Antwort: »Kairo durfte es sich aussuchen.«

Fast 37 Prozent der Abgeordneten des Repräsentantenhauses und 53 Prozent des Senats sind Rechtsanwälte. Das ist, als würde man den Bock zum Gärtner machen – eine Vollbeschäftigungsverordnung für Anwälte. Was stand auf dem T-Shirt, das der frühere Präsident Jimmy Carter bei einer Softball-Party trug? »Politiker sind immer zur Stelle, wenn sie Sie brauchen.« Und wie Abraham Maslov bemerkte: »Wenn Ihr einziges Werkzeug ein Hammer ist, neigen Sie dazu, jedes Problem als Nagel zu betrachten.«

Grafik 8 untersucht den Beitrag dieser großen und wachsenden Gruppe von Anwälten zur industriellen Effizienz einiger Länder der ganzen Welt. Zwischen der Zahl der Anwälte pro Kopf und der Produktivitätssteigerung eines Landes lässt sich eine verblüffende Korrelation feststellen. Allerdings ist das Problem, dass die Beziehung genau umgekehrt ist wie erhofft – das heißt, je mehr Anwälte, desto schlechter die Produktivität des Landes. Und die Korrelation ist unglaublich genau.

So erwächst eine weitere, wirklich enttäuschende Erkenntnis aus der Geschäftswelt, die zu Augustines Gesetz vom Gesetz führt:

Gesetz Nummer IX

Nicht Stiere gewinnen Stierkämpfe, sondern Menschen.
Nicht Menschen gewinnen Streitfälle, sondern Anwälte.

Nur Großbritannien weicht signifikant vom Trend in der Grafik ab, die eine weit geringere Produktivität verzeichnet, als dem Land aufgrund seines Bestandes an Anwälten an sich zukäme. Man muss offenbar zu dem Schluss kommen, dass die englischen Anwälte viermal so effizient sind wie in anderen, juristisch noch nicht so reifen Ländern.

John Naisbitt versicherte in Megatrends: »Anwälte sind wie Biber. Sie schwimmen mit dem Strom und bauen sich einen Damm darin.«

Hier muss gesagt werden, dass Grafik 8 auch ein sehr nützliches Prognoseinstrument darstellt. So war es zum Beispiel möglich, aufgrund der Rate der Produktionssteigerung, doch in Ermangelung der erforderlichen Angaben zur Anwaltsdichte in Frankreich zu interpolieren, dass in Frankreich etwa 17 000 Anwälte tätig sein müssen. (Als der Rechtsberater des Autors gebeten wurde, diese Zahl

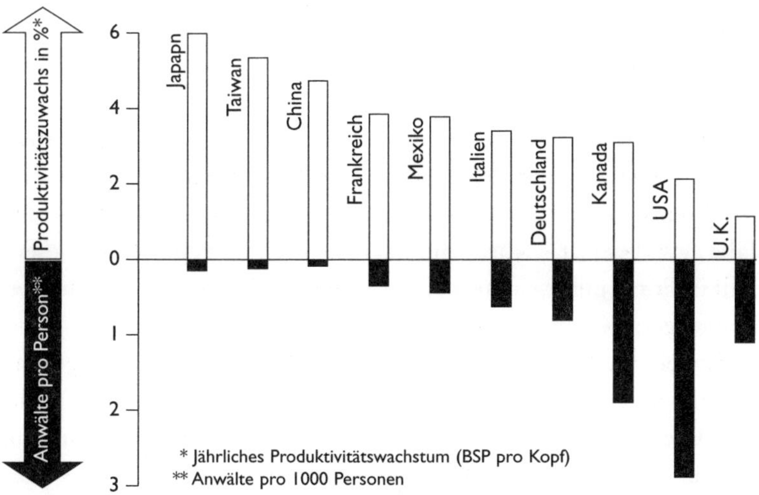

Datenquelle: American Productivity Center, Div. Botschaften und Anwaltskammern. Daten aus den Jahren 1960–1982

Grafik 8: *Die Strenge des Gesetzes.* Zwischen der Anzahl der Anwälte in einem Land und seiner Produktivität scheint es eine enge Beziehung zu geben. Ich präsentiere die Ergebnisse ohne Kommentar. Harry Truman hat einmal gesagt: »Ich schimpfe nie. Ich sage einfach die Wahrheit. Die Leute glauben nur, dass ich schimpfe.«

zu bestätigen, berichtete er, in Frankreich gebe es tatsächlich 16600 avocats und fragte: »Woher wussten Sie das?« Nachdem ihm das Verfahren eingehend erläutert wurde, drohte der Berater des Autors höchstpersönlich prompt mit einer Verbandsklage.) Heute gibt es in Frankreich 40775 Personen mit Jura-Abschluss – von denen glücklicherweise nicht alle im Rechtswesen tätig sind.

Es mag zwar sein, dass Japan fast doppelt so viele Ingenieure hervorbringt wie die USA – obwohl es nur halb so viele Einwohner hat – und dass es der amerikanischen Industrie auf dem freien Markt verheerende Schäden zugefügt hat, doch wird Japan auf erhebliche Schwierigkeiten stoßen, wenn es bei der Vorbereitung juristischer Unterlagen mit den USA gleichziehen will. Das liegt an unserem Vorsprung von zwanzigmal so vielen Anwälten pro Kopf, von den siebenmal so vielen Buchhaltern ganz zu schweigen. Kaum eine Nation – wenn überhaupt eine – kann uns hinsichtlich der Zahl der Kläger und Beklagten in unserer streitbaren Gesellschaft das Wasser reichen.

So wurde das System, das erfunden wurde, um Streitfälle beizulegen, selbst zu einer der größten Konfliktquellen. Sogar der Bau des Jimmy-Carter-Centers – das der Lösung internationaler Streitfälle gewidmet ist – wurde durch einen Streitfall vereitelt, in diesem Fall in Form unabsehbarer Klagen, die den Bau eines vierspurigen Zubringers verhindern sollten.

Soviel zur Vergangenheit. Und die Zukunft? Grafik 9 zeigt eine wohlüberlegte Projektion dessen, was vor uns liegt ... und enthüllt bestürzenderweise, dass wir wahrscheinlich gerade erst am Anfang stehen. Die schärfste Konkurrenz der Anwälte hinsichtlich des relativen internen Wachstums in der amerikanischen Industrie scheinen die PR-Fachleute zu sein. Fasst man die Zielgruppe der Betrachtung noch etwas enger, so stellt man an der Spitze der Firmenhierarchie fest, dass laut Golightly & Co. die Zahl der Firmenpräsidenten mit einer technischen Ausbildung in den letzten 25 Jahren um 12 Prozent gesunken ist, die Zahl derjenigen mit einer Ausbildung in der Produktion um 25 Prozent – und dass die Zahl derjenigen, die

»Recht und Steuern« als ihr Spezialgebiet angeben, um 50 Prozent gestiegen ist. Angesichts der gewandelten Natur des Geschäfts mag das jedoch nur angemessen sein. Bei einer Rettungsaktion im All vor einigen Jahren, bei der ein Astronaut mit einem »Huckepack-Gefährt« flog, um ein abhanden gekommenes Raumschiff einzufangen, in die Raumfähre einzuladen und zwecks Reparatur und späteren Neustarts zur Erde zurückzubringen, war der bei weitem anspruchsvollste Aspekt der Aktion nicht die technische Seite, sondern die Überwindung juristischer Hindernisse wie Eigentums- und Haftungsfragen und der Deckungsumfang der Versicherung.

Irgendwie scheint das Recht nicht immer denen zu dienen, die es geschaffen haben, sondern wird zuweilen zu einem richtigen Frankenstein-Monster. So berichtete die Zeitschrift *Forbes* von einem Vorfall, bei dem ein Mann sich umzubringen versuchte, indem er in New York vor eine U-Bahn sprang; als sein Plan jedoch misslang, wurden ihm 650 000 Dollar Entschädigung von der Stadt New York zugesprochen, weil der Zug ihn angefahren hatte. Offenbar ist der Geist aus der Flasche entkommen.

In Sports Illustrated wurde der Baseballspieler Mickey Rivers mit dem Satz zitiert: »Wir werden es schaffen, wenn wir aus unseren Fehlern Kapital schlagen können.« Das scheint auch die juristische Situation von Unternehmen recht gut zusammenzufassen.

Der Fairness halber sollte man vielleicht die Möglichkeit erwähnen, dass die in Grafik 8 angegebene Zahl der Anwälte eigentlich nur stellvertretend für die allgemeineren, diffuseren Wehwehchen steht, die zuweilen reife, relativ stabile und allzu bequeme Gesellschaften befallen. Man hofft jedoch, dass das nicht der Fall ist... oder dass die Krankheit in diesem Fall zumindest leichter erkennbar und heilbar ist als bei den Alten Römern. Die Feststellung ernüchtert, dass es wohl nur zwei Länder (Großbritannien und Thailand) gibt, die länger ununterbrochen dieselbe Regierungsform haben als die gerade zwei Jahrhunderte junge USA.

Trotz alledem blüht das Geschäft mit dem Recht. Die jährlichen Aufwendungen amerikanischer Unternehmen für juristische Dienstleistungen und dergleichen haben die 200-Milliarden-Dollar-Marke durchbrochen und wuchsen noch um 14 Prozent im Jahr, als sie zuletzt erhoben wurden. Damit sind sie heute fast so hoch wie die Ausgaben für Forschung und Entwicklung aller amerikanischen Unternehmen zusammen. Entsprechende Beträge werden Jahr für Jahr natürlich auch den Privatleuten abverlangt.

Vielleicht verriet die *Denver Post* mehr, als ihr klar war, als sie berichtete: »... der frühere stellvertretende Generalstaatsanwalt sagte, das Gerichtswesen habe noch nie so sehr im Dienste der Armen gestanden.«

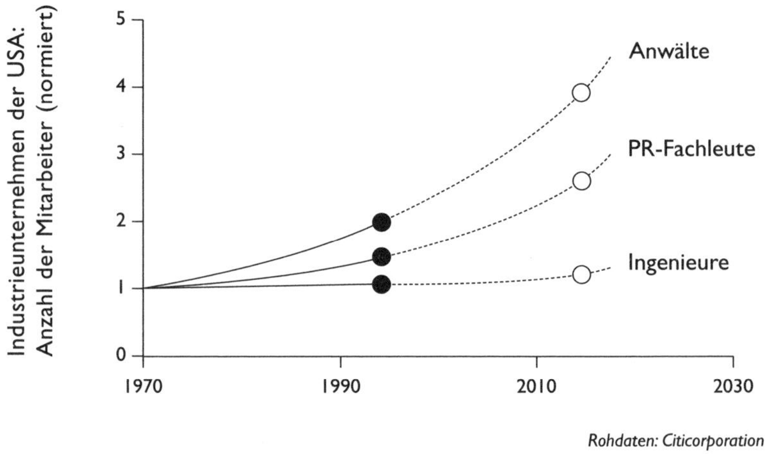

Grafik 9: *Ein Sprung zurück?* Die relativ am schnellsten wachsenden Segmente der amerikanischen Industrie sind die Rechts- und PR-Abteilungen. In Japan sind die am schnellsten wachsenden Segmente, wie man weiß, die Abteilungen Produktion und Versand.

Kapitel 10

Die Besprechung wird vertagt

»Man darf nicht mehr Gutes versuchen,
als die Menschen ertragen können.«

Thomas Jefferson

Die Feier zur Einstellung des hundertsten Dädalus-Mitarbeiters (ein Rechtsanwalt) wurde ein wenig durch die Entdeckung gedämpft, dass aus irgendeinem unbekannten Grunde sowohl die Fertigung als auch die Konstruktion bedenklich hinter den Terminen zurückzubleiben begannen, die die Marketing- und Vertriebsabteilung ihnen gesetzt hatte. Man beschloss, tägliche Status-quo-Besprechungen abzuhalten, bei denen alle Ingenieure und Fertigungsarbeiter Gelegenheit haben sollten, vor eine versammelte Managermeute aus anderen Abteilungen zu treten und sich ausführlich über die Gründe für ihre mangelnden Fortschritte am vorigen Tag auszulassen. Zusätzlich wurden weitere tägliche Besprechungen angesetzt, um die Budgets, die Planung und den Personaleinsatz zu überprüfen. Eine Hauptversammlung, die jeden Morgen abgehalten (und im Folgenden »Frühgottesdienst« genannt) wurde, koordinierte die Termine aller anderen Besprechungen. Schließlich wurde für jeden Abend eine Kostenkontroll-Konferenz angesetzt, um zu besprechen, wie man Überstunden abbauen könne. Die Arbeiter selbst führten periodisch informelle Versammlungen durch, um zu besprechen, was sie tun könnten, wenn sie nicht gerade in Besprechungen saßen. Das führte zu Besprechungen über die Frage, wie man die Besprechungen reduzieren könne. Anscheinend arbeiteten alle Dädalus-Mitarbeiter so viel, dass keiner mehr Zeit zum Arbeiten hatte.

Herm Staudt, ehemaliger Präsident der Division Government System Operations der Eaton Corporation, bemerkte während seiner

Dienstzeit als höherer Verwaltungsbeamter einmal zu Beginn eines undurchdringlichen Geflechts von Informationsveranstaltungen: »Zu diesen Besprechungen komme ich immer mit einem Problem. Ich gehe immer mit einem Briefing und einem Problem.«

Die ersten 56 Minuten einer Besprechung (alle Besprechungen dauern eine Stunde) sind eigentlich ziemlich belanglos und gehen vorüber, ohne dass viel erreicht wurde außer der Präsentation von routinemäßigem und in der Regel peripherem Hintergrundmaterial. Doch in den verbleibenden vier Minuten fällt unweigerlich die Granate mitten auf den Tisch. Zum Beispiel sind die ersten 56 Minuten einer erhitzten Debatte aller Teilnehmer der Frage gewidmet, in welcher Farbe das Schild vor einer neuen Ölraffinerie lackiert werden soll. Erst während der letzten vier Minuten kommt heraus, dass das Werk an diesem Vormittag durch eine Explosion vernichtet wurde.

Wenn die Bombe geplatzt ist, werden dem gehetzten Entscheidungsträger, der sich bereits zu den anfänglichen 56 Minuten der nächsten Besprechung verspätet hat, drei Optionen präsentiert. Aufgrund der Anatomie der Entscheidungsbildung erfordert die erste dieser Optionen leider, dass man das so mühsam angestrebte Ziel völlig aufgibt. Die dritte Option hingegen erfordert ein Budget, das das Bruttosozialprodukt nur wenig übersteigt. Bleibt die mittlere Option, mit dem einzigen Vorzug, diejenige zu sein, die der Entscheidungsträger nach Meinung des vorbereitenden Stabes wählen soll. Das nennt man Führung der Führung.

Ende der sechziger Jahre wandte sich einmal ein Admiral an einen sehr hohen Beamten im Verteidigungsministerium und protestierte energisch gegen eine Vorlage, die dem Verteidigungsminister zur Unterschrift vorbereitet worden war, weil dieses Papier nur zwei Optionen enthielt. Bei der folgenden Diskussion kam heraus, dass der Admiral sogar eine der beiden präsentierten Alternativen bevorzugte. Das Problem wurde erst deutlich, als der aufgebrachte Offizier in einem hellsichtigen Moment herausplatzte: »Sie wissen doch, dass der Minister immer die mittlere Option wählt.«

Der Ansatz der mittleren Option leitet sich vermutlich von jener Denkrichtung ab, nach der man manche Menschen ständig an der Nase herumführen kann und alle Menschen manchmal.

Doch Besprechungen, in denen solch profunde Angelegenheiten wie die Terminplanung erörtert werden, darf man nicht verspotten: Man muss der Tatsache ins Auge sehen, dass es erheblicher Mühen bedarf, um auch nur die Terminplanungstreffen zu terminieren. Der erste Schritt in diesem Prozess ist, dass der Vorsitzende ein Ferngespräch mit dem Hauptreferenten führt, um einen Termin für das anstehende Treffen zu vereinbaren.

Dieser Anruf ist in der Regel vergeblich, weil der Referent gerade außer Haus bei einer anderen Besprechung ist. Der Referent ruft den Vorsitzenden später zurück, nur um zu erfahren, dass der Vorsitzende gerade nicht im Büro ist, weil er ein anderes Treffen leitet. Es vergehen durchschnittlich 3,8 Ferngespräche (nach der aktuellen Stichprobe des Autors), bevor der Kontakt endlich hergestellt wird. Diese sogenannte Telefonitis hat auch ihre guten Seiten. Sie trägt dazu bei, dass die Telekommunikationsindustrie ihren Anteil am Steueraufkommen leisten kann und dass die Sekretärinnen aller Beteiligten sehr gute Freundinnen werden. Die Einführung von Internet und E-Mail hat leider nicht geholfen; dafür erhält nun zusätzlich jeder Mitarbeiter eines US-amerikanischen Unternehmens im Durchschnitt 25 Mitteilungen pro Tag, von denen zwei Drittel Spam sind, und der Rest zum größten Teil ebenfalls als solcher bezeichnet werden kann.

Hat man sich schließlich auf einen Termin geeinigt, stellen der Vorsitzende und der Referent fest, dass ein dritter unerlässlicher Teilnehmer zu diesem Zeitpunkt nicht zur Verfügung steht. Dann beginnt der Vorgang von neuem. Die Wahrscheinlichkeit, einen Termin zu finden, zu dem sechs Leute – jeder mit einem bereits halbvollen Kalender – gleichzeitig zur Verfügung stehen, beträgt nur etwa eins zu zweiunddreißig, und jeder zusätzliche Teilnehmer impliziert eine exponentiell wachsende Zahl von Telefonaten. So kann man beweisen, dass Besprechungen mit mehr als etwa zehn vielbeschäftigten Teilnehmern mathematisch unmöglich sind. Der Umstand, dass trotzdem Besprechungen mit mehr als zehn Anwesenden stattfinden, steht nicht unbedingt im Widerspruch zur vorigen Feststellung.

Hier ist darauf hinzuweisen, dass die USA auf dem Gebiet der Terminierung von Besprechungen zwar gegenüber Japan ein Handicap haben, doch gegenüber China und Russland einen bedeutenden strategischen Vorteil besitzen. Dieser liegt darin, dass eines der Haupthindernisse bei der telefonischen Koordination von Besprechungen der Zeitunterschied zwischen dem Osten und Westen eines Landes ist. Im Falle der USA verkürzt diese zeitliche Disparität den effektiven Telefon-Tag auf fünf Stunden. In China wird den einheimischen Firmen die Sache durch die Entscheidung der Regierung erleichtert, dass »die Zeit, die für Peking gut ist, auch für alle anderen gut ist«. Aber die Sonne lässt sich nicht täuschen. Russland hat es gleich mit elf verschiedenen Zeitzonen zu tun und besitzt damit praktisch keine Möglichkeit, Besprechungen mit Teilnehmern aus dem ganzen Land zu terminieren. So haben viele dieser enttäuschten Menschen keine andere Wahl, als weiter ihrer Arbeit nachzugehen. Es sei angemerkt, dass der Webster, das angelsächsische Äquivalent zum Duden, die beliebteste Art der Konferenz, das Symposium, ganz freimütig von dem griechischen Wort für Zechgelage herleitet.

Trotz all dieser Hindernisse blühen Konferenzen, Symposien, Kongresse und Foren. Die beliebtesten dieser Ereignisse sind Veranstaltungen fernab vom eigenen Arbeitsplatz, da man, wie man weiß, am eigenen Arbeitsplatz so oft abgelenkt wird, dass niemand zum Arbeiten kommt.

Grafik 10 stellt Daten aus über zwei Jahrhunderten über den Trend zu immer mehr Konferenzen dar. Die zahlenmäßige Explosion von Konferenzen in entlegenen Gegenden der Welt spiegelt das wachsende Bedürfnis wider, Veranstaltungen auf neutralem Terrain abzuhalten, um niemandem unnötigerweise Unannehmlichkeiten zu bereiten. Auf diese Weise kann man allen gleichviel Unannehmlichkeiten bereiten.

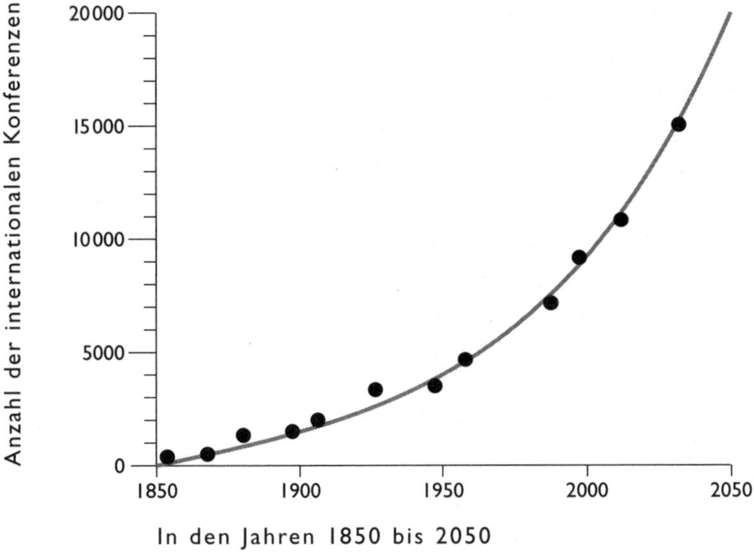

Datenquelle: John Mc Hale: World Facts and Trends

Grafik 10: *Multilinguale Betriebsführung oder: Gesellschaftliche Verpflichtungen.* Konferenzen werden immer bereitwilliger als Mechanismus akzeptiert, die Zeit von Führungskräften in Anspruch zu nehmen. Das gilt insbesondere für internationale Veranstaltungen, die zusätzlich durch erhebliche Reisezeiten und überproportional hohe Kosten belastet sind.

Findet endlich ein Treffen statt (das zuvor ein weiteres Mal verlegt wurde, weil einer der wichtigsten Teilnehmer überraschend seinen Urlaub antreten musste), erfordert das Protokoll, dass der Dienstälteste den Ehrenplatz erhält: am Kopf des Tisches unmittelbar hinter dem großen, hochgezogenen Objektiv des Overheadprojektors, der stets mitten auf dem Tisch steht. Dieses Objektiv nimmt dem Entscheidungsträger die Sicht auf etwa 42 Prozent der Leinwand einschließlich der genauen Bildmitte. Sehr wahrscheinlich ist das zum Teil ein Grund dafür, dass höhere Beamte stets die mittlere Option wählen. Die erste und die letzte sind zu erschreckend, um sie in Erwägung zu ziehen, und die mittlere sieht man nicht.

Obwohl die meisten Entscheidungsträger solche systematischen Behinderungen teilnahmslos hinnehmen, besaß ein Air-Force-General vom taktischen Kommandostab tatsächlich die Kühnheit, dass er versuchte, die Besprechungen zu leiten, die zu seinem Nutzen durchgeführt wurden. Unter äußerster Missachtung der guten alten Anstandsregeln für Referenten – »Die Macht hat der, der die Kreide hat« – ließ er den Signalknopf für den Wechsel der Schaubilder nicht auf dem Podium, sondern an seinem eigenen Platz montieren! So wurden die Briefings von neuem aufregend, wobei die letzten vier Minuten – in denen die Leute nun tatsächlich zuhörten – manchmal eine ganze Stunde dauerten. Das bot auch Stoff für eine neue Form von Wetten im Generalstab – welches Handicap hat der Referent?

Doch, wie gesagt, sind praktisch alle Besprechungen auf genau eine Stunde terminiert – oder »zumindest« auf ganze Stunden. Und Besprechungen können gemäß Parkinsons Gesetz nie vorzeitig beendet werden. So unglaublich es auch klingen mag: So etwas wie ein 55-Minuten-Thema oder ein 20-Minuten-Thema gibt es nicht. Alle Themen erfordern genau eine Stunde. So ist es während eines 8-Stunden-Tages nicht möglich, mehr als acht Grundsatzentscheidungen zu treffen, unabhängig davon, ob die Tagesordnungspunkte Überlebensfragen oder Belanglosigkeiten betreffen.

Man vermutete zunächst, dass diese optimale Versammlungsdauer das Ergebnis jahrelanger evolutiver Verbesserungen ist oder zumindest auf intensiven Studien von Effizienz-Experten, Entscheidungstheoretikern, Forschern von Wirtschaftsakademien und Refa-Analytikern beruht. Daher ist die Wahrheit besonders bedauerlich, dass die Dauer von Besprechungen absolut nichts mit dem Inhalt des vorliegenden Materials zu tun hat, sondern eher daran liegt, wie schnell die Erde sich um ihre Achse dreht (und natürlich an der willkürlichen Entscheidung, dieses Intervall in vierundzwanzig gleich lange Abschnitte zu unterteilen). Würde die Erde zum Beispiel sich nicht in vierundzwanzig, sondern in achtzehn Stunden einmal drehen, würden Besprechungen fast mit Sicherheit so terminiert, dass die resultierende »neue Stunde« mit einer Länge von 45 »Minuten« ausfiele. So könnte man pro Tag elf Besprechungen ansetzen und fast automatisch eine Produktivitätssteigerung des Managements um 33 Prozent erzielen, vorausgesetzt, der zugrunde liegende reale Arbeitstag bliebe unverändert. Diese Betrachtung regt eine technische Unternehmung an, die nicht nur das Mondprojekt Apollo in den Schatten stellte – man müsste Millionen Raketen am Äquator befestigen, um die Umdrehung der Erde zu beschleunigen -, sondern auch die Lebenserwartung aller Menschen (in Tagen) um ein Drittel erhöhen würde.

So lässt sich Augustines Gesetz der Versammlungsfreiheit ableiten, welches zum Ausdruck bringt, dass Manager sich in ihrem Machtbereich freizügiger bewegen, Arbeiter hingegen enger an ihre Aufgaben gebunden sind.

Gesetz Nummer X

Wenn man die Erde dazu bringen könnte, sich doppelt so schnell zu drehen, würden die Manager doppelt so viel schaffen. Wenn man die Erde dazu bringen könnte, sich zwanzigmal so schnell zu drehen, würden alle anderen doppelt so viel schaffen, da die Manager dann weggeschleudert würden.

Manche Organisationen tun natürlich kaum etwas anderes, als Konferenzen abzuhalten. Das lässt vermuten, dass die Nützlichkeit von Konferenzen als Technik der Betriebsführung möglicherweise ermittelt werden kann, indem man den Output dieser besonderen Organisationen untersucht – zu denen unter anderem der amerikanische Senat, das Repräsentantenhaus und die UNO gehören. Aber vielleicht wäre so eine Untersuchung doch keine besonders gute Idee.

Obwohl nichts der Zeitverschwendungskompetenz von Konferenzen gleichkommt – außer vielleicht das Telefon – muss an dieser Stelle auch der Beitrag erwähnt werden, den die moderne Technologie zu leisten imstande ist. Die Rede ist natürlich von E-Mails. In der Tat ist es einem Mitarbeiter heutzutage möglich, mithilfe seines Blackberrys seine Zeit gleich doppelt zu verschwenden – nämlich E-Mails zu lesen während er in einer Konferenz sitzt. Neueste Zahlen belegen, dass täglich 36 Milliarden E-Mails rund um den Globus versandt werden und den Tagesablauf ihrer Empfänger stören. Das macht sechs E-Mails pro Tag für jeden Mann, jede Frau und jedes Kind – allerdings scheinen einige von uns mit mehr als ihrem Anteil gesegnet zu sein. Und dabei sind die 2,4 Milliarden Spam-Nachrichten, die AOL und MSN nach eigenen Angaben täglich abfangen, noch gar nicht mitgezählt. Das Potenzial dieser neuen Form der Zeitverschwendung scheint grenzenlos … – wieder ein Wunderwerk der modernen Technik.

Kapitel 11

Das Geheimnis der Qualität

»Es war der lauteste Lärm,
den man je gesehen hat.«

Brooklyner Redensart

Obwohl die Dädalus-Modellflugzeug-Gesellschaft weiterhin prosperierte, wurden Management und Arbeiter gleichermaßen von immer mehr Frustrationen geplagt. (Man bemerke, dass immer zwischen dem »Management« und den »Arbeitern« oder der »Arbeit« unterschieden wird ... das mag George Kaufman im Sinn gehabt haben, als er schrieb: »Zwei Menschen kamen bei den Bauarbeiten in Panama ums Leben. Der eine war Engländer, der andere ein Arbeiter.«) Den Leuten war offenbar nicht bewusst, wie gut es ihnen ging. Man stellte fest, dass die Konferenzen sich ohne Ende hinschleppten, während die Teilnehmer erhitzt über ein Thema nach dem anderen debattierten. In dieser Phase passierte es auch, dass der erkrankte Vorstandsvorsitzende im Krankenhaus eine Resolution der Firmenleitung erhielt, in der ihm eine baldige Rückkehr an den Arbeitsplatz gewünscht wurde – am Rande hatte die Vorstandssekretärin pflichtbewusst, wenn auch etwas indiskret angemerkt: »Mit sechs zu vier Stimmen angenommen«. Doch trotz einer Reihe ähnlich bedauerlicher Vorfälle war sich das gesamte Management darin einig, dass man die Produktivität steigern müsse. Nun wurden aber Befürchtungen laut, dass es vielleicht nicht möglich sei, die nötigen finanziellen Mittel für solch ein Projekt aufzubringen. Die wenigen Skeptiker wurden jedoch zum Schweigen gebracht, indem man darauf hinwies, dies sei nicht der richtige Augenblick für Grundsatzfragen – zumindest nicht in den Anfangsphasen des Projektes.

Es gibt wohl nur wenige Themen, die so viele philosophische Vorträge, Slogans und Spruchbänder provozieren wie die der Qualität und der Produktivität. Durchdringt man jedoch einmal den Nebel, stellt man fest, dass es hier wirklich eine Menge zu entdecken gibt.

Vor noch nicht allzu vielen Jahren galt das Etikett »Made in U.S.A.« als Zeichen für ein begehrenswertes Produkt. In ähnlicher Weise hatte die Bezeichnung »japanischer Nachbau« etwas Herabsetzendes an sich. Doch die Zeiten ändern sich. Die Zeitschrift *Consumer Reports* stellte in einer Befragung von 257 000 Autobesitzern in den USA fest, dass diese kein einziges in den USA gebautes Fahrzeug in die Kategorie »Viel besser als der Durchschnitt« einstuften und kein einziges japanisches Fahrzeug in die Kategorie »Viel schlechter als der Durchschnitt«. Seither bemüht sich die amerikanische Industrie um Abhilfe und hat in der Tat erhebliche Fortschritte gemacht – ob diese jedoch ausreichen, wird sich zeigen. Zum Beispiel berichtete ein amerikanischer Automobilhersteller, dass er seitdem die Mängelhäufigkeit erheblich reduzieren konnte, während der Output von zehn Fahrzeugen pro Jahr und Mitarbeiter auf fast zwanzig gesteigert wurde.

Die meisten, wenn nicht sogar alle Unternehmen würden lieber bessere Produkte herstellen – das heißt solche, die halten, was sie versprechen, und das immer –, lassen sich jedoch merkwürdigerweise von den mutmaßlich hohen Kosten für ein solches Qualitätsniveau davon abhalten. Es passt zu den im Überfluss vorhandenen Mythen, die bei unserem literarischen Streifzug durch die Geschäftswelt aufgegriffen werden, dass dieser Glaube sich in unseren informierten Zeiten so hartnäckig hält. Die Wahrheit – ironischerweise Ende der siebziger Jahre von dem Amerikaner W. Edwards Deming entdeckt und nach Japan exportiert, als die amerikanischen Industriellen nicht auf ihn hören wollten – ist, dass höhere Qualität nicht zu höheren, sondern zu geringeren Kosten führt. Das ist das Wunder der Produktivität und Qualität.

So soll beispielsweise 1974 ein Motorola-Werk Fernsehgeräte mit durchschnittlich 1,5 Mängeln pro Gerät produziert haben, obwohl für je 25 Arbeiter 7 Kontrolleure beschäftigt waren – ein sehr niedriges Hand-zu-Kopf-Verhältnis. Als die Fabrik jedoch von den Japanern übernommen wurde, sank die Mängelquote auf 0,05, die Zahl der Kontrolleure wurde auf einen pro 25 Arbeiter reduziert und auch die Kosten sanken. Die Belegschaft blieb im wesentlichen unverändert. In ähnlicher Weise erzielte man in einem Sony-Werk in San Diego trotz eines Verhältnisses von einem Kontrolleur auf je fünfzehn Arbeiter nicht die erwartete Produktqualität. Wieder wurde die amerikanische Firmenleitung durch Japaner ersetzt, doch in der Belegschaft wurden keine Änderungen vorgenommen. Bald stellte das Werk bei einem Verhältnis von einem Kontrolleur pro 50 Arbeiter einen Weltrekord für die Sony-Produktion auf – 200 fehlerfreie Tage hintereinander.

Qualität und Produktivität fangen, wie vieles andere gute und schlechte, beim Management an.

Eine der ersten Studien über Qualitätskosten stammt von Professor David Garvin von der Harvard Business School, der eingehende Untersuchungen der amerikanischen und japanischen Klimaanlagen-Industrie durchgeführt hat. Wenn man die Ausgangsdaten seiner Beurteilung ein wenig umstrukturiert, kann man den in Grafik 11 gezeigten Graphen aufstellen. Früher hätte man gedacht, dass die Kosten steigen müssten, wenn immer mehr Ressourcen für die Erzielung hoher Qualität aufgewendet werden. Doch der beobachtete Trend ist fast genau entgegengesetzt: die Kostenlinie fällt nach rechts ab. Das bedeutet: Je höher die erzielte Qualität (natürlich mit Maßen), desto geringer die Gesamtkosten. Soviel zu den Binsenweisheiten.

Garvin jedoch bemerkte: »Ich war in keiner Weise auf das Ergebnis vorbereitet, dass die Mängelrate der besten Produzenten um 500 bis 1 000 mal geringer war als die der schlechtesten. ... Das ist wirklich ein Wettbewerbsproblem, um das man sich kümmern sollte.« Weiterhin erläuterte er bezüglich der geringeren »Qualitätskosten«, die den anspruchsvolleren Herstellern zuzuordnen sind: »Der Grund ist klar: Fehler zu reparieren, wenn ein Gerät fertig montiert ist, ist viel teurer als vorher ... [und] die Kundendienstkosten sind viel höher als die für die Wareneingangsprüfung«.

Daraus haben wir Augustines Grundgesetz der Kontraproduktivität abgeleitet:

GESETZ NUMMER XI

Es kostet sehr viel Geld, schlechte Produkte zu bauen.

Der erste Reflex von Bürokraten, die versuchen ein Problem zu lösen, ist oft, noch mehr Kontrolleure einzustellen, die versuchen sollen, die Missetäter zu schnappen. Auch die erste Antwort der Lehr-

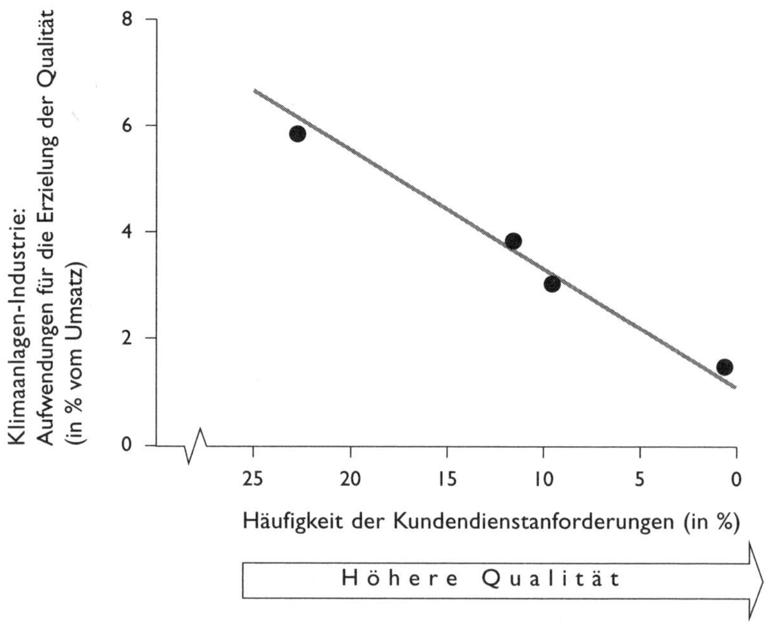

Beratungsgespräche nicht in den japanischen Daten berücksichtigt. Ausgangsdaten von 18 Herstellerwerken.

Rohdaten: David A. Garvin, Harvard Business School

Grafik 11: *Die Kosten der Qualität.* Wenn die höhere Qualität in das Produkt eingebaut wird, steigen die Qualitätskosten nicht, sondern sinken.

bücher auf die Frage, wie man höhere Qualität erzielt, lautet schon seit zu vielen Jahren: Mehr Qualitätsprüfer einstellen. Leider ist es einfach unmöglich, Qualität »einzuüberwachen« oder »einzuprüfen«. Qualität muss einkonstruiert und eingebaut werden.

Zu dieser Schlussfolgerung gehört die Erfahrung eines großen amerikanischen Herstellers mit seinen Qualitätszirkeln, einem mittlerweile weithin anerkannten Konzept, bei dem eine Gruppe von Mitarbeitern sich versammelt, um zu besprechen, wie sie die von ihnen hergestellten Produkte verbessern können. Dieser spezielle Qualitätszirkel kam auf eine fantastische Idee, bei der es um den Einsatz eines optischen Spezialgerätes zur Prüfung elektrischer Kontakte ging, die die Firma in großen Mengen eingekauft hatte. Einsparungen von 817000 Dollar pro Jahr in nur einem einzigen Werk wurden vorausgesagt. Auf die Frage, wie viele der vom Zulieferer beschafften Kontakte fehlerhaft seien, wurde eine Rückweisungsrate von 40 Prozent festgestellt. Obwohl die neue Prüftechnik sich als sehr effektiv erwies, war das eigentliche Problem, dass der Zulieferer Schrott produzierte – und dass der Abnehmer es zuließ. Die vordringlichste Aufgabe war nun nicht, die fehlerhaften Teile auszusondern (obwohl das an sich schon nützlich war), sondern gar nicht erst so viele schlechte Teile zu produzieren.

Qualitätszirkel haben sich als sehr wirksames Mittel herausgestellt, um Probleme zu lösen. Wie üblich erscheint diese Errungenschaft im Rückblick als selbstverständlich: Wer wüsste mehr über die durchzuführenden Arbeiten als die Arbeiter selbst? Doch das Verfahren ist gar nicht so leicht. Ein General-Motors-Manager beschrieb die vier Phasen eines Mitarbeiter-Qualitätszirkels mit den Worten: »Meckern, sich herantasten, begreifen und kultivieren«.

Im Martin-Marietta-Werk in Michoud, Louisiana, wo die großen orange-roten Treibstofftanks gebaut werden, mit deren Hilfe die NASA die Raumfähre ins All befördert, wurden Qualitätszirkel eingerichtet, die, wie erwartet, zu drastischen Kostensenkungen führten. Unerwartet hingegen war, dass bei den an den Qualitätszirkeln beteiligten Mitarbeitern die Beschwerden um 58 Prozent zurückgingen, die Ausfallzeiten um 45 Prozent und die Nichterfüllung von Bauteil-Spezifikationen um 59 Prozent.

Vielleicht das größte Hindernis auf dem Weg zur hohen Qualität – und Produktivität – ist, wie vor zwei Kapiteln festgestellt wurde, die wuchernde Bürokratie. Jeder Arbeitsauftrag und jede von außen kommende Vorschrift muss nach Maßgabe der Wertschöpfung beurteilt werden. Natürlich kann man die Wertschöpfung ebenso an immateriellen Werten – zum Beispiel der Arbeitslebensqualität – wie an materiellen messen, wenn man das möchte. Doch wenn eine strikte Kosten-Nutzen-Analyse fehlt, kann das Unternehmen oder sogar eine ganze Volkswirtschaft in das geschäftliche Wolkenkuckucksheim herabsinken. Das *Wall Street Journal* bescheinigte Portugal ein solches Szenario, als dort vor einigen Jahren versucht wurde, Beschäftigungsgarantien zu geben. Ein ausgezeichneter Artikel von Barry Newman fasste zusammen, wie diese gutwillige, aber unproduktive Gesellschaft am Ende aussähe:

In Portugal wird niemand gekündigt, es sei denn, der Boss hat einen sehr guten Grund. So will es das Gesetz seit der Machtübernahme der radikalen Linken. Die Bosse hassen es. Sie möchten konsolidieren und modernisieren. Sie lechzen danach, Leute zu entlassen. Zum Glück für sie haben die Radikalen, die das Gesetz zum Schutz der Arbeitsplätze schrieben, vergessen, ein Gesetz zum Schutz der Löhne zu schreiben. Also haben die portugiesischen Bosse eine neue Methode ersonnen, um den Cash-flow zu steigern. Sie entlassen die Arbeiter nicht, sie bezahlen sie einfach nicht mehr. Und doch arbeiten fast alle weiter. Wieso?

Nun, dem Gesetz zufolge kann jemand gekündigt werden, wenn er nicht zur Arbeit kommt, nur weil er nicht bezahlt wird. Außerdem kann ein Arbeiter offiziell arbeitslos werden, wenn seine Firma schließt. Doch die portugiesischen Unternehmen versuchen, das zu vermeiden. Wenn eine Firma schließt, muss sie Entschädigungen zahlen und sie verliert die staatlichen Subventionen zur Arbeitsbeschaffung. Wenn man Leute entlässt, muss man sie bezahlen. Das käme zu teuer.

Der portugiesische Angestellte Frotuoso Santarem, der in den letzten achtzehn Monaten nur für neun Monate Gehalt erhielt, sagt: »Wir sind gewohnt zu arbeiten, also arbeiten wir. Wenn ich gehen würde oder die Werkstatt zumachte, müsste ich Arbeit suchen.« Und Herr Santarem hat einen Vorteil davon. Seine Firma pflegte 15 Cents von seinem Gehalt für das Mittagessen abzuzweigen. Solange er nicht bezahlt wird, kann die Firma das nicht tun. Er bekommt ein kostenloses Mittagessen.

Ganz ähnlich auch ein alter Arbeiter-Witz aus Russlands Kommunistenzeiten: »Die tun so, als ob sie uns bezahlen würden, und wir tun so, als ob wir arbeiten würden.« Aus diesem Grund sollten Staaten ihre Produktivität – und deren Gegenstück, die Qualität – ernst nehmen. Schließlich weiß jeder, dass es so etwas wie kostenloses Mittagessen nicht gibt.

Kapitel 12

Die Füchse im Weinberg

»Aber dem Benjamin
ward fünfmal mehr denn den anderen.«

Genesis

Am vierten Jahrestag der Erschaffung der Firma betrachteten die Schöpfer ihr Reich von fast zweihundert leidlich glücklichen Untergebenen und fragten sich, warum sie selbst nicht glücklich waren. Irgendwo und irgendwie war etwas schiefgegangen. Sie arbeiteten jetzt den halben Tag (von 7 Uhr morgens bis 7 Uhr abends), hatten mehr Schulden und weniger Spaß als je zuvor. Sie hatten so viel damit zu tun, sich um die Dädalus-Finanzen zu kümmern, dass ihre kleinen Privatvermögen noch auf zinsgebundenen Sparkonten stagnierten — und das in einer Ära der galoppierenden Inflation. Es schien an der Zeit, dass sie als der Vorstandsvorsitzende und der Generaldirektor von Dädalus nun allmählich die Früchte aus dem Aufbau eines so erfolgreichen Unternehmens ernten sollten. Also wurde eine Studie in Auftrag gegeben, die aufzeigen sollte, wie die Führungskräfte in anderen Unternehmen für ihre Leistungen honoriert wurden. Nach monatelanger Spannung wurden die Resultate schließlich mit Zittern und Beben in Augenschein genommen. Sie zeigten, dass Manager, die außergewöhnliche Resultate erzielen, erwarten dürfen, dass ihre Gehälter steigen. Es sei denn natürlich, sie bleiben gleich. Oder schrumpfen.

»Nennen Sie es, wie Sie wollen – Anreize sind die einzige Möglichkeit, die Menschen dazu zu bringen, dass sie mehr tun.« Worte von Andrew Carnegie? Das Glaubensbekenntnis von John D. Rockefeller? Oder vielleicht von Henry Ford? Nein, zufällig stammen diese Worte von niemand anderem als dem alten Kapitalisten Nikita Chruschtschow, der sich über die Vorzüge des Anreizsystems ausließ.

Nachdem wir nun wissen, was man im ehedem kommunistischen Teil der Welt von Anreizen hielt, ist es lehrreich, ihren Gebrauch in dem in den USA vorherrschenden System zu betrachten, für das Anreize das grundlegende Fundament bilden: die freie Marktwirtschaft. Grafik 12 stellt die Rangfolge der fünfzig profitabelsten Firmen in den USA im Jahre 1978 dar und vergleicht sie mit ihrem Rang nach Maßgabe der Gehälter derjenigen Personen, die das Unternehmen in den vier vorangegangenen Jahren geleitet hatten.* Natürlich fragt man sich, ob denn nicht eine hohe Korrelation zwischen der Solvenz einer Firma und der Solvenz der Firmenleitung zu erwarten wäre. Wie die Grafik zeigt, gleicht das der Frage, ob es im Winter kälter ist als in Warschau. Anscheinend lässt sich in der Gesamtsumme keine erkennbare Beziehung zwischen den betrachteten Parametern feststellen. Leistung und Belohnung haben nichts miteinander zu tun. Bedauerlicherweise scheint das untersuchte Jahr kein untypisches gewesen zu sein, wenn man sich die jüngsten Entwicklungen von Firmen wie Enron, World Com, Health South und dergleichen vor Augen führt.

Folgendes Gesetz, das das Augustine-Dozier'sche Gesetz** der gerechten Verteilung genannt wird, bringt eine Linie in das vorliegende Datenmaterial (wir bitten den Baseballspieler P. K. Wrigley, der die Idee als erster umriss, um Verzeihung):

Gesetz Nummer XII

Es gibt viele sehr erfolgreiche Unternehmen. Es gibt auch viele hochbezahlte Führungskräfte. Es kommt darauf an, die beiden nicht miteinander in Verbindung zu bringen.

---

* Bei den wenigen Fällen, in denen die Führung in dem betrachteten Zeitraum wechselte, sind die Daten der Firma nicht in der Grafik wiedergegeben.

** Susan Dozier ist verantwortlich für die Hausmitteilungen bei Martin Marietta Aerospace

Die Maxime lautet also: Entlohnen Sie Ihre Führungskräfte völlig willkürlich. Würde man die Rangfolge der Unternehmen entsprechend der Eigenkapitalrendite, die sich auf den absoluten Gewinn bezieht, aufzeichnen, wäre die in Grafik 12 festgestellte fehlende Korrelation noch auffälliger. Die Beweise sind unbestreitbar: Was unter dem Strich steht, ist zwar interessant – aber nicht in Bezug auf Belohnungen und Anreize. Samuel Goldwyn hatte wohl doch nicht ganz recht, als er bemerkte: »Wir zahlen ihm zuviel, aber das ist er wert.«

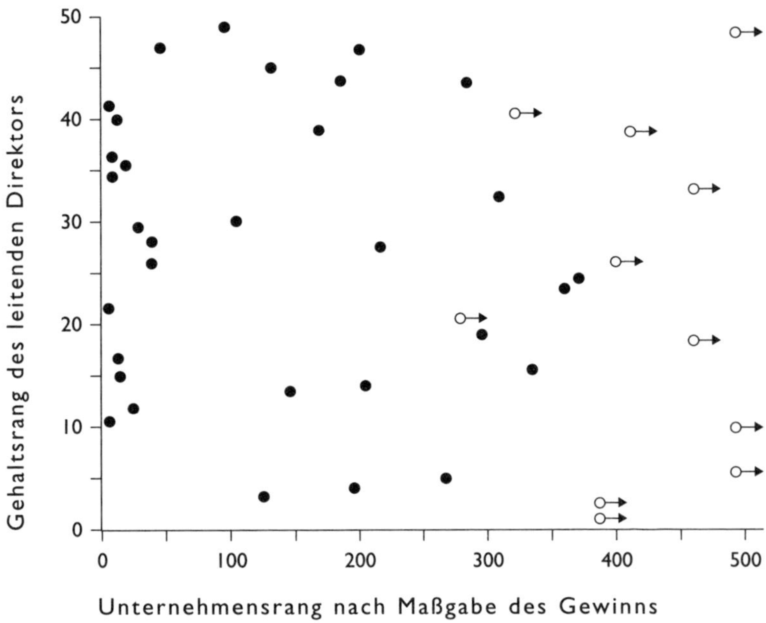

Die Rangfolge der CEO-Gehälter beruht auf Daten aus vier aufeinanderfolgenden Jahren, die der Unternehmensgewinne aus dem Durchschnittsgehalt aus vier Jahren.

Datenquelle: Forbes

Grafik 12: *Spitzenleistungen und Spitzengehälter.* Es ist schwierig, eine Beziehung zwischen den Gehältern der Führungskräfte und der Leistung der von ihnen geführten Firmen festzustellen.

Nun könnte man irrtümlich annehmen, dass Führungskräfte sich einfach auf den Standpunkt stellen: »Ginge es nicht um die Ehre, hätte ich nichts dagegen, mehr Gehalt zu bekommen und weniger Gewinn zu machen.« Doch nicht einmal diese Theorie ist haltbar. So nimmt zum Beispiel der Vorstandsvorsitzende von AT&T eine Position ein, die viele für eine der reputierlichsten und prestigeträchtigsten der amerikanischen Großindustrie halten. Doch als einmal ein demoskopisches Institut eine Umfrage durchführte, bei der der Name des AT&T-Vorstandsvorsitzenden aufgeführt war und die Teilnehmer gebeten wurden, ihn zu identifizieren, konnten nur 2 Prozent ihn überhaupt als Industriekapitän einordnen – dreimal so viele Leute dachten, er wäre Kabinettsmitglied, und noch beträchtlich mehr hielten ihn für einen Gewerkschaftsführer. Fast genauso viele Leute hielten ihn für einen Astronauten oder Fernsehjournalisten wie für einen Industrieboss. So viel zum Prestige.

Wenn man auch die Tätigkeit der amerikanischen Verwaltung nie mit der der freien Marktwirtschaft verwechseln könnte, ist es trotzdem verblüffend, dass in jener seit vielen Jahren unverhohlene Demotivationsbestrebungen im Gange sind. Dadurch, dass willkürliche Gehaltsobergrenzen angesetzt wurden, wurden die obersten fünf Gehaltsstufen in der Verwaltung auf gleicher Höhe festgeschrieben.

Trotzdem muss man den Kopf nicht hängen lassen, denn das Anreizsystem ist – trotz des obigen Gegenbeispiels aus der amerikanischen Verwaltung – immer noch intakt: »Menschen, die an ihrem Arbeitsplatz die besten Vorbilder setzen, müssen größere materielle Vorteile erhalten«, behauptete der damalige Premierminister der Sowjetunion in einer Rede vor dem Obersten Sowjet.

Und im Herzen des Kapitalismus wurde darauf hingewiesen, dass »die Herausforderung für den amerikanischen Kapitalismus darin liegt, Amerika den Unternehmergeist wiederzugeben. Insbesondere Krisenregionen brauchen enorme Investitionen. Der Geist des freien Unternehmertums kann das neue Arbeitsethos hervorbringen, das Amerika so dringend braucht.« So der Ex-Yippie-Führer Jerry Rubin in seiner Eigenschaft als Wertpapieranalyst der Wall Street.

»Im Budget waren auch Mittel für den neuen Chef-Tennisplatz neben der Werkshalle vorgesehen.«

Teil III
Kleinere Irrtümer

Kapitel 13

Der göttliche Funke

»Der Profi-Football ist nicht mehr das,
was er mal war, und er war es auch nie.«

Don Meredith

Als Reaktion auf den abflachenden Umsatz verkündete der Direktor der Konstruktionsabteilung, man müsse die gesamte Produktlinie überarbeiten. Dädalus habe die Chance in greifbarer Nähe, als erste Firma der Welt ein mikroprozessor-gesteuertes Modellflugzeug aus Nanotechnologie-Materialien, komplett mit Laser-Fernsteuerung, Miniatur-Gasturbinenmotor und interner Glasfaserverkabelung zwischen einem Netz digitaler Regelgeräte anzubieten. Der Vorstand (der mittlerweile auf drei Bankiers, einen Professor, fünf Rechtsanwälte, den Chef einer örtlichen Werbeagentur, die beiden Firmengründer und den Schwager des Vorstandsvorsitzenden angewachsen war) hörte gebannt zu. Doch herrschte eine gewisse Skepsis über diesen neuen Vorschlag. Die Meinungsverschiedenheiten wurden schließlich geschlichtet, als einer erklärte, die Nanotechnologie sei der «Trend der Zukunft». Anschließend erzählte ein älteres Vorstandsmitglied eine kleine Geschichte von einem Bären, der in eine Kneipe kam, einen 5-Euro-Schein auf den Tresen legte und ein Bier verlangte. Der Kneipenbesitzer wies den Barkeeper an, dem Bären das Bier zu servieren, ihm aber nur 25 Cent Wechselgeld zurückzugeben, da der Bär, wie er glaubte, nicht sehr helle aussah. Der Barkeeper tat es und sah dem Bären ungläubig zu, wie dieser gemächlich sein Bier schlürfte. Schließlich konnte er sich nicht mehr zurückhalten: »Weißt Du«, sagte er, in dem Versuch, mit dem Bären ins Gespräch zu kommen, »eigentlich kommt es echt selten vor, dass hier ein Bär hereinkommt!« Darauf soll der Bär geantwortet haben: »Wundert mich nicht, bei 4,75 Euro für ein Bier!«

Nach ausgiebigem herzhaftem Gelächter wurde die Sitzung vertagt, damit die Ingenieure in ihre Labore zurückkehren und mit der Arbeit an dem neuen Projekt beginnen konnten, das ihnen allen so wunderbar überzeugend begründet schien. Über den Zielverkaufspreis des neuen Produkts wurde nicht gesprochen.

In ihrem Streben nach Technologie haben viele Chefs sich eine Arbeitsumgebung geschaffen, in der sie, wenn einmal alle Computer in den Streik treten würden, nicht mehr in der Lage wären, irgendwelche Anweisungen zu geben. Außerdem könnten auch keine Gehaltsabrechnungen mehr geschrieben werden und nur noch sehr wenige Maschinen in der Fabrik würden funktionieren. Wir könnten nicht mehr fahren, weil unsere Straßen ohne computergesteuerte Ampeln verstopft wären, und das Banksystem käme knirschend zum Stillstand. Billionen von Dollars und Euro in Form der Nullen und Einsen, die durch Computer und elektronische Kommunikationssysteme flitzen, wechseln täglich den Besitzer. Einer der gefürchtetsten Aussprüche unserer Zeit lautet: »Der Computer ist kaputt.«

Man bekommt den Eindruck, als würde diejenige Nation das weltweite Handelswettrennen gewinnen, in der der letzte Roboter am Leben bleibt.

Jede neue Anwendung der Elektronik scheint in schier endloser Folge zu einer weiteren zu führen, was die Gefahr aufwirft, dass die Elektronik die Welt beherrschen wird, bevor ihre fehlgeleiteten Elektronen beherrscht werden können. Gigantische Computer sind dabei, ihre eigene Nachkommenschaft zu konstruieren – das Höchste an elektronischer Verewigung. Der Anteil der Elektronik an vielen militärischen Systemen ist seit einigen Jahrzehnten blitzartig gestiegen, unabhängig davon, ob man als Vergleichsmaßstab die Kosten, das Gewicht oder die Probleme wählt. Man hat bemerkt, dass Flugzeuge heutzutage schlichtweg Lastwagen seien, die Elektronen durch den Himmel kutschieren. Diesmal wird diese Ansicht leider unmissverständlich vom Trend unterstützt. Durch unbeirrte Extrapolation lassen sich nun bestimmte Merkmale des

Flugzeugs der Zukunft herleiten. Es wird nämlich völlig aus Elektronik bestehen.

Das dreizehnte Gesetz Augustines, das Gesetz der unbändigen Elektrifizierung, sagt voraus:

Gesetz Nummer XIII

Ab dem Jahr 2015 wird kein Flugzeug mehr abstürzen. Leider wird auch keins mehr starten, weil die Elektronik dann 100 Prozent des Flugzeuggewichts ausmacht und keinen Platz mehr für Motoren, Piloten oder Passagiere lässt.

Der Stoff, aus dem Science Fiction ist … Flugzeuge, die ohne Pilot fliegen, sind heutzutage ebenso normal wie die Anwendung elektronischer Antriebstechniken bei Raumfahrzeugen. Und wenn man sich die finanzielle Situation der meisten US-Fluglinien anschaut, werden Flugzeuge vielleicht bald schon auch ohne Passagiere fliegen. Wie auch immer, der Trend zum immer höheren elektronischen Anteil an Flugzeugen und anderen kommerziellen Geräten verdient wohl eine kritische Überprüfung, bevor er in Silikon verewigt wird.

Erst mit der Aufstellung von Gesetz Nummer XIII kann man erklären, was Lord Kelvin, der so viel für den Fortschritt der modernen Naturwissenschaften geleistet hat, im Sinn hatte, als er – eher kühn als klug – weissagte: »Der Flug mit Flugmaschinen ist unmöglich!« Nun kann man sehen, dass er das jahrelange Gekicher nicht verdient hat; er war einfach seiner Zeit voraus. Allerdings hatte er wohl auch nicht seinen besten Tag, als er voraussagte: »Der Funk hat keine Zukunft.«

Der Fairness halber sollte man sich daran erinnern, was Dr. George Heilmeier, der damalige Vizepräsident von Texas Instruments, bemerkte: »Wenn die Autoindustrie in den letzten zwei Jahrzehnten genauso schnell Fortschritte gemacht hätte wie die Halbleiterindustrie, würde ein Rolls-Royce heute nur noch drei Dollar kosten und Parkprobleme gäbe es nicht, weil die Autos nur noch einen Zentimeter lang wären!« (Ein Sprecher der Autoindustrie antwortete darauf: «Richtig. Und alle 10 Kilometer müsste man einen Neustart durchführen!»)

Allerdings gibt es immer noch jene Zyniker, die selbst in der Bastion der Elektronisierung – dem Raumfahrtprogramm – auf solche Vorfälle verweisen, bei denen es ohne die menschliche Besatzung, nur mit Hilfe der Elektronik, nicht möglich gewesen wäre, Ausfälle des Lebensfunktionssystems zu reparieren – dessen einzige Aufgabe darin besteht, die Menschen an Bord am Leben zu erhalten. Andere behaupten respektlos: Wenn es in den Cockpits moderner Flugzeuge nicht die Radar-Display-Scheiben gäbe, hätte man keinen Platz für all die »Vorsicht!«- und »Achtung!«-Schildchen, die den Piloten daran erinnern, dass etwas mit der Elektronik schief gehen kann. Die Computer haben so sehr Überhand genommen, dass es Leute gibt, die ein Flugzeug und seine Motoren als »Peripheriegeräte« bezeichnen. Entsprechendes gilt immer mehr auch für Autos mit ihren elektronischen Zündungssystemen, Satellitenradios und GPS-Navigation.

Nirgendwo kommt dieser Trend besser zum Ausdruck als bei den militärischen Bombenabwurfs-Flugzeugen. Die B-29 aus dem 2. Weltkrieg enthielt etwa 10 000 elektronische Bauteile, die B-47 schätzungsweise 20 000, die B-52 und die B-58 fast 100 000 – das bedeutet eine Verdoppelung mit jeder Generation. Doch diese Wachstumsrate wurde von der B-l in den Schatten gestellt, die mit Mikroschaltkreisen vollgestopft ist, bei denen auf einem einzigen, quadratzentimetergroßen Chip mehr aktive Elektronikelemente sitzen, als vor ein paar Jahren eine ganze B-58 mit sich herumschleppte.

Der typische Satellit im Jahre 1967 hatte um die 5 000 Bauteile. 1977 war diese Zahl auf 100 000 gestiegen. 1987 waren es schon weit über eine Million, und bis heute werden es kontinuierlich immer mehr. Natürlich haben auch die Fähigkeiten enorm zugenommen. Bei den Kommunikationssatelliten waren 1965 250 Verbindungen pro Satellit die Regel. 1970 waren es schon 4 000 geworden, die bis 1985 wiederum auf 30 000 angewachsen waren. Heutzutage hat ein durchschnittlicher Kommunikationssatellit 32 Kanäle mit je 1500 Frequenzen. Fernmeldesatelliten mit MSS (Mobile Satellite Services) übertragen jeweils 10 000 Telefongespräche.

Dr. Allen Puckett, der frühere Vorstandsvorsitzende der Hughes Aircraft Company, bemerkte einst nicht ganz ernsthaft: »Das eigentliche Wunder des Fluges der Gebrüder Wright bestand darin, dass sie es ohne jede Elektronik geschafft haben.« Er erläuterte weiter: »Die einzigen elektronischen Geräte im Wright-Flugzeug waren der Magnetzünder und der Unterbrecherkontakt für jeden Zylinder des Motors.« Zu dem Zeitpunkt, als er diese Beobachtung machte, enthielt eine International L-1011 Avionik für 4 Millionen Dollar – dafür hätte man in den sechziger Jahren eine ganze DC-7C kaufen können.

Nur ein Elektronikspezialist käme auf die Idee, zur Messung der Tageszeit einen Apparat zu entwickeln, der in jeder Sekunde 4 190 000 mal schwingt, mit einem elektronischen Zählwerk, das jede einzelne Schwingung zählt, bis es zu 4 190 000 kommt, und dann verkündet, dass eine Sekunde verstrichen ist – um anschließend wieder von vorne für die nächste Sekunde bis 4 190 000 zu zählen. Genauso funktioniert nämlich eine gewöhnliche Quarzuhr, dieses zweitgenaueste elektrische Zeitmessgerät, das je erfunden wurde – gleich nach der Autobatterie, die auf wunderbare Weise immer binnen weniger Tage nach Ablauf der Garantiezeit ihren Geist aufgibt.

Man fragt sich, wie wir überleben könnten ohne die Stimme in unserem Auto, die uns erinnert: »Die Tür ist offen« – selbst wenn wir wollen, dass die Tür offensteht, um auf einem Parkplatz ein bisschen frische Luft zu schnappen; oder wie wir uns so schnell gegen den Lärm von Alarmanlagen abgeschottet haben, die in unserer Nachbarschaft um Hilfe rufen; und wieso wir gehorsam die Erklärung akzeptieren, der Flugverkehr sei vorübergehend eingestellt, weil »der Computer kaputt ist.« In Japan wurde ein Mensch von einem Roboter getötet, Computerbetrug wird ein immer häufigeres Verbrechen, und Anrufbeantworter führen sinnlose Gespräche mit selbstwählenden Werbeautomaten. Schlimm genug, dass sich Telefone nicht mehr auf Wohnungen und Büros beschränken und Einzug in nahezu jedes Auto hielten, so dass man ihnen nicht einmal während der Fahrt entkommen konnte. Doch die Einführung des Mobiltelefons hat die ganze Welt in eine einzige große Telefonzelle verwandelt. Ist es nicht schön, wenn man im Urlaub auf einer Wanderung im Hochgebirge an einem wundervollen Frühlingstag einen Anruf von seinem Chef erhält, der darauf besteht, dass jeder jederzeit sofort erreichbar sein muss? Oder, noch schlimmer, von einem Chef, der nie das Prinzip von Zeitzonen eingesehen hat. Wenigstens einmal ist es bislang vorgekommen, dass ein Computer einen Kollegen entlassen hat – eine Entdeckung, die die betreffende Firma eine 20prozentige Gehaltserhöhung kostete, damit dieser Mitarbeiter die von ihm in der Zwischenzeit gefundene Anstellung wieder ablehnte. Selbst in Glückwunschkarten steckt Elektronik, die ein Ständchen singen soll, das dem Anlass hoffentlich angemessen ist.

Als ein Computer der amerikanischen Bundesfinanzdirektion Amok lief und 100 000 Firmen einen Brief schrieb, in dem ihnen die Beschlagnahmung ihres Vermögens angedroht wurde, sah sich ein IRS-Sprecher zu der Bemerkung gezwungen: »Dies hat offensichtlich bei den Steuerzahlern zu erheblicher Bestürzung und Verunsicherung geführt, wofür wir uns entschuldigen.« Es wäre besser gewesen, dem Missetäter den Stecker herauszuziehen.

Das Vertrauen der Schöpfer dieser Wunderwerke an elektronischer Zauberei in ihre Kreaturen lässt sich aus einer Ausgabe von *Lockheed Life* ablesen, einer Hauszeitschrift des Luftfahrt- und Elektronikriesen, der heute einen Teil der Lockheed Martin Corporation umfasst. Darin wird pflichtgemäß bekannt gegeben, dass Lockheed bis in die siebziger Jahre hinein einen Schwarm Brieftauben beschäftigte, um Nachrichten zwischen dem Werk Sunnivale und dem Testgelände Santa Cruz in Kalifornien zu befördern. Soviel zur Hochtechnologie.

Sonst sind nur wenige Bastionen gegen den Fortschritt der Elektronisierung geblieben. Eine davon ist die berühmte Londoner Versicherung Lloyd's. In der Lloyd's-Zentrale steht ein Bildschirm, der an einen modernen Computer angeschlossen ist, der wiederum in ständigem Kontakt mit einem weltweiten Hochgeschwindigkeits-Kommunikationsnetz steht und Schlüsselereignisse aus allen vier Himmelsrichtungen anzeigt. Ein bestallter Archivar überwacht diesen Bildschirm aufs genaueste und schreibt die Nachrichten sorgfältig ab ... mit einem Gänsekiel wie im 18. Jahrhundert!

James McNeill Whistler, der berühmte amerikanische Künstler, scheint geahnt zu haben, wie anders unsere Welt geworden wäre, hätte es nicht die Fortschritte der Mikroelektronik gegeben. Gegen Ende seiner Karriere hielt er Rückschau auf ein nicht besonders erfolgreiches Gastspiel als Kadett in der Militärakademie West Point, wo er in einem Chemiekurs durchgefallen war. Er lamentierte: »Wenn Silikon ein Gas wäre, könnte ich heute General sein.«

Obzwar kein Gas, wurden die Halbleiter zumindest in wirtschaftlicher Hinsicht zutreffend das Erdöl des 21. Jahrhunderts genannt. Wie könnte man zum Beispiel ohne elektrische Zahnbürsten und digitale Armbanduhren mit 23 Funktionen überleben?

Die Technologie hat wirklich ein paar wunderbare Dinge hervorgebracht, doch ist auch die Entscheidung wichtig, ob die Elektronen oder die Menschen der Menschheit ihren Weg vorzeichnen sollen. Manchmal ist man geneigt zu vergessen, worum es bei der Technologie überhaupt geht – wie bei den U-Bahn-Zügen für die Metro von Washington, D.C. Als sie in Dienst gestellt wurden, neigten die Waggons dazu, sich durchzubiegen, wenn sie voller Fahrgäste waren, mit dem Ergebnis, dass die Türen klemmten und die Leute gefangenhielten. Der technische Direktor der Metro rückte diesen Vorfall mit folgendem Zitat aus dem *Washington Star* ins rechte Licht: »Wenn die Fahrgäste nicht wären, hätten wir wunderbare Waggons.«

Kapitel 14

Grenzenlose Grenzkosten

»Leben Sie Ihrem Einkommen entsprechend,
selbst wenn Sie es sich leihen müssen.«

Josh Billings

»Wir kennen keinen einzigen Fall, bei dem der Feind erfolgreiche Täuschungsmanöver gegen uns inszeniert hat.« Zumindest brüstete sich damit eine Durchhalteparole aus dem 2. Weltkrieg. Man durfte sich wohl in Sicherheit wiegen – die Dädalus-Konkurrenz hatte anscheinend noch keine Witterung aufgenommen und noch nicht auf die fantastischen Neuentwicklungen reagiert. Doch manchen kam es so vor, als hätte der Feind doch schon mal seine Nase gezeigt – und wie jenes unsterbliche Opossum des amerikanischen Cartoonisten Walt Kelly sagt: »Der Feind sind wir selbst.« Trotz alledem – wie konnte jemand daran zweifeln, dass die enorme technologische Verfeinerung der neuen Produktlinie der Modellflugzeuge den sofortigen Erfolg auf dem Markt garantierte? Etwas anderes zu glauben, hätte nicht nur Fahnenflucht, sondern auch Flucht vor allen Symbolen der freien Marktwirtschaft im allgemeinen und dem Personal Computer im besonderen bedeutet. Nun kam es darauf an, aus jedem einzelnen Produkt das letzte bisschen Leistung herauszupressen. Es ist doch klar: Um in der modernen Welt konkurrenzfähig zu bleiben, muss man sich an den äußersten Rand der modernsten Technologie vorwagen. Doch schien das alles der Firmenleitung nicht viel Sorgen zu machen, da sich alle in den Konflikt verstrickt hatten, der um die Fertigstellung des ersten Abschnitts des modernen neuen Bürogebäudes entbrannt war.

Lord Kelvin bemerkte einmal: »Große Kostensteigerungen bei zweifelhafter Leistungssteigerung können nur bei Rennpferden und schönen Frauen toleriert werden.« Daher scheint es der Mühe wert, die These »Das Bessere ist der Feind des Guten« etwas eingehender zu untersuchen – ein Lehrsatz, dessen Ursprünge verschiedenerseits auf die Russen, Chinesen oder Araber zurückgeführt werden. Doch woher er auch stammen mag, es gibt reichlich neuzeitliches Material, das seine Gültigkeit belegt. Damit soll nicht gesagt sein, dass es bezüglich persönlicher und organisatorischer Leistungen ein anderes Ziel geben darf, als der Allerbeste zu sein. Zu Problemen kommt es, wenn dieser Standpunkt allzu kritiklos auf Dinge statt auf Menschen angewendet wird. Lee Iacocca schrieb über den Mythos des Kleinwagens: »Der amerikanische Autokäufer verlangt so sehr nach Wirtschaftlichkeit, dass er fast jeden Preis dafür zahlt!«

In einer Zeit der schnellen technologischen Fortschritte wird es immer möglich sein, noch ein bisschen modernere Technologie in ein Produkt einzubauen und den zu entwickelnden Gegenstand noch ein bisschen »besser« zu machen, indem man erst morgen mit der Entwicklung beginnt. Doch morgen wird es wieder einen neuen Silberstreif am Horizont geben. So ist die sicherste Methode, nichts zu erreichen, dass man auf alles wartet. Die Folge ist, dass viele Unternehmen die Konkurrenzprodukte etwas abschätzig betrachten, weil sie den eigenen eindeutig unterlegen sind … das heißt denjenigen, über die die eigene Firma noch gar nicht verfügt.

Anforderungen an oder Leistungsspezifikationen für künftige Produkte kommen im Wesentlichen dadurch zustande, dass die Industrie verspricht, »alle Leistungsmerkmale zu liefern, die es für einen Dollar gibt«, worauf der Abnehmer in der Regel antwortet: »Geben Sie mir für zwei Dollar davon« – zumindest bis zum Zahltag. Das gilt insbesondere für Regierungsaufträge. Anscheinend geben sich manche Leute einfach nicht mit einem »Ja« zufrieden. Im Fall der regierungsamtlichen Beschaffung wird das Dilemma noch dadurch verschlimmert, dass die »Erfordernisse« des Abnehmers häufig als sakrosankt betrachtet werden, wenngleich Initiative und Fantasie natürlich von den Regierungsaufträgen immer sehr gefordert werden. Die Erfahrung zeigt jedoch, dass der Anbieter, der den

Zuschlag erhält, so teuer anbieten kann, wie er will – so lange er das bietet, was die Regierungsbeamten wollten. Es gibt eigentlich drei Vergabekriterien für öffentliche Ausschreibungen der Regierung: Bereitwilligkeit, Bereitwilligkeit und Bereitwilligkeit (in dieser Reihenfolge). Wenn man einen Punkt übergehen will, den jemand in die Abnehmerspezifikation für ein Produkt geschrieben hat – selbst wenn dieser Punkt überflüssig erscheint -, sollte man bedenken, dass eben diese Person mit Sicherheit an der Bewertung des abgegebenen Angebotes beteiligt sein wird.

Die Kongressabgeordnete Pat Schroeder gab bei einer Anhörung des Streitkräfte-Ausschusses ihrer Verzweiflung über die Unfähigkeit der Regierungsbeamten, schwierige Entscheidungen zu treffen und damit Kosten einzusparen, mit den Worten Ausdruck: »Wenn die Kerle Frauen wären, wären sie alle schwanger – sie können einfach nicht nein sagen.«

Die Versuchung, mit den modernsten Entwicklungen der modernen Technik zu liebäugeln, scheint für viele Ingenieure und ihre angehenden Kunden unwiderstehlich zu sein. Sie führt jedoch oft dazu, dass die Möchtegern-Produktentwickler in Situationen geraten, aus denen sich herauszuarbeiten sie kaum gerüstet sind. Dann müssen sie vor einen sehr skeptischen Kongress oder eine andere Abnehmergruppe treten, die ihren Entschuldigungen lauscht. Diese technologischen Pioniere scheinen fast der Vorgehensweise eines Insassen des Bezirksgefängnisses von Butte in Kalifornien zu folgen, der, wie eine Nachrichtenagentur berichtete, seine kurze Abwesenheit aus dem Gefängnis den skeptischen Polizisten folgendermaßen erläuterte: »Ich übte gerade Stabhochsprung, kam zu dicht an die Mauer und fiel über sie. Als ich wieder zu mir kam, rannte ich herum und versuchte, wieder einen Weg nach drinnen zu finden, doch da ich die Gegend nicht kannte, verlor ich die Orientierung. Bevor ich wusste, wie mir geschah, war ich in Chico.« Offenbar muss es sich bei diesem Herrn um die frühere Inkarnation eines F&E-Managers handeln.

Die Nutzung der neuesten Technik steigert oft nicht nur Kosten und Risiken ganz erheblich, sondern kann überdies verhängnisvolle Auswirkungen auf die Zuverlässigkeit haben. Man frage Mario Andretti, der mit dem Verfahren, Hochtechnologie-Maschinen – in diesem Fall Formel-1-Rennwagen für Indianapolis – das letzte Quäntchen Leistung abzupressen, bestens vertraut ist, nach seiner Ansicht dazu.* Wie Rick Mears, selbst ein Sieger des 500-Meilen-Rennens von Indianapolis, sagte: »Um als Erster anzukommen, muss man erst einmal ankommen.« So ist das Leben auf der Überholspur. Doch hier die gute Nachricht: Im Jahr 2005 hat das Team das Rennen gewonnen, das Michael Andretti gehört, Marios Sohn. Dieser stellte kurz nach dem Rennen fest: »Der Fluch ist gebrochen!«

Selbst bei erprobter Technologie kann das Beste immer noch unverhältnismäßig teuer sein. Manchmal sind die Kosten natürlich dadurch sehr gerechtfertigt, dass sie die Siegesspanne ausmachen – jenen sehr schmalen Grat zwischen Sieg und Niederlage im militärischen Sinne oder zwischen Kauf- und Nichtkaufentschluss im Kommerziellen. Doch sonst kann, insbesondere bei vorgeschriebenen Gesamtkosten, die Praxis, dem Material das letzte bisschen seiner Möglichkeiten zu entlocken, nicht nur sehr teuer sein, sondern auch sehr kontraproduktiv.

Man betrachte die Methode, Zuverlässigkeit durch Redundanz zu steigern, ein oft und meist zu Recht angewendetes Verfahren. Doch wenn das Teil mit der höchsten Ausfallwahrscheinlichkeit auch der dominante Kostenfaktor ist – was gelegentlich vorkommt –, dient dieses Verfahren nur noch als naheliegendes Beispiel dafür, wie teuer es ist, Leistung zu maximieren. Wenn man beispielsweise die Zuverlässigkeit eines Bauteils mit einer inhärenten Zuverlässigkeit von 80 Prozent um nur 16 Punkte steigert, indem man es verdoppelt, verdoppeln sich die Kosten. Die nächsten 3 Prozent verdreifachen die Kosten … und so fort. Doch vom Standpunkt des

* In 20 Jahren gelang es Mario Andretti, von 20 Rennen, die er in Indianapolis fuhr, nur ganze vier tatsächlich im Ziel zu beenden – und nur einmal davon als Sieger. Dem ungeachtet, zählt Andretti zu den erfolgreichsten US-Amerikanern im Rennsport.

Verkäufers ist das nur eine Bestätigung von Mae Wests Behauptung: »Zu viel von einer guten Sache kann etwas Wunderbares sein.«

Dieses Phänomen gilt nicht nur für die Zuverlässigkeit von Maschinen; es ist verdammt teuer, immer mehr Leistung von so verschiedenen Dingen wie optischen Bauteilen bis hin zu Baseballspielern zu erhalten. Der Unterschied des Marktpreises zwischen einem Schlagmann mit einer Trefferquote von 0,25 und einem mit einer Quote von 0,30 ist beträchtlich, obwohl der tatsächliche Leistungsunterschied in nur einem Treffer pro zwanzig Versuche besteht. In ähnlicher Weise springt der Preis für einen normalen Schmuckdiamanten von 6800 Dollar pro Karat auf 44000 Dollar pro Karat, wenn gleichzeitig Lupenreinheit gefordert ist. Entsprechendes gilt für Flugzeuge, Trägheitsnavigationssysteme und so weiter.

Ein sehr gewitzter Kerl soll einmal gesagt haben: »Versuchen Sie nie, einem Schwein das Singen beizubringen. Sie verschwenden Ihre Zeit und das Schwein ärgert sich.«

Dass die »netten Extras« teuer zu stehen kommen können, belegt die Antwort eines frischgebackenen Lottomillionärs auf die Frage, was er mit all dem Geld getan habe. Er sagte: »Um ehrlich zu sein: Die Hälfte habe ich für Alkohol, Glücksspiel und Frauen ausgegeben, und die andere Hälfte habe ich verschwendet.«

Wenn erst einmal teure Extras in ein System einkonstruiert sind, sind sie nur sehr, sehr schwer wieder zu entfernen. Bert Fowler, ehemaliger Vizepräsident der MITRE Corporation, bemerkte, dass man viel aus einer Grafik lernen kann, die den Kostenzuwachs eines Systems mit jedem zusätzlichen Leistungsmerkmal beziehungsweise die Kostenminderung mit dem Wegfall jedes einzelnen Merkmals der Gesamtleistungsfähigkeit des Systems gegenüberstellt. Das sogenannte »Fowler'sche Hysterese-Gesetz« besagt: »Wird ein Leistungsmerkmal nach dem anderen entfernt, bis die Leistungsfähigkeit eines Systems völlig vernichtet ist, bleiben noch 30 Prozent der Kosten übrig!«

Fowler hat auch darauf hingewiesen, dass es interessanterweise ansteckend ist, nach immer mehr von einer bestimmten Sache zu verlangen, bis die Kosten in unerschwingliche Höhe getrieben werden. Wenn man zulässt, dass die Kosten für eine Sache steigen, scheint dies die Kosten für andere Sachen mit sich zu ziehen. So kostet aus irgendeinem Grund das Mobiliar auf einem Atom-U-Boot wesentlich mehr als das Mobiliar auf einem herkömmlichen U-Boot. Ebenso ist eine Uhr für einen Mercedes-Benz erheblich teurer als eine Volkswagen-Uhr. Das gleiche gilt für Aschenbecher, die Hupe und jedes andere Bauteil, bis die Leistungsfähigkeit und die Gesamtkosten des Systems bis an die Schwelle des Unzumutbaren angestiegen sind. Und das obwohl eine Uhr schlicht und einfach die Zeit angibt, unabhängig davon, in welchem Auto sie sich befindet, und dass ein Aschenbecher Asche aufnimmt und so weiter.

Diese Betrachtungen bilden das Fundament für Augustines Gesetz vom unersättlichen Appetit, dessen Ursprünge auf die Autoverkäufer und die allgegenwärtigen »Extras« zurückgehen, mit denen sie sich die Butter auf dem Brot verdienen. Man kann es folgendermaßen formulieren:

Gesetz Nummer XIV

Die letzten 10 Prozent Leistung erzeugen ein Drittel der Kosten und zwei Drittel der Probleme.

Der Preis für das Allerbeste ist wirklich sehr hoch. Manchmal scheint es, mit ein bisschen weniger wäre man besser bedient. Wenn nicht, hat man am Ende gar nichts außer der allergrößten Leistungsfähigkeit. Watson Watt bemerkte bezüglich des britischen Radars im Zweiten Weltkrieg: »... die beste Konstruktion musste abgelehnt werden, weil sie nie fertig geworden wäre, und die zweitbeste wäre zu spät fertig geworden, um rechtzeitig von den Truppen eingesetzt zu werden. Die drittbeste war angemessen und stand rechtzeitig zur Verfügung, und diese war es, mit der die Schlacht um England gewonnen wurde.«

Die Versuchung, immer mehr zu verlangen, bis es nichts mehr

gibt, was man anstreben könnte, führt zum philosophischen Dilemma des Lebens, wie es einmal ein bekannter Cartoonist beschrieb: »Es gibt nichts mehr, was ich gern tun würde, denn wenn es noch etwas gäbe, hätte ich es schon getan.«

Das Geheimnis – wenn es denn eines gibt – der Kontrolle der Kosten, die durch die Anschaffung marginaler, wenn auch eindrucksvoller Leistungsmerkmale gesteigert werden, ist im Grunde recht einleuchtend und lässt sich in der Arbeit eines Bildhauers wiederfinden, der eine Statue eines Nilpferdes macht. Wie macht man die Statue eines Nilpferdes? Ganz einfach: Man beschafft sich einen sehr großen Granitblock und meißelt alle Stücke weg, die nicht wie ein Nilpferd aussehen.

Der Direktor einer sehr preiswerten Hotelkette hat dieses Prinzip verstanden: »Unser Ziel«, erklärte er, »ist, dass Sie, wenn Sie ins Bett steigen und das Licht ausmachen, glauben, Sie wären im Hilton.«

Kapitel 15

Einkaufen ist teuer

»Ich hatte dies erwartet, doch nicht so bald.«

Grabstein in Boot Hill

Es war nur natürlich, dass die Neulinge in der Modellflugzeugbranche die Hersteller der großen, modernen Jets mit einigem Respekt betrachteten. Es war daher auch nur folgerichtig, die Fallstudien über die bisherigen Kostentrends an echten Flugzeugen durchzuführen, insbesondere, da diese im Lauf der Jahre scheffelweise mit Technik vollgestopft worden waren. Die Ergebnisse der Studie waren vernichtend. Der einzige Lichtblick bestand darin, dass die Kriegsführung sich durch die Preisgestaltung der Militärflugzeuge anscheinend selbst abschaffte. Leider schienen dieselben Ergebnisse auch für ein breites Spektrum anderer Produkte zuzutreffen. Was wird geschehen, wenn ein Modellflugzeug mehr kostet als seinerzeit ein Ford Model T? Oder wenn das Erlebnis, ein Modellflugzeug steigen zu lassen, darin besteht, dass man im Wohnzimmer sitzt und auf einen Knopf drückt, mit dem man einen vollständigen Flug mit Start und Landung in Gang setzt, ohne dass der Flugbegeisterte ihn auch nur sieht oder die geringste Kontrolle darüber hat? Könnte es sein, dass man irgendwo etwas übersehen hatte?

Man kann nachweisen, dass die Stückpreise bestimmter Hochtechnologie-Geräte exponentiell ansteigen. Seit den Tagen des Flugapparates der Gebrüder Wright bis zur Ära des modernen Hochleistungs-Kampfflugzeuges sind zum Beispiel die Kosten für ein einzelnes taktisches Flugzeug alle zehn Jahre stetig um den Faktor vier gestiegen. Diese Wachstumsrate scheint ein inhärentes Merkmal derartiger Systeme zu sein, wobei die Stückkosten sehr eng mit der verstrichenen Zeit in Korrelation stehen, nicht aber mit Verbesserungen der Manövrierfähigkeit, Geschwindigkeit, dem Gewicht oder anderen technischen Parametern. Es lässt sich zeigen, dass derselbe unerbittliche Trend auch für Verkehrsflugzeuge, Hubschrauber und sogar für Schiffe und Panzer gilt, wenn auch bei letzteren beiden, technisch nicht ganz so anspruchsvollen Klassen der Wachstumsfaktor nur eine Verdoppelung alle zehn Jahre ausmacht. Autos, Häuser und bestimmte andere Handelsgüter kommen diesem Wert beinahe gleich. Damit soll natürlich nicht gesagt sein, dass neue Technologie unvermeidlich teurer ist als alte Technologie; oft ist das Gegenteil der Fall. Doch wie gesagt passiert es, dass neue Technologien den Ausblick auf riesige Leistungsbereiche eröffnen, die dann in jede folgende Produktgeneration hineingepackt werden.

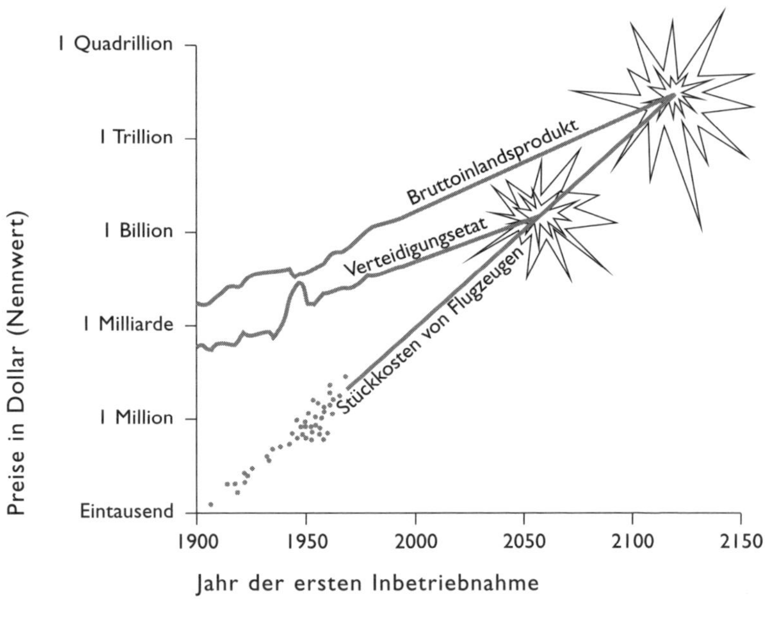

Grafik 13: *Calvin Coolidges Rache.* Die Kosten von taktischen Flugzeugen, die im Laufe der historisch belegten Luftfahrtgeschichte gebaut wurden und die durch die Punkte dargestellt sind, lassen sich auf eine Weise fortschreiben, die in nicht allzu ferner Zukunft ein beispielloses Problem erwarten lässt.

Die Kosten für militärische Hochtechnologie-Ausrüstung entsprechen somit sehr genau einer Steigerung um den Faktor vier mit jedem Sonnenfleckenzyklus, der etwa elf Jahre dauert – unabhängig von allen anderen Faktoren.

Die Bedeutung dieser Erkenntnis liegt jedoch nicht bloß darin, dass das Kostenwachstum an sich voraussagbar wird. Ihre wahre Bedeutung zeigt sich, wenn man beispielsweise die Wachstumsrate der Stückkosten pro Flugzeug mit der Wachstumsrate anderer vielleicht relevanter Parameter wie dem Verteidigungshaushalt des Landes vergleicht. Dieser Vergleich wird in Grafik 13 dargestellt. Natürlich kann man gegen die Stichhaltigkeit einer solchen Extrapolation in die Zukunft Einwände erheben, doch sei bemerkt, dass besagter Trend sich während der gesamten Geschichte der Luftfahrt unverbrüchlich gehalten hat. Andererseits sei an den Wirtschaftsprognostiker aus Washington erinnert, der ganz begeistert von der Nachricht war, dass sein 280 Pfund schwerer Schwager eine Diät angefangen und angekündigt hatte, er werde pro Woche fünf Pfund abnehmen. Schnell rechnete der Ökonom aus, dass er in gut einem Jahr seinen Schwager endlich los wäre.

Wenn man die Trendkurven für den amerikanischen Verteidigungshaushalt und die für die Stückkosten von taktischen Flugzeugen tatsächlich über die Zeit fortschreibt, wie in Grafik 13 gezeigt, scheint in nicht allzu ferner Zukunft ein bedeutendes Ereignis zu harren: die Kurven schneiden sich nämlich. Und sie schneiden sich noch innerhalb der Lebensspanne der heute lebenden Menschen. Diese Erkenntnis führte zur Formulierung dessen, was in manchen Kreisen das Erste Gesetz des Damoklesschwertes und in anderen als das Letzte Gesetz der volkswirtschaftlichen Abrüstung genannt wird:

Gesetz Nummer XV

Im Jahre 2054 wird man mit dem gesamten amerikanischen Rüstungsetat nur noch ein einziges Flugzeug kaufen können.

> Die Luftwaffe und die Marine werden sich dieses Flugzeug je 3 ½ Tage pro Woche teilen müssen, außer in den Schaltjahren, in denen es der Marine an dem zusätzlichen Tag zur Verfügung gestellt wird.

Man kann die Schwierigkeiten, die ein derartiges Arrangement nach sich ziehen würde, nur ahnen. Es würde zum Beispiel die Verfechter von Hubschraubern geben, die auf den entsprechenden Graphen für ihre Gerätschaften verweisen und stolz bemerken würden, dass wegen der Erfolge bei der Kostenkontrolle eine »Flotte« aus Rotationsflüglern erst im Jahre 2064 auf die unerlässliche eine Maschine geschrumpft wäre – also ein ganzes Jahrzehnt später.

Diejenigen, die sich damit trösten, die Gültigkeit der obigen Extrapolation des Verteidigungshaushaltes anzuzweifeln, seien darauf verwiesen, dass besagtes beispielloses Ereignis nur sechzig Jahre später eintritt, wenn man statt dessen die Wachstumskurve des Bruttoinlandsproduktes zum Vergleich heranzieht. In dieser Ära wird man Flugzeugkosten nicht mehr in Dollars beziffern, sondern in einer neuen Einheit, dem Bruttoinlandsprodukt oder BIP. Im Jahr 2100 wird ein Flugzeug also ein halbes BIP kosten.

Interessanter-, wenn auch nicht überraschenderweise erweist sich der in Grafik 13 dargestellte Trend als unabhängig von den verfügbaren Mitteln. So ist zum Beispiel die Trendkurve der Flugzeugkosten in Großbritannien ein fast genaues Abbild der amerikanischen Kosten, obwohl der Rüstungsetat von Großbritannien erheblich kleiner als der der USA ist (wenn er auch rapide anschwillt). Wegen ihres kleineren Budgets werden sich die britische Royal Air Force und Navy zwei Jahre bevor die USA diesen historischen Wendepunkt erreichen, mit nur einem einzigen Flugzeug begnügen müssen. Im Laufe der Geschichte wurde oft der Vorschlag gemacht, internationale Konflikte durch Duelle zwischen den betreffenden Staatsoberhäuptern austragen zu lassen. Vielleicht ist die Technologie ein Mittel, diese Vorschläge in die Wirklichkeit umzusetzen.

Das oben angeführte Gesetz könnte man zu Ehren der Weitsichtigkeit dieses Herrn vielleicht treffender »Calvin Coolidge's Rache« nennen. Man erinnert sich, dass es Calvin Coolidge war, der 1928 in einem Augenblick etatmäßiger Verzweiflung darüber, dass man 25 000 Dollar für ein Flugzeuggeschwader ausgab, fragte: »Warum können wir nicht nur ein Flugzeug kaufen und die Piloten wechseln sich beim Fliegen ab?« Wie Lord Kelvin war Calvin Coolidge seiner Zeit voraus.

Wenden wir uns den kommerziellen Gefilden zu: Hier ist der Fortschritt so schnell vorangekommen, dass die Sitze in einem modernen Passagierjet mehr kosten als ein ganzes Verkehrsflugzeug gegen Ende der vierziger Jahre. Ein modernes Verkehrsflugzeug kostet sogar fünfmal so viel wie der Marktwert der gesamten Luftfahrtindustrie im Jahre 1938. Eine gewagte Extrapolation der spektakulären Wachstumsrate der Fluggast-Kilometer (5 Prozent pro Jahr) und dem Wachstum der amerikanischen Bevölkerung (1,4 Prozent im Jahr) führt zu dem verblüffenden Schluss, dass schon in 250 Jahren die gesamte Einwohnerschaft der USA jeden einzelnen Tag im Jahr rund um die Uhr in der Luft sein muss. Jeder, der die Gültigkeit dieser Projektion bezweifelt, besuche an einem Freitagabend die Flughäfen von New York, Chicago, Denver oder Atlanta, um sich von ihrer Stimmigkeit zu überzeugen. Obwohl die Autobahnstaus dadurch unbestreitbar verringert werden, kommt einem die Vorstellung, dass die gesamte Bevölkerung des Landes ständig in irgend einem Flugzeug herumsaust, außerordentlich unproduktiv vor.

Irgendwo im Hintergrund wabert noch ein Echo jener bestürzenden Warnung Lenins: »Die Quantität hat eine ganz eigene Qualität.«

Kapitel 16

Vom Bit zum Flop

»Wir schauen es an und sehen es nicht.«

Lao-tse, 6. Jh. v. Chr.

An diesem Punkt geriet die Dädalus-Modellflugzeug-Gesellschaft unerwartet und Hals über Kopf ins Gehege einer der ätherischsten, abstrusesten und widerspenstigsten Substanzen, die je das Management herausgefordert hat: Software – ein Stoff, der sich, ob erwünscht oder nicht, in immer größeren Mengen in jedes System einschleicht. Die Louis Armstrong zugeschriebenen Worte über Jazz passten anscheinend genauso gut auf Software. Um eine Definition des Begriffs Jazz gebeten, soll Satchmo geantwortet haben: »Wenn Sie danach fragen müssen, kriegen Sie es nie raus.« Und in diesem Fall gab es offenbar einen Haufen Manager, die es nie herauskriegen sollten. So riet beispielsweise einer der leitenden Software-Ingenieure dem höheren Management, sich keine Sorgen zu machen, weil es bei der Softwareentwicklung keine Probleme gebe, während gleichzeitig einer seiner Kollegen ihnen erzählte, sie sollten sich keine Sorgen machen, weil die Probleme schon zur Hälfte gelöst seien. Die Alten Griechen wussten wohl kaum, dass das Universum in Wirklichkeit aus Erde, Feuer, Wasser und – Software besteht.

Dadurch, dass Ingenieure und Manager sich bemühen, nützliche Produkte zu bauen, gleichzeitig aber einer Überfülle von Natur- und menschlichen Gesetzen zu genügen haben, hat sich in der Geschäftswelt gewaltiger Stress angestaut. In der Tat scheinen Gesetze, insbesondere die »unnatürlichen«, zu wuchern wie Unkraut. Was das Bestreben, all diesen Vorschriften Genüge zu tun, noch komplizierter macht, sind die oft widersprüchlichen Richtlinien der Abnehmer und Behörden. Nur ein Beispiel: In der Vergangenheit ist der amerikanische Kongress mehrfach so weit gegangen, die Zeitpunkte der Verfügbarkeit neuer, noch zu entwickelnder Hochtechnologie-Systeme als Teil des Haushaltsgesetzes vorzuschreiben. Das ist, als würde man mit dem Terminkalender Erfindungen festlegen – doch diese Daten sind trotzdem Gesetz. Es ist noch nicht klar, in welcher Weise die betreffenden Projektleiter zur Rechenschaft gezogen werden, wenn es ihnen nicht gelingt, die festgeschriebenen Termine einzuhalten – insbesondere da, wo der Kongress im Folgenden ihre Forschungsbudgets gekürzt hat. Doch der Stress der Lieferanten der Regierung wurde dadurch natürlich nicht wesentlich geringer.

Das Dilemma derjenigen, die mit der Herstellung von High-Tech-Produkten zu tun haben, ist durch die Schwierigkeit charakterisiert, gleichzeitig Augustines Gesetzen Nummer XIII und Nummer XV genügen zu müssen. Letzteres schreibt vor, dass die Kosten von Ausrüstung (zum Beispiel Flugzeugen) mit der Zeit rapide ansteigen. Dieser strikten Vorschrift in einer Zeit zu genügen, da in den Flugzeugen kein bisschen Platz oder Gewicht mehr zur Verfügung steht (da der gesamte Rauminhalt gemäß dem ersten der oben erwähnten Gesetze bereits mit Elektronik angefüllt sein wird), unterwirft den Konstrukteur harten Anforderungen. Was gebraucht wird, ist optimalerweise etwas, das man in Flugzeuge und andere Systeme packen kann, das nichts wiegt, sehr teuer ist, doch kein physikalisches Gesetz wie das Gravitationsgesetz oder die thermodynamischen Gesetze verletzt. Diese Aufgabe kann einem unlösbar vorkommen. Doch dank des für die amerikanischen Ingenieure so typischen Erfindungsreichtums kann hier stolz berichtet werden, dass solch ein Stoff schon gefunden wurde.

Man nennt ihn Software. Ein Phantom der modernen Technik und, um Churchills Worte zu gebrauchen, »ein Rätsel in einem Mysterium in einem Geheimnis«. Vor wenigen Jahrzehnten gab es Software praktisch nicht. Heute ist sie das dominierende Element bei der Konstruktion der meisten High-Tech-Systeme.

Software weist eigentlich drei verschiedene Wachstumsmodi auf.

Die ersten beiden sind das Wachstum von einer Maschinengeneration zur nächsten beziehungsweise von einer Maschinenversion zur nächsten. Der dritte Wachstumsmodus, ein interner Modus, entspricht der Vermehrung der Software ab dem Zeitpunkt, da die Größenordnung einer Aufgabe anfänglich umrissen wird, bis zur tatsächlichen Vollendung der Aufgabe. Dies ist der ärgerlichste Modus des Softwarewachstums. Diesbezüglich wurde zutreffenderweise einmal gesagt: Wenn man ein Chaos automatisiert, erhält man ein automatisches Chaos. Im Softwarejargon ist dafür eine kostspielige und unerwünschte Art von Programmcode typisch, die treffenderweise als »Spaghetti-Code« bezeichnet wird.

Augustines XVI. Gesetz, das Gesetz des Piranhas, verdankt seinen Ursprung dem Umstand, dass viele Softwarehäuser Anhänger der »Urknalltheorie« der Software-Entwicklung sind, einer Denkrichtung, die scheffelweise Geld verschlingt. Die Herleitung stützt sich auf einen physikalischen Begriff aus dem Grundstudium, die sogenannte »Entropie«.

GESETZ NUMMER XVI

Software ist wie Entropie. Sie ist schwer zu begreifen, wiegt nichts und gehorcht dem 2. Gesetz der Thermodynamik; das heißt sie nimmt stetig zu.

Wie das alte Sprichwort sagt: Hat man eine Dose Würmer einmal geöffnet, liegt der einzige Weg, sie wieder einzudosen, darin, eine größere Dose zu benutzen. Das gleiche gilt für Computer und Software. Es gibt Leute, die meinen, eine derartige Komplexität könne nur noch von dem »WOM« oder Write-Only Memory, also dem Nur-Schreib-Speicher, übertroffen werden. Ein völlig nutzloser Computerspeicher, da einmal eingegebene Daten nicht wieder ausgelesen werden können. Das schwarze Loch der Informatik!

Verschiedene Studien lassen erkennen, dass das Verhältnis des Hard- zum Softwareanteil an den Kosten von größeren Systemen, das ursprünglich 80 zu 20 betrug, in den vergangenen 50 Jahren stetig abnahm und nicht einmal mehr ein Verhältnis von 20 zu 80 erreicht. Man darf wohl behaupten, dass die Probleme bei der Programmentwicklung es bislang geschafft haben, diesem Trend vorauszueilen. Weiterhin wurde berichtet, dass das, was unter dem Strich von der Computerrevolution bleiben wird, möglicherweise nicht mehr sein wird als die Fähigkeit, Fehler effizienter zu begehen.

Schätzungen zufolge gab es 1980 in den USA 275 000 Programmierer – verglichen mit gar keinem im Jahre 1950. Heut sind es nach offiziellen Angaben nicht weniger als 499 000. Die Alternativen sind klar: Entweder lernen die Manager, Softwareaufgaben effizienter anzugehen, oder sie lernen zu programmieren.

Software hat in der Tat viele ähnliche Eigenschaften wie Hardware. Zum Beispiel erzwingt sie hohe Bußgelder, wenn man es versäumt, Fehler frühzeitig zu entdecken. Dr. Barry Boehm von TRW hat Daten gesammelt, die die Kosten für die Korrektur von Softwarefehlern in verschiedenen Entwicklungsphasen den Kosten gegenüberstellen, die anfallen, wenn der Fehler im ersten Stadium der Programmierung erkannt wird. Die Reparaturkosten sind um den Faktor fünf größer, wenn der Fehler erst in der Phase des Akzeptanztestes entdeckt wird, und um den Faktor fünfzehn, wenn es erst in der Betriebsphase dazu kommt.

Die Feststellung ist ernüchternd, dass die Gesamtmenge der in den USA vorhandenen Software (in Programmzeilen gerechnet) sich alle vierzehn Monate verdoppelt. Es sei Weinbergs Zweitem Gesetz überlassen zu konstatieren: Würden die Baumeister so bauen, wie die Programmierer programmieren, würde der erste Specht, der daherkäme, die Zivilisation vernichten!

Ein klassisches Beispiel für die Abartigkeiten der Software war im Mariner-Programm zu finden, das von der NASA durchgeführt wurde, um ein Raumschiff zum Planeten Venus zu entwickeln. Auf dem Flug von Mariner 1 führte ein einziger fehlender Querstrich über einem Zeichen in einem kaum benutzten Unterprogramm (dem Leitmodul für den Doppler-Radar) dazu, dass ein mehrere Millionen Dollar teures Gefährt sich auf eigene Faust in die Weiten des Universums aufmachte, statt die Venus zu beobachten, wie seine menschlichen Herrscher es im Sinn gehabt hatten. Doch wenn Software abartig ist, dann nicht ohne einige ausgleichende Vorzüge. Der nächste Mariner-Flug wurde gerettet, als es derselben Gruppe von Gleichungen (diesmal mit dem Querstrich an der richtigen Stelle) gelang, Mariner 2 trotz einer unkontrollierbaren Rollbewegung der Trägerrakete, die vor Wiederherstellung einer festen Verbindung 75mal zur Unterbrechung des Kontaktes mit der Bodenstation geführt hatte, wieder auf die richtige Bahn zu bringen.

In einem von der amerikanischen Regierung veröffentlichten Bericht über Software wurde auf das Faktum hingewiesen, dass es im Bereich des Softwaremanagements noch »einige Probleme« gebe – und dann folgte eine gekürzte Liste mit achtundsechzig Beispielen!

Doch wenn auch der Stand der Technik bei der Softwareentwicklung in mancher Hinsicht noch primitiv sein mag, hat die akronymische Sprache, mit der jene Technik vor den Managern verborgen wird, einen sehr hohen Reifegrad erreicht. Diese Sprache ist mit einem ansehnlichen Grundvokabular von Baud, Bits und Bytes, MIPs, MOPs und BOPs ausgestattet. Von höherer Ordnung sind die Megabytes, Megazyklen und Megatrends. Doch der unstreitig größte semantische Beitrag der Softwaretechnik ist der Ausdruck, mit dem ursprünglich eine Million Gleitkommaoperationen bezeichnet werden sollten, der jedoch viel umfassender zur Beschreibung ganzer Produkte oder sogar Produktgruppen dienen kann – nämlich der »Megaflop«.

Kapitel 17

Zuverlässig unzuverlässig

»Adde parvum parvo magnus acervus erit.«*

Ovid

Wiederholt hatten mehrere Personen, die gewiss bereits für ihre Neigung bekannt waren, die Dinge »mit Besorgnis zu betrachten«, ihre Bedenken über die wahrscheinlichen Kosten der neuen High-Tech-Produktlinie kundgetan. Doch man linderte ihre Beschwerden mit dem Hinweis, durch die drohenden hohen Kosten sei es möglich, das zuverlässigste Modellflugzeug aller Zeiten zu bauen. Man hatte bereits gelernt, dass die Kosten für einen hochwertigen Gegenstand verhältnismäßig geringer sind als die für einen minderwertigen, doch jetzt ging es um die Qualität verschiedener Typen von Gegenständen. Es lohnte sich bestimmt, viel Geld für den Bau eines Produkts auszugeben, auf das man sich verlassen konnte.

George Santayana bemerkte: »Alle Lebewesen erkennen das an, was sie meistern können; alles andere ignorieren sie, bezeichnen es als monströs und falsch ... oder leugnen die Möglichkeit seiner Existenz.«

Man betrachte die lebenswichtige Angelegenheit, zuverlässigere Produkte, oder – um einen bestimmten Fall zu nehmen – Elektronikprodukte, zu bauen. Jeder weiß, dass solche Produkte aus Bauteilen bestehen, deren spezifische Zuverlässigkeit seit Mitte der sechziger Jahre jedes Jahr um 15 bis 20 Prozent zugenommen hat. Da weiterhin die Ausmaße dramatisch schrumpfen und die Gesamtkosten für integrierte Schaltungen seit 1963 einer 75-Prozent-Lern-

---

* »Füge immer ein wenig hinzu, so entsteht ein großer Haufen.«

kurve folgend stetig abgenommen haben, sollte es möglich sein, durch sorgfältige Auswahl der Bauteile und eingebaute Redundanz ein System außerordentlich zuverlässig zu machen und somit eines der seit vielen Jahren ärgerlichsten Probleme für die Benutzer von Elektronikgeräten zu eliminieren: die Unzuverlässigkeit.

Wären wir nun nicht mit dem anachronistischen, oben beschriebenen Verhalten von Dingen im Umfeld des Managements vertraut, könnten wir dem Trugschluss erliegen, dass die Zuverlässigkeit von verschiedenen Typen von Gegenständen, wenn immer mehr Geld dafür aufgewendet wird, immer mehr zunimmt. Bestimmt würde niemand mehr Geld für weniger ausgeben. Doch kein Eingeweihter tappt in diese logische Falle – ihm ist sofort klar, dass genau das Gegenteil zutreffen muss. Tatsächlich: Mit steigenden Kosten steigt die Einsatzzuverlässigkeit von mehreren Kategorien von Flugzeugelektronik nicht, sondern nimmt ab – je mehr ein elektronisches Gerät also kostet, desto höher ist die Wahrscheinlichkeit, dass es unzuverlässig ist. Dies gilt für so relativ einfache Geräte wie Leitstrahlsysteme und Gleitwinkelanzeiger, die den Piloten beim Navigieren und Landen helfen, bis hin zu vollautomatischen, luftgestützten Mehrkanal-Abfangsystemen für modernste Militärflugzeuge. Die Kosten und Zuverlässigkeit im Einzelnen verändern sich im Lauf der Jahre durch Inflation und technisches Wachstum, doch der Trend bleibt jederzeit unverbrüchlich bestehen. Der Karikaturist Frank McKinney Hubbard riet schon vor mehr als einem halben Jahrhundert: »Wenn es auf Anhieb klappt, versuchen Sie es nicht weiter.« Diese Denkweise wird in Augustines Gesetz der unverminderten Erwartungen zusammengefasst:

GESETZ NUMMER XVII

Es ist sehr teuer, ein hohes Maß an Unzuverlässigkeit zu erzielen. Es ist nicht ungewöhnlich, dass mit jeder Verschlechterung um das Zehnfache die Kosten für eine Sache um den Faktor zehn steigen.

Dr. Eb Rechtin, ehemaliger Präsident der Aerospace Corporation, rechnete uns vor, dass der technische Fortschritt so schnell vorankommt, dass man eine mittlere ausfallfreie Betriebszeit von 30 Sekunden garantieren kann, indem man 250 Millionen Dollar für eine Sache aufwendet.

Obwohl man das Wort »Ausfall« natürlich sehr vorsichtig interpretieren muss (weder sind alle Ausfälle von Geburt aus gleich, noch haben sie die gleichen Folgen), sind die Daten zur mittleren ausfallfreien Flugzeit für zwölf verschiedene Kampf- und Angriffsflugzeuge der amerikanischen Marine und Luftwaffe aufschlussreich. Bei neun der zwölf Typen trat mindestens alle 30 Minuten eine »Störung« auf, bei fünf davon sogar alle 15 bis 20 Minuten. Das scheint ein schlüssiger Beweis für die Ansicht derjenigen zu sein, die argumentieren, dass der nächste strategische Bomber schon allein deswegen mit Überschallgeschwindigkeit fliegen muss, damit er seine Aufgabe möglichst schnell erledigen kann – bevor er zusammenbricht.

Man versteht jedenfalls die Leute, die argumentieren, ein Flugzeug sei nichts anderes als ein Haufen Ersatzteile im engen Formationsflug, oder ein Auto sei lediglich ein Haufen Ersatzteile in enger Kolonnenfahrt.

Wie bereits bemerkt, passiert natürlich Folgendes: Während die Zuverlässigkeit der Bauteile zunimmt, werden mehr Bauteile in jedes System gestopft, um dieses immer leistungsfähiger zu machen – zumindest während der kurzen Zwischenspiele, in denen das Produkt nicht kaputt ist. In einem modernen Verkehrsflugzeug gibt es zum Beispiel etwa 6 Millionen Teile und 274 Kilometer Verkabelung. (Wen wundert es da noch, dass das dazugehörige Wartungshandbuch ganze 12 000 Seiten stark ist?) Wenn ein System eine Million unabhängige Teile hat und jedes davon eine Zuverlässigkeit von 99,99 Prozent bei der Erfüllung einer bestimmten Aufgabe, beträgt die Gesamtwahrscheinlichkeit für die Nichterfüllung der Aufgabe über 60 Prozent. Der Vorarbeiter einer Autofabrik erläuterte die Lösung dieses Problems mit folgenden hellsichtigen Worten: »Die

Teile, die die Ingenieure nicht in die Maschine einbauen, machen keinen Ärger.«

Selbst so unkomplizierte Dinge wie Lötstellen können zu einer Hauptproblemquelle werden, wenn es, wie im Falle der Patriot-Rakete, zwei Millionen davon gibt.

Thomas Paine fasste das alles 1790 in dem Rat zusammen: »Je einfacher etwas ist, desto unwahrscheinlicher sind Störungen daran, und um so leichter kann es repariert werden, falls Störungen auftreten.« Leider ist es üblich geworden, Hochtechnologie und Einfachheit als Gegensätze zu betrachten. Im Prinzip, wenn auch nicht in der Realität, sind die beiden Begriffe nicht das Gegenteil des anderen. Die Herausforderung besteht darin, die Technologie so einzusetzen, dass sie Einfachheit schafft. Wer könnte zum Beispiel bestreiten, dass die heutigen Taschenrechner zuverlässiger sind als ihr Vorgänger, der ENIAC mit seinen 18000 Röhren, der noch in den vierziger Jahren ein ganzes Zimmer ausfüllte.

Gesetz Nummer XVII behauptete, dass kostspielige Systeme nicht funktionieren. In Verbindung mit der Erkenntnis, dass billige Systeme nicht möglich sind (weil sie unendlichen Testaufwand erfordern), wird dieses Gesetz den Ausrüstungskonstrukteuren noch eine besonders harte Nuss zu knacken geben. Doch ist das möglicherweise ein akademisches Problem, da Gesetz Nummer XV bereits lautete, dass neue Systeme in Kürze ohnehin unerschwinglich werden.

Kapitel 18

Kleingeld macht auch Mist

»Hier eine Milliarde und da eine Milliarde.
Auf einmal summiert es sich zu richtig viel Geld.«

Senator Everett Dirksen

Nach der speziellen betriebsinternen Revision, die man an einer der attraktiveren Goldgruben der Nation durchgeführt hatte, kam das Topmanagement nun zu dem Schluss, das Projekt X, wie es nun genannt wurde, sei im großen und ganzen immer noch unter Kontrolle. Die Kostenüberschreitungen nahmen mit abnehmender Steigerungsrate zu, und die Firma verlor weniger schnell Geld als je zuvor seit Beginn der Neuentwicklung. So herrschte wieder einmal Euphorie. Selbst das Programm der Bauteilprüfungen verzeichnete gelegentlich zufällige Erfolge. Daher wandte sich die Aufmerksamkeit dem Etat für das nächste Jahr zu und alle gingen zuversichtlich davon aus, dass das Budget die wachsenden Ansprüche von Projekt X und dementsprechend die sinkenden Ansprüche der anderen Dädalus-Projekte, die sich der wirtschaftlichen Reife näherten, berücksichtigen werde. Außerdem wies es Mittel für den neuen Tennisplatz der Führungskräfte gleich neben der Konzernzentrale aus.

Der frühere amerikanische Botschafter in Portugal und Ex-Verteidigungsminister Frank Carlucci wurde einmal gefragt, wie er auf seinem langen Marsch durch die Regierungsposten erkennen könne, wer die wesentlichen Interessenverbände und was ihre spezifischen Ziele seien. »Das ist kein Problem«, erwiderte er. »Die Interessenverbände finden einen und äußern ziemlich lautstark, was sie wollen. In 98 Prozent der Fälle, ob es arme Leute oder Rüstungsproduzenten sind, geht es um Geld, und sie stehen auf dem Standpunkt, dass sie etwas davon haben wollen.« In ähnlicher Weise kann man für die meisten Leute, die für die Verteilung von Mitteln zuständig sind – seien es nun Aufsichtsräte oder der amerikanische Kongress –, bestimmte Muster aufzeigen, nach denen sie bestimmte Auflagen günstig beurteilen und andere rundweg ablehnen. Hier ist wesentlich, dass der Budgetierungsprozess sich Veränderungen widersetzt. Es ist sehr schwierig, ein großes Budget für ein Sozialversicherungssystem aufzustellen, doch hat man es einmal getan, neigt es dazu, sich fortzuschleppen und ist kaum noch zu reduzieren. Es ist eine große Aufgabe, einen neuen Haushaltspunkt, wie zum Beispiel Werbung, in ein Firmenbudget hineinzubekommen, doch hat man es einmal geschafft, wird er sich in den folgenden Jahren nur um wenige Prozentpunkte verändern. Das ist die reale Antithese zur Null-Basis-Budgetierung.

Am lehrreichsten ist es wohl, eine Untersuchung dieses Trägheitsphänomens ganz oben an der Spitze zu beginnen: beim amerikanischen Kongress. Es scheint möglich, die Auswirkungen der Haushaltsdebatten im Kongress auf den Bundeshaushalt mit hoher Genauigkeit vorauszusagen. Das heißt: Das Ergebnis von einem Monat Diskussion und Entscheidung lässt sich alles in allem auf eine einfache Gleichung reduzieren.

Als Beispiel sei der Einfluss des Kongresses auf die Haushaltsentwürfe der Regierung von 1971 bis 1985 herangezogen. Die Anstrengungen der Regierung, Zustimmung zu ihren Haushaltsentwürfen zu gewinnen, hatten Jahr für Jahr dieselbe Auswirkung, unabhängig von den beteiligten politischen Parteien oder der Größenordnung der verlangten Budgetänderung. Führungskräfte drängt es dazu, abzuändern, was auch immer vorgeschlagen wurde – gerade genug, um einen Einfluss darauf gehabt zu haben, doch nicht so sehr, dass Gefahr bestünde, die Empfehlungen des Stabes zu hintertreiben.

Diese Betrachtungen sind in Augustines Gesetz der trägen Mittel zusammengefasst, das für den Verteidigungshaushalt gilt:

Gesetz Nummer XVIII

Der Kongress genehmigt in jedem beliebigen Jahr die gleiche Summe wie im vorigen Jahr plus dreiviertel der von der Regierung geforderten Aufstockung – minus 4 Prozent Steuerabzug.*

Dieses Gesetz traf auf jährliche Veränderungen der beantragten Budgetsumme von -7 bis +24 Prozent genau zu. So kann man den Kongress durch eine Gleichung ersetzen – ebenso wie die von der Trägheit bestimmten Budgetierungsprozesse allzu vieler anderer Organisationen, seien es nun Großkonzerne oder Schulpflegschaftsverbände.

---

* Die Daten aus den Jahren nach der ersten Niederschrift dieses Gesetzes zeigen, dass der Steueranteil in den Änderungen kontinuierlich abgebaut wurde.

Kapitel 19

Die Leih-Weisen

»Die Bank leiht Ihnen Geld,
wenn Sie beweisen können, dass Sie es nicht brauchen.«

Mark Twain

Es wurde immer deutlicher, wie die prosperierenden Großabnehmer von Dädalus es geschafft hatten, mit dem Verkauf der Dädalus-Waren an den Konsumenten solch eine attraktive Rendite zu erwirtschaften. Es gibt nun einmal nicht nur eine, sondern zwei Möglichkeiten, eine hohe Rendite zu erzielen. Anders als bei der herkömmlichen Methode kann man, selbst wenn man einen negativen Gewinn (oder »Verlust«, wie er zuweilen grimmig genannt wird) verzeichnet, immer noch eine sehr ansehnliche Rendite ausweisen, indem man die Rechnungen so spät zahlt, dass nicht nur der Gewinn, sondern auch die Aufwendungen negativ sind – so dass die Rendite positiv wird, und je größer der Verlust, desto größer die Rendite – ein Fall, bei dem zweimal Schlecht ein Gut ergibt. Weniger mathematisch ausgedrückt ist liefern besser als beliefert werden. Wenn solch pathologische Fälle in den Wirtschaftshochschulen auch nur selten behandelt werden, stand Dädalus nun im wahren Leben vor genau dieser Situation. Das Geschäft war so gut gegangen, dass man immer mehr Geld in neue Fabriken und Bestände pumpen musste, doch die Kunden zahlten so zögernd, dass sich eine gewaltige Cash-flow-Lücke entwickelt hatte. Anscheinend war die Firma so erfolgreich gewesen, dass sie kurz vor dem Bankrott stand. Man schien es mit dem unternehmerischen Gegenstück des Rio Grande zu tun zu haben – einem der wenigen Flüsse der Welt, die angeblich bewässert werden müssen. Die Firmenleitung hatte entdeckt, dass es nicht nur eine, sondern zwei Arten gab, ein Geschäft zu betreiben: erstens um des Gewinnes willen, und zweitens so, wie sie selbst es taten. Was ist die Lösung, wenn man Geld braucht? Man geht natürlich zur Bank – der großen Schein-Maschine. Außerdem hatte doch einer der Firmengründer durch einen glücklichen Zufall in derselben Woche einen Brief eines örtlichen Kreditinstitutes erhalten, in dem von seinem guten Ruf, seiner wichtigen Rolle als Stütze der Gesellschaft und seinem soliden finanziellen Status die Rede war und in dem ihm zu sehr attraktiven Konditionen umfangreiche Kredite angeboten wurden. Später, viel später erst fiel auf, dass der Brief »An den Haushaltsvorstand« adressiert gewesen war.

Ein unbekannter Weiser bemerkte einmal, dass Bankleute von drei Dingen etwas verstehen: vom Geld, wie man Geld verdient und wie man kein Geld verliert. Wenn auch die Ereignisse der jüngeren Vergangenheit zumindest den Schatten eines Zweifels auf letzteres geworfen haben, ist die Absicht und Hartnäckigkeit der meisten Bankiers in dieser Hinsicht eindeutig über jeden Zweifel erhaben.

Dementsprechend werden pubertierende Unternehmen schnell mit drei Zuständen vertraut: Geldknappheit, Schwierigkeiten der Geldbeschaffung und Probleme bei der Rückzahlung. Ironischerweise brauchen solche Unternehmen um so mehr Geld, je erfolgreicher sie sind, um ihre wachsenden Bestände zu unterhalten und neue Fabriken zu errichten. Wenn die Unternehmer so erfolgreich sind, dass sie sich von den Banken oder anderen naheliegenden Kreditgebern keine ausreichenden Mittel mehr leihen können, müssen sie vielleicht sogar an die Börse gehen und für die erforderliche Infusion von lebenserhaltendem Kapital Anteile an derselben Firma weggeben, die sie persönlich aufgebaut haben. Waren sie extrem erfolgreich und brauchen sie sehr große Summen, müssen sie vielleicht sogar das ganze Unternehmen weggeben, das sie so mühselig aufgebaut haben und werden bloß zu weiteren Angestellten in ihrer »eigenen« Firma. Das ist der Preis des Erfolgs … und das, was man die Umlaufgeschwindigkeit des Geldes nennt.

Jerry White, Experte für Unternehmensführung und Direktor des Caruth Insitute an der Southern Methodist University, behauptete:

»Der Erfolg kann einen völlig pleite machen.« Hier muss natürlich gesagt sein, dass auch der Misserfolg einen völlig pleite machen kann. Es gibt in der Tat viele Methoden, pleite zu machen. Die Penn Square Bank hat eine davon gefunden. Continental Airlines eine zweite. Braniff und Arthur Andersen fanden wieder andere. White bemerkte dazu: »Wachstum verschlingt Bargeld, und Bargeld ist das, womit man die Gehälter bezahlt.« Braniff, so sagt er, ist das Bargeld ausgegangen. So einfach ist das. Arthur Andersen dagegen hatte weitaus schwerwiegendere Probleme: die Entscheidung des obersten amerikanischen Gerichtshofs bedeutete das Ende des Unternehmens.

Ein ähnliches Übel befiel die Comtek Import/Export Ltd. Der Mitbegründer Bruce Gilman erklärte, trotz makelloser Kreditwürdigkeit sei die Firma plötzlich und unerwartet von ihrer Hausbank »gebeten« worden, ihre Bankgeschäfte zu verlagern. Das Problem war anscheinend der Kreditverantwortliche der Bank: »Unser Wachstum erschreckte ihn. Also sagte er uns, wir sollten uns eine andere Bank suchen ... das war ein vernichtender Schlag.« Gilmans Partner Robert Tracht fährt fort: »Wir haben fünfunddreißig Banken angerufen und alle gaben uns dieselbe Antwort. Jede sagte: »Sie müssen mindestens zwei Jahre im Geschäft sein und ein Betriebskapital von 100 000 Dollar haben.« Unnötig zu sagen, dass das den Anfang ein bisschen erschwert. Mit Nelson Rockefellers Worten: »Das Hauptproblem der Bauern mit geringem Einkommen ist die Armut.«

Variationen über dieses Thema klingen täglich durch die Geschäftswelt. Aus der Gesundheitsindustrie gibt es den Fall von Home Care Service, einer Firma, deren Partner zum Verkauf gezwungen waren, als, wie einer von ihnen, nämlich Louis Esposito, sagte, »meine größten Anstrengungen durch meinen eigenen Erfolg zunichte gemacht wurden.« Die Finanzierung von Home Care beruhte auf Außenständen (denn materielle Aktiva waren nicht vorhanden). Als die Firma wuchs und die Außenstände anfingen, sich auszudehnen, reichte das Betriebskapital nicht mehr und die Partner mussten verkaufen.

In einem Leserbrief an die Zeitschrift *Inc.* zu einem vorangegangenen Artikel, der von der relativen Leichtigkeit handelte, mit der reiche Unternehmen Geld von Banken leihen können, schrieb Wesley Batten, damaliger Vizepräsident der Finanzabteilung der Inmed Corp.: »Es ist beruhigend zu wissen, ... dass sie uns anflehen werden, ihr Geld zu leihen, sobald wir so groß sind, dass wir es eigentlich nicht mehr brauchen.« So werden kapitalkräftigen Firmen wie AT&T oder General Motors enorme Kreditlinien eingeräumt (die sie nicht brauchen). Wie der Bankräuber Willie Sutton sagte: »Es ist ein ziemlich angenehmes Erlebnis, nachts allein in einer Bank zu sein.« Andererseits haben ums Überleben kämpfende Firmen wie die Osborne Computer Corporation oder die Manville Corporation, die ein bisschen Bargeld hätten brauchen können, nur eine winzige Chance, nennenswerte Mittel aufzubringen. (Osborne und Manville machten in unterschiedlichem Ausmaß, doch beide mit Würde, Konkurs.)

Als Gary Edman sich bemühte, mit Krediten die Chambers Belt Company von dem Finanzkonglomerat zu kaufen, das sich nach einer »Periode finanzieller Schwierigkeiten« ihrer bemächtigt hatte, lief er direkt in den Dreifach-Schwinger. Zuerst wollte die Bank den Kreditantrag gar nicht bearbeiten, bis die Partner nicht eine halbe Million Dollar Eigenkapital aufgebracht hätten. Zweitens, so Edman, »... sagte man uns, ein Kredit könne unmöglich genehmigt werden, ohne mehrere Schichten« – und dann kam der dritte Schwinger – »von Komitees durchlaufen zu haben.« Das ist es, was Willem de Kooning im Sinn hatte, als er sagte: »Das Ärgerlichste am Armsein ist, dass man seine ganze Zeit damit vertut.«

Selbst wenn es den Besitzern einer aufblühenden Firma gelingt, eine Bank zu finden, die mit ihnen Geschäfte machen will, sollten sie sie bei Erfolg unverzüglich verlassen – zumindest riet das Robert Kahn von Robert Kahn and Associates. »Wechseln Sie die Bank, sobald Ihre Kreditlinie sich verfünffacht hat«, mahnt er. »Was auch immer Sie tun, irgend jemand wird sich immer an die Kredithöhe erinnern, mit der Sie bei dieser Bank angefangen haben und sich dann einreden, dass Ihre Seifenblase kurz vor dem Platzen steht.«

Das alles läuft auf Augustines Gesetz vom Sparschwein heraus, das auf dem zuerst von Mark Twain vertretenen Gedanken beruht:

Gesetz Nummer XIX

Kredit zu bekommen ist leicht, außer wenn man ihn braucht.

Es gibt natürlich ganze Horden von Risikokapitalgebern, an die der aufstrebende Geschäftsmann sich wenden kann. Duane Meulners, Gründer der Dymek Corp., stritt diese Option rundweg ab: »In den letzten paar Jahren hat es sich so entwickelt, dass die Risikokapitalgeber meinten, sie könnten nicht in Hinz und Kunz investieren.

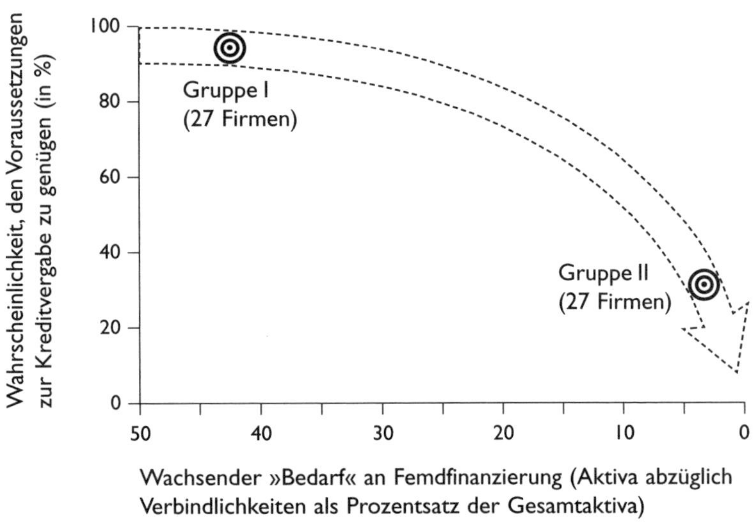

Datenquelle: Fulmer et al.: The Journal of Commercial Bank Lending

Grafik 14: *Hilfe aus der Not.* Je dringender man Geld braucht, desto geringer die Wahrscheinlichkeit, dass man sich welches leihen kann.

Man musste schon eine Berühmtheit sein. Gutes, solides Wachstum reicht nicht mehr. Die Risikokapitalgeber suchen wildwucherndes Unkraut.«

Das Bestreben, wie ein wildwucherndes Unkraut auszusehen, kann leider bei den bedürftigen Firmen zu etwas führen, was man »kreative Buchführung» nennen könnte. Eine provokante Schlagzeile im *Wall Street Journal* berichtete: »Comserv stellt Buchhaltungsmethoden um, um wieder Gewinn zu machen.« R. Lee Taylor II., Präsident der Federal Co., bemerkte: »Man kann den Cash-flow jeder beliebigen Firma mit der richtigen Art von Buchführung in jeden gewünschten Erfolg verwandeln.« Er schloss daraus, dass es die Beschlagenheit in der Bilanz und den Gewinnspannen ist, was wirklich zählt.

Doch in der geheimnisvollen Welt der Firmenfinanzen ist manchmal das einzige, was schlechter ist, als keinen Kredit zu bekommen, doch Kredit zu bekommen. Wie Steve Birnbaum, damals bei Oxford Partners, es erklärte: »Sie müssen verstehen, dass dies eine Industrie ist, in der die Leute nicht gewöhnt sind, viel Geld zu haben. Dann gibt Ihnen jemand 150 Millionen Dollar, und Sie glauben, Sie können Bäume ausreißen. Sie lesen in der Zeitung, dass Sie ein Genie sind, und fangen an, es zu glauben.« Aber die Klinge hat zwei Schneiden. Elizabeth Taylor (die andere) bemühte sich um einen Kredit der Small Business Administration (einem Amt für die Kreditvergabe an den Mittelstand), um ein Restaurant zu eröffnen. Die SBA bewilligte ihr nur die halbe beantragte Summe. Prompt ging ihr das Geld aus und der Laden machte zu. Frau Taylor wird mit der Bemerkung zitiert: »Ich kann Ihnen gar nicht sagen, wie sehr es mir geholfen hätte, wenn die mir das verdammte Geld nicht gegeben hätten.« Das wäre möglicherweise das klügste gewesen, was sie je nicht getan haben. Doch das *Wall Street Journal* zitierte einen Merrill-Lynch-Mitarbeiter mit den Worten: »Wenn Sie sie beim Kredit gepackt haben, folgen Herz und Verstand nach.« Das ist einfach wieder mal ein Fall der alten Regel, angewendet auf das Geschäftsleben: »Wer zahlt, schafft an.«

Ein Gesichtspunkt aus einem anderen Winkel der seltsamen Welt der Geldverleiher wurde von mehreren Wirtschaftswissenschaftlern vorgeschlagen, die den folgenschweren Gedanken äußern: Das letzte, was eine Bank will, wenn es einem erst einmal geglückt ist, Geld von ihr zu leihen, ist, dass man es zurückzahlt! Bei näherer Betrachtung entbehrt dieses Argument nicht der Logik. Wenn man das Geld zurückzahlt, erläutern die Ökonomen, muss die Bank sich einfach der beträchtlichen Mühe und den erheblichen Aufwendungen unterziehen, jemand anderen zu finden, dem sie dasselbe Geld wieder leihen kann. Der einzige Grund, warum die Bank auf Rückzahlung besteht, ist der Beweis, dass man das Geld zurückzahlen kann. Die Bank will nicht das Geld. Sie will die Gewissheit.

Übrigens argumentieren viele Finanzgurus gleichermaßen überzeugend, dass die meisten Unternehmen idealerweise keine Dividende zahlen sollten. Wenn ein Anleger eine Firma auswählt, bei der er seine Mittel unterbringen möchte, ist es kontraproduktiv, dass dieses Unternehmen dem Anleger ständig Bruchteile jener Mittel zurückerstattet – offenkundig seinen Wünschen zuwiderhandelnd. Nun muss sich der Aktionär, obwohl er bereits seiner Vorliebe für diese besondere Firma als Anlagemedium Ausdruck gegeben hat, erneut die Mühe machen, abermals in neue Aktien zu investieren – und Steuern zahlen … und eine Maklerprovision.

Wenn auch ein bisschen häretisch, ist diese Logik doch bei weitem logischer als die Unlogik, die die Welt der Wirtschaftslogik durchdringt. Betrachten Sie folgende, reale Beispiele für wirtschaftliche Logik, die Medienkommentaren über den Zustand der Wirtschaft entnommen wurden:

- *Medienbericht:* »Die Währung ist stark.« Gute Nachricht? Nein. Schlechte Nachricht. Erklärung im folgenden Teil des Berichtes: »Eine starke Währung behindert die Exporte und bläht die Importe auf, was Zehntausende von Arbeitsplätzen kostet und viele Unternehmen in die Klemme bringt.« (So viel zur starken Währung. Bringen Sie bitte die schwache Währung.)

- *Medienbericht:* »Im Januar lag das Wirtschaftswachstum erheblich über den Erwartungen.« Gute Nachricht? Falsch – schlechte Nachricht. Erklärung: »Rapides Wirtschaftswachstum kann zur Zunahme der Inflation mit nachteiligen Auswirkungen auf den Aktienmarkt führen, die Zinssätze nach oben treiben und in einem Ende des Aufschwungs resultieren.« (Schlussfolgerung: Das Wachstum ist um jeden Preis zu verhindern.)
- *Medienbericht:* »Die Senkung des Defizits könnte bestimmte nachteilige Folgen für die Wirtschaft haben.« Erklärung: »Die Verringerung des Defizits durch Steuererhöhungen oder geringere Staatsausgaben könnte den Aufschwung verlangsamen.« (Schlussfolgerung: Lang lebe das Defizit!)
- *Medienbericht:* »Die Arbeitslosigkeit ist im letzten Monat deutlich zurückgegangen.« Gut? Nein – schon wieder falsch – schlecht: »Ein zu schneller Aufschwung könnte die Preise in die Höhe treiben und zu einem neuen Inflationszyklus führen.« (Schlussfolgerung: Die Lösung für die Arbeitslosigkeit ist Arbeit … oder etwas in der Art.)

Um den Titel eines Buches von Ben Wattenbergs zu paraphrasieren: Schlechte Nachrichten sind gute Nachrichten, die sich als falsch herausstellten. Kein Wunder, dass die Welt der Wirtschaftswissenschaft mit solchen Termini wie »Stagflation« gepfeffert ist. Monte Gordon schrieb im Dreyfus-Rundbrief zusammenfassend dazu: »… der sogenannte ›starke‹ Dollar könnte eine abschwächende Wirkung auf die amerikanische Wirtschaft haben – was wieder einmal die Fährnisse der Semantik widerspiegelt.« Und der Wirtschaftswissenschaft, möchte man hinzufügen. In der Wirtschaftswissenschaft ist anscheinend alles von Übel.

Ein Artikel in *USA Today* berichtete von zwei republikanischen Mitgliedern des Abgeordnetenhauses von Colorado namens Bird. »Beide Birds sind Männer des Glaubens«, verriet der Artikel. »Der aus Denver ist ein ehemaliger Kirchenmann, der aus Colorado Springs ein Wirtschaftswissenschaftler.«

Dann gibt es die Staatsverschuldung, ein Sumpf, in dem im Lauf der Jahre eine Menge Ideen versunken sind. Sie wollen beweisen, dass die Staatsverschuldung außer Kontrolle gerät? Listen Sie einfach die nominelle Verschuldung über die Jahre auf. Sie wollen beweisen, dass die Staatsschulden sinken? Stellen Sie sie einfach – analog dem Verfahren für jeden Hypothekenschuldner – der Gesamtzahlungsfähigkeit gegenüber, indem Sie sie als Bruchteil des Bruttoinlandsproduktes ausdrücken. Sie möchten zeigen, dass die Staatsverschuldung unverändert bleibt? Listen Sie einfach die inflationsbereinigten Beträge auf. George Bernard Shaw wird die Bemerkung zugeschrieben: Würde man alle Ökonomen der Welt aneinander legen, kämen sie immer noch nicht zu einem Schluss.

Trotz alledem ist die Gemeinschaft der Finanziers zuweilen wohl nicht ganz so perfekt, wie sie vorgibt. Um noch einmal eine Anleihe bei der Anzeigenserie der United Technologies Corporation zu machen: Ein erzürnter Bankier forderte Alexander Graham Bell auf, dieses »Spielzeug« aus seinem Büro zu entfernen. Dieses Spielzeug war das Telefon. Ein Hollywood-Produzent kritzelte seine Ablehnung auf das Manuskript, aus dem »Vom Winde verweht« entstand. Der größte der ersten Investoren von Henry Ford verkaufte 1906 all seine Anteile. Roebuck verkaufte 1895 seinen Anteil für 25 000 Dollar an Sears. Heute dürfte Sears in 16 Sekunden Waren für 25 000 Dollar verkaufen.

Die wichtigste, grundlegende Wahrheit in der Geldverleiherzunft scheint zu sein, dass es für die erblühende Firma, die dringend Mittel braucht, wirklich sehr, sehr schwer ist, diese Mittel zu erhalten. Reichtum hingegen macht anscheinend alles möglich. Die Denver Post zitierte einmal den afroamerikanischen Boxchampion Larry Holmes, der das alles, wenn auch in anderem Zusammenhang, beredt zusammenfasst. Holmes sprach darüber, wie das Leben für einen Farbigen ist, und bemerkte: »Es ist hart, ein Farbiger zu sein. Ich war mal ein Farbiger, bevor ich reich wurde.«

Kapitel 20

Guter Rat ist selten

»Wenn es aussieht wie eine Ente und watschelt wie eine Ente und quakt wie eine Ente, dann ist es eine Ente.«

Senator Edward Kennedy

Von der Bank Kredit bekommen zu wollen, war ähnlich sinnvoll wie den Melkeimer unter den Bullen zu stellen. Mit Samuel Goldwyns Worten: »Die Banken konnten sich mich nicht leisten. Daher musste ich selbst ins Geschäft kommen.« Und wenn die Termineinhaltungsprobleme im täglichen Betrieb sich als widerspenstig erwiesen hatten, so erwiesen sich die Kostenkontrollprobleme als völlig unüberwindlich. Man schrieb den ersten Jahrestag des dritten Neubeginns der Testreihen und Projekt X wurde nun von seinen Gegnern in der Konzernzentrale offen angegriffen. Der scheinbar brillante Streich des örtlichen Managements, eine intensive Werbekampagne zu starten, als man zum ersten Mal von technischen Problemen überschwemmt wurde, war kläglich gescheitert. Irgendwie behaupteten sich die Probleme trotz dieser aufgeklärten Technik. Trotzdem sprach es sehr für das Management, dass man zumindest in geregelter Form das Geschäft aufgeben wollte. Anscheinend sollte es nötig werden, Aktien an das Publikum auszugeben. Ironischerweise war die Dädalus-Modellflugzeug-Gesellschaft in nur sechs kurzen Jahren auf über 500 Mitarbeiter angewachsen, während die Gründer Gefahr liefen – eben wegen ihres Erfolges -, die Herrschaft über ihre höchsteigene Firma zu verlieren. Wären sie nicht so schnell gewachsen und hätten sie nicht das Geld zur Expansion gebraucht, wäre ihnen diese Beschämung erspart geblieben. Anscheinend waren sie sogar im Begriff, ihre Identität einzubüßen: Die Makler hatten darauf bestanden, wenn das Angebot ans Publikum gehen solle, müsse der Name der Dädalus-Modellflugzeug-Gesellschaft in »Dädalus

Flugzeuge, Inc.« geändert werden, damit es solider klang. Die Gründer widerstanden allerdings den Empfehlungen der Makler, das Wort »Gentech« in den Firmennamen aufzunehmen, obwohl die Marktexperten ihnen versichert hatten, eine derartige Änderung würde wegen der Anziehungskraft der Hochtechnologie die Anzahl der verkauften Aktien verdoppeln. Doch in diesem Fall siegte die Vernunft, wenn auch aus keinem anderen Grund, als dass Verdoppelungen sinnlos sind, wenn man Geld verliert. Trotzdem hielten sich die Gründer in fast allen anderen Dingen an den Rat der Experten von der Börse. Wie könnte ein bloßer Neuling mit Leuten streiten, die die Erfahrung der wichtigsten Finanzzentren der Welt aus dem Ärmel schütteln können?

Man hat mit Recht behauptet, Amateure sollten sich von der Börse fernhalten. Mit gleichem Recht könnte man behaupten, Profis sollten das auch. Zumindest scheint das aus dem Beweismaterial zu folgen. Doch was kann man schon von einer Gruppe erwarten, die den Dollar in acht Einheiten unterteilt – was zu so einer bequemen Rechnungseinheit wie einem 0,875tel Dollar führt? Oder die die Preise von Schatzbriefen in zweiunddreißigstel Prozent angibt? Irgendeine anonyme Seele beschrieb die Wall Street einmal als Durchgangsstraße, die an einem Friedhof beginnt und in einem Fluss endet. Das entspricht ohne Zweifel den Tatsachen, wenngleich die Richtung auch umkehrbar ist.

Der Großteil der verfügbaren Daten lässt vermuten, dass die Ratschläge von hochbezahlten Finanziers um nichts besser sind als die von nichtswürdigen Neulingen. Der Gerechtigkeit halber muss man zugeben, dass die Ratschläge der Experten zwar nicht unbedingt nützlich, doch wirklich sehr teuer sind. Wo es um finanzielle Prognosen geht, scheint der Hauptunterschied zwischen dem Amateur und dem Profi in der Tat darin zu bestehen, dass ersterer sein eigenes Geld verliert und letzterer das anderer Leute. Doch das ist an sich schon beeindruckend genug.

Grafik 15 vergleicht die Leistungen führender Wertpapierfonds.

Dazu gehören sowohl die großen, etablierten Fonds mit und ohne Gebührenberechnung als auch mehrere nicht etablierte Fonds: der Dartbrett-Fonds, der Reisregen-Fonds, der Streichhölzchen-Fonds, der Nadelgeld-Fonds und der Affenschande-Fonds, wobei die letzteren speziell für die Leser dieses Buches gegründet wurden. Die Resultate sind enttäuschend. Betrachten wir die Leistung jedes Fonds im einzelnen.

Als erstes ist ein Index-Fonds gezeigt, also ein Anlagemedium, das lediglich mit dem Markt insgesamt gleichziehen soll. Mit anderen Worten: Es strebt die Durchschnittlichkeit an, und wie zu sehen ist, war es gemessen an diesem inspirierenden Vergleichswert absolut erfolgreich. Die herkömmlichen Fonds hingegen zielen angeblich darauf ab, den Durchschnitt des Marktes zu übertreffen. In dem

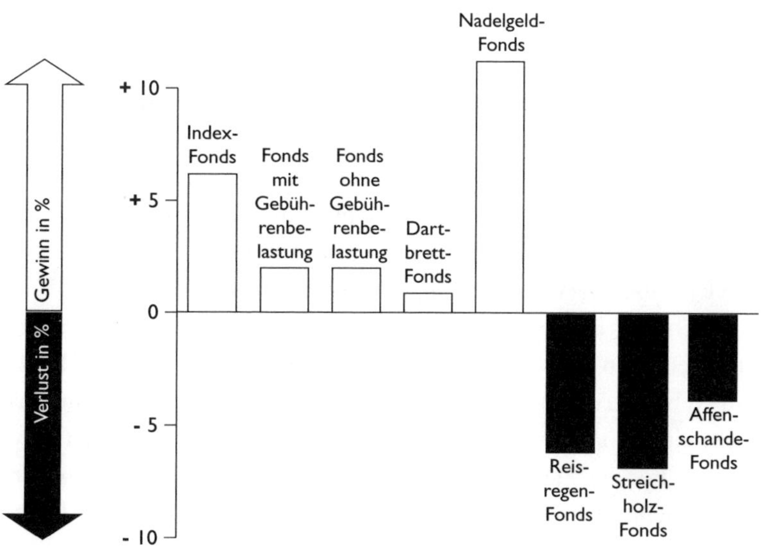

Grafik 15: *Fondierte Daten.* Von Finanzexperten betreute Aktienfonds können sich nur mit Mühe gegenüber dem Durchschnitt des Marktes behaupten und bleiben oft hinter Fonds zurück, die auf wissenschaftlichen Prinzipien wie dem Werfen von Dartpfeilen oder dem willkürlichen Fallenlassen von Stecknadeln beruhen.

betrachteten Jahr schnitten auch sie nicht besonders aufsehenerregend ab und fielen nicht gänzlich aus dem langjährigen Trend, dass Fonds, die keine Verkaufskommission berechnen, etwa genauso viel leisten wie die, die sie berechnen. Man wird auch bemerken, dass diese Fonds kaum besser abschnitten, als wenn man sein Geld in der Kaffeedose aufbewahrt hätte.

Die fünf besonderen Zwecken dienenden Fonds, die speziell für diese Studie geschaffen wurden, haben sich bestimmt nicht der Konsequenz schuldig gemacht. Der Dartbrett-Fonds, der sich eines Auswahlverfahrens bediente, das auf den komplizierten aerodynamischen Prinzipien von Wurfpfeilen beruhte, die auf eine Liste von an der New Yorker Börse gehandelten Werten geworfen wurden, verfehlte das Ziel, indem er nur etwa so gut abschnitt wie die professionell geführten Fonds (wenn auch mit sehr geringen Verwaltungskosten). Der Nadelgeld-Fonds, für den spitze Gegenstände aufs Geratewohl auf die Seite des *Wall Street Journals* mit den Börsenkursen fallengelassen wurden, schnitt mit Abstand am besten ab – weit besser als die professionellen Fonds. Doch ein ähnlicher Fonds, der auf dem Prinzip des Fallenlassens von Reiskörnern beruhte, erzielte sogar noch schlechtere Ergebnisse als die ausgeklügelten, in der Wall Street geleiteten Fonds, und ein Fonds, der statt Reis Streichhölzer verwendete, ging absolut in Flammen auf.

Doch der bei weitem enttäuschendste war der Affenschande-Fonds, dessen Portfolio vom Direktor des Fonds Boomer N. Buster (im Nebenberuf Schimpanse) persönlich ausgewählt wurde und der nicht einmal so gut abschnitt wie die professionell geführten New Yorker Fonds.* Das war natürlich ein harter Schlag für die ursprüngliche Hypothese dieses Kapitels. Doch Tatsachen sind Tatsa-

* Der Autor lernte zunächst einen Freund Boomers in dessen Heimatland Tansania kennen, doch wird der größte Teil der Wertpapieranalyse von einem Verwandten Busters durchgeführt, der im Zoo von Washington lebt. Er trifft seine Auswahl, indem er durch Drehen des Kopfes nach links ein Reihe binärer Ziffern angibt – rechts bedeutet Null, links eins, ganz ähnlich wie in einem Computer. Die so erzeugten Zahlen werden mit alphabetischen Listen aller Aktien an der New Yorker Aktienbörse verknüpft.

chen. Es ist eben einfach so, dass die New Yorker Finanzexperten tatsächlich einigen Primaten überlegen sind, die versuchen, sie nachzuäffen. Man muss der Kokosnuss an der Spitze, Boomer, allerdings zugute halten, dass er in der Welt der Hochfinanz absolut unerfahren war. Vielleicht hatte Mark Twain doch recht, als er zu dem Schluss kam: »Ich glaube, unser himmlischer Vater hat den Menschen erfunden, weil er vom Affen enttäuscht war.«

Bestenfalls ist der Schluss erlaubt, dass die Qualität der den Anlegern zur Verfügung stehenden Beratung in keinerlei erkennbarem Zusammenhang damit steht, was man dafür bezahlt. Augustines Gesetz der Bullen und Bären besagt:

Gesetz Nummer XX

Wären die Börsenfachleute wirklich so beschlagen, würden sie Aktien kaufen statt Beratung zu verkaufen.

In dem in Grafik 15 betrachteten Jahr gelang es laut SEI Funds Evaluation Services geschlagenen 74 Prozent der Fondsverwalter nicht, den Standard-and-Poor's-500-Index zu übertreffen. Dabei ist zu bemerken, dass dieser Zeitraum hinsichtlich des Schaffens der Investoren nicht einfach eine anomale Periode war, die unberücksichtigt bleiben sollte. Über eine Dauer von zehn Jahren schafften es 56 Prozent der Fondsverwalter immer noch nicht, den S&P-500-Durchschnitt zu halten. Es ist bestimmt nicht leicht, sich so lange stets zu irren. Wie Larry Cole, ein Footballspieler aus Dallas, zu seiner Verteidigung anführte, als er erfuhr, dass der gerade erzielte Treffer sein erster seit elf Jahren war: »Jeder kann mal ein schlechtes Jahrzehnt haben.«

Den Managern festverzinslicher Fonds erging es nicht besser: 71 Prozent davon schafften es nicht, mit dem Shearson-Lehman-Anleihenindex mitzuhalten. In einer Spanne von 10 Jahren blieben 60 Prozent dieser Experten hinter dem »Reines-Glück«-Durchschnitt zurück. Beim Aussuchen von Investitionsmöglichkeiten ist es offenbar sehr, sehr schwierig, durchschnittlich zu sein. Doch zum Glück für die Profis lässt der Konkurrenzdruck nach. Während die Experten von 1965 sich Kopf an Kopf mit den Privatanlegern aus Dubuque, Sheboygan und Skokie – die 85 Prozent des Aktienumsatzes an der New Yorker Börse ausmachten – messen mussten, wird heute der Großteil des Geschäfts lediglich von anderen Profis betrieben.

Um nicht in der Sonne stehen gelassen zu werden, haben sich auch die Herausgeber von Börsenbriefen untertroffen, um unter dem Durchschnitt zu bleiben. »Etwa die Hälfte der seit 1980 erschienenen Börsenbriefe haben schlechter abgeschnitten als die Schatzbrief-Rendite«, behauptet der *Hulbert Financial Digest*. Vielleicht war es eine zukunftsweisende Freudsche Fehlleistung, als der Chefredakteur der Zeitschrift *Changing Times* entdeckte, dass sein Beruf auf seinem Kontoauszug mit »changing tires« – Reifenmonteur – angegeben war.

Betrachtet man das große Ganze, haben die Prognostiker der Zeitschrift *Investment Outlook* zufolge in den letzten vier Jahren »die Rezession nicht erkannt, einen Aufschwung vorausgesagt, der nie Wirklichkeit wurde, und die Größenordnung der stärksten wirtschaftlichen Expansion seit über dreißig Jahren nicht vorhergesehen.« Gemeinerweise muss man da unwillkürlich an den Marktprognostiker denken, der versuchte, sich zu kratzen und daneben kratzte. Vielleicht war es nicht immer so. Vielleicht aber doch.

Eine unbestreitbar umwälzende Periode in der Geschichte des Marktes ist der Börsenkrach von 1929. Was sagten die Experten damals? Aus dem Buch »The Experts Speak« von Christopher Cerf und Victor Navasky erfährt man, dass Irving Fisher, ein Ökonomieprofessor aus Yale, am 24. Oktober (genau eine Woche vor dem Krach) versicherte: »Die Kurse haben ein anscheinend dauerhaft hohes Niveau erreicht.« Sieben Tage später, bei Geschäftsschluss des ersten Tages des Börsenkrachs, beruhigte eine gemeinsame Pressemitteilung von fünfunddreißig der größten Maklerfirmen im Land die Investoren: »Das Schlimmste ist vorbei.« Um sich nicht übertrumpfen zu lassen, hatten die Schlagzeilen des *New York Jour-*

nal am 25. Oktober verkündet: »Experten sagen Aufschwung voraus.« In dubio pro reo: Die Experten hatten natürlich nicht gesagt, wann der Aufschwung käme. Geduld gilt an der Börse von jeher als notwendige Tugend.

Nur die politischen Experten scheinen hinsichtlich der Kunstfehler den Finanzgurus das Wasser reichen zu können. Doch manchmal bieten derartige Prognosen einen Lichtblick, wie zum Beispiel die Voraussage des Pragmatikers Henry Luce, Mitbegründer und ehemaliger Herausgeber von Time, Life und Fortune: »Ich glaube, die Welt geht in sieben Jahren in die Luft. Die Öffentlichkeit hat ein Recht darauf, sich in diesen sieben Jahren zu amüsieren!« Also los.

Das eigentlich Schlimme in bezug auf die Börse ist allerdings, dass die Leute tatsächlich auf die Ratschläge hören, für die sie bezahlen. Als John Granville, der Herausgeber des *Granville Market Letter*, am 6. Januar 1981 ausrief: »Alles abstoßen!«, tat das Publikum genau das. Am nächsten Tag verlor der Markt dreimal so viel Dollar wie am Schwarzen Dienstag 1929, während der Dow-Jones-Index um 23 Punkte fiel.

Doch man kann unmöglich bestreiten, dass solche Turbulenzen gut für das Geschäft sind – das heißt für das Geschäft der Börsenmakler. Wie oft hört man in den Abendnachrichten die rätselvolle Meldung: »100 Millionen Aktien wechselten heute den Besitzer. Das Kursniveau blieb unverändert.«

Um auf Grafik 15 zurückzukommen, die nicht nur eine, sondern mehrere wissenschaftliche Methoden präsentiert, die ebenso gut oder besser abschnitten wie die Experten, bleibt die verwirrende Frage: »Was haben wir richtig gemacht?«

In angestrengtem Ringen um die Durchschnittlichkeit wurden sogenannte Indexfonds eingerichtet, die darauf abzielen, »lediglich« den Marktdurchschnitt zu erreichen und die daher überhaupt keine Denkarbeit erfordern. Nicht gerade ein einhelliger Vertrauensbeweis für die professionellen Geldmanager, wuchsen diese Fonds in nicht einmal einem Jahrzehnt auf 60 Milliarden Dollar Anlagevermögen an. Solche Investitionen gleichen, wie Seth Lynn, damals Präsident von Great American Core Investors, Inc., meinte, »... einer wärmesensitiven Rakete auf den Spuren aktiver Fondsmanager.«

Bei solch überwältigender Zunahme an Beratungsmöglichkeiten braucht man nun Berater, die dem Publikum sagen können, wessen Rat es befolgen soll. Wie der Zufall so spielt, steht auch diese Dienstleistung zur Verfügung. Natürlich nicht kostenlos. Dann gibt es selbstverständlich von Profis zusammengestellte Fonds, die einfach einen Fonds aus anderen Fonds zusammenbauen. Nach den Problemen zu urteilen, die selbst diese Fonds haben, brauchte man vielleicht einen Fonds, der sich aus Fonds zusammensetzt, die sich aus Fonds zusammensetzen, die ...

Ein weiterer Ansatz, um langfristig nicht schlechter als der Durchschnitt zu sein, ist einfach, sich an ein Orakel zu wenden, wie die alten Griechen es bei ihren Reisen nach Delphi taten. Ein derartiger Verbund von PSI-Beratern war über Delphi Associates erreichbar, eine von Anthony White, einem MBA aus Stanford, geleitete Firma. White verriet uns: »Bisher haben sich viele Leute zwecks persönlicher Ratschläge an Madame Zsa-Zsa von nebenan gewendet. Wir tun dasselbe, doch lassen wir die ganze Metaphysik, das dumme Geschwätz und solche Requisiten wie die Kristallkugel weg.« Das könnte wohl der schlechteste Ansatz sein, den es gibt – bis auf alle anderen natürlich.

Ein weiterer Königsweg für den eingestandenen Neuling wäre einfach, die Ergebnisse der Finanzexperten festzuhalten, die die Aktien- und Anleihenfonds der USA beraten, sie den Siegern zuzuordnen und der Maxime zu folgen: »Wenn wir sie nicht schlagen können, machen wir einfach mit.« Das Problem dabei, wenn man sich einfach den gestandenen Siegern anschließt, ist, dass vier der zehn Besten vom letzten Jahr jetzt einen festen Platz unter den schlechtesten fünfzig haben. »Eine Methode, ein fliehendes Pferd anzuhalten, ist« laut der Toronto Globe and Mail, »darauf zu wetten.«

Diese Art von Logik soll John Kennedys Vater angeblich dazu veranlasst haben, die Frage, warum sein Sohn sich bei der Wahl

1960 nicht der Hilfe erfahrener politischer Berater bedient habe, mit der Bemerkung zu antworten: »Zum Teufel, das sind doch alles erfahrene Verlierer.«

Der einfallsreichste und vielleicht beste Ansatz ist jedoch, einfach den »entgegengesetzten« Standpunkt einzunehmen und genau das Gegenteil von dem zu tun, was die Experten raten. Zumindest verfügt diese Formel über ein interessantes Existenztheorem: Der *Forbes*-Herausgeber William Baldwin schrieb, er habe das vergangene Jahrzehnt untersucht und festgestellt, dass ein Investor mit perfektem Vorauswissen, der sein Vermögen monatlich von Aktien in Bargeld umgewandelt hätte und umgekehrt, sein Kapital um den Faktor 22 (ausschließlich Maklergebühren) hätte vergrößern können. Das Problem ist natürlich jenes sogenannte »Vorauswissen« – und die Experten sind so inkonsequent, dass man sich nicht einmal darauf verlassen kann, dass sie sich ständig irren.

Des Pudels Kern ist natürlich, dass man an der Börse wirklich ein paar überdurchschnittlich gute Geschäfte machen kann, wie eine Reihe wohlhabender Anleger überzeugend bewiesen haben. Nur braucht man, um sie zu finden, überdurchschnittliche Leistungen. Diese wiederum erfordern überdurchschnittliche Kompetenz und Hartnäckigkeit – und ein bisschen Glück kann auch nicht schaden.

Das Dumme ist, dass die meisten Investoren sich anscheinend mit dem erstbesten Ratschlag oder Ergebnis zufrieden geben. Doch hat die Geduld mit dem Markt auch ihre Grenzen, wie der ehemalige Kongressabgeordnete Chet Holifield im Alter von 82 Jahren seinem Börsenmakler sagte, der ihm Anleihen mit zehn Jahren Laufzeit andrehen wollte: »Ich kaufe ja nicht einmal grüne Bananen.«

Teil IV
Der Sturm zieht herauf

Kapitel 21

Die Realität des Fantasiefaktors

»Dieses Jahr schlagen wir sie bestimmt.
Letztes Jahr hatten wir zu viel Selbstvertrauen.«

Greg Augustine, 15 Jahre

Das ärgerliche Geklecker von Terminüberschreitungen, unter dem man bisher gelitten hatte, war zu einer wahren Lawine angeschwollen. Es wurde noch schlimmer dadurch, dass die erfahrensten 40 Prozent der Ingenieure von dem Projekt abgezogen worden waren, um in dem Revisionsteam mitzuarbeiten, das sich seit einigen Monaten herauszufinden bemühte, warum die Termine für das Projekt nicht eingehalten wurden. Obwohl die Vorgesetzten alle ermunterten, schneller zu machen, wurde wöchentlich ein neuer Generalterminplan herausgegeben und stündlich überarbeitet. Selbst das Projekt, eine genauere Methode zur Schätzung von Zeitplänen zu finden, geriet unter Zeitdruck. Zwar hatte man die Aufgabe im Handumdrehen zu 99 Prozent gelöst, doch das letzte Prozent dauerte ewig. Freunde aus erfahreneren Firmen meinten, man dürfe nichts anderes erwarten – »genau das«, sagten sie, »ist die Bedeutung von ›zu 99 Prozent fertig‹.« Dass man bei Dädalus diese Probleme ernst nahm, wurde dadurch bezeugt, dass die Mitarbeiter der Marketingabteilung mittlerweile bis zwei oder drei Uhr nachmittags blieben und sogar daran dachten, die Fünf-Tage-Woche für sich einzuführen. Außerdem arbeiteten am Projekt X mehr Rechtsanwälte als Ingenieure. Das Management schien nach dem Motto zu handeln: »Folgt uns nicht ... wir haben uns verlaufen.« Doch endlich kam etwas in Bewegung, als die Firmenzentrale ihre Hilfe androhte.

1798 verpflichtete sich Eli Whitney, der Kontinentalarmee binnen achtundzwanzig Monaten 10000 Musketen zu liefern. Wie es so kam, wurden sie nach siebenunddreißig Monaten oder einem Drittel mehr Zeit als vereinbart geliefert.

Die Lieferzeiten für neue Systeme für die US-Streitkräfte betragen Kongress-Berichten zufolge im Durchschnitt stets ein Drittel mehr als vorhergesehen. Dafür gibt es natürlich verschiedene Gründe, wie etwa Budgetkürzungen, technische Probleme oder veränderte Anforderungen. Dennoch scheint der Bruch ⅓ von dauerhafter wissenschaftlicher Bedeutung zu sein. Manche behaupten, der korrekte Wert liege näher bei $1/\Pi$, was erklären mag, wieso die gesetzgebende Körperschaft von Indiana im Jahre 1897, hätten nicht ein paar wenige Stimmen gefehlt, π gleich 3,2 erklärt hätte.* Diese Erfahrungen bilden die Grundlage für Augustines Gesetz des ungebrochenen Optimismus, das wiederum den Begriff des universellen Phantasiefaktors definiert.

Gesetz Nummer XXI

Jede Aufgabe kann in einem Drittel mehr Zeit bewältigt werden, als zur Zeit geschätzt wird.

Wie jeder, der mit Zenos Paradoxon vertraut ist, sofort erkennt, wird man bei der Überprüfung eines Terminplans leider jedes Mal feststellen, dass nur dreiviertel der geplanten Arbeiten tatsächlich erledigt sind – was noch ein Drittel übrig lässt – und so fort in alle Ewigkeit, was die Unmöglichkeit beweist, überhaupt je etwas fertigzustellen. Dies ist ein Grenzfall der von Bill Curra, einem Experten für die Mitarbeiterförderung in der Industrie, aufgestellten Maxime: »Alles dauert länger, als es dauert.«

Yogi Berra fasste die Situation der Terminvoraussage wortgewandt zusammen: »Es ist erst vorbei, wenn es vorbei ist,« bemerkte er mit seinem üblichen Scharfsinn.

---

* Es hätte sogar noch schlimmer kommen können: In *Facts and Fallacies* von Morgan und Langford wird berichtet, dass die Generalversammlung von Indiana im selben Jahr beschloss, π gleich 4 zu setzen.

Möglicherweise hatte der Vizepräsident und Generalmanager der Division von Boeing, die das Verkehrsflugzeug 767 produziert, dieses Gesetz im Kopf, als er laut *Aerospace Daily* bemerkte, die Entwicklung der 767 sei »...weiter auf halbem Wege gediehen als jedes andere neue Flugzeugprojekt in der Geschichte von Boeing.«

Ähnlicher Trost wurde einer Projektkontrollgruppe von einem Manager offeriert, der für die mit Schwierigkeiten behaftete Entwicklung eines neuen Flugzeugmotors verantwortlich war: »Zwar sind wir zugegebenermaßen hinter dem Zeitplan zurück,« gestand er ein, »doch bin ich zuversichtlich, dass wir den Motor zum ersten Flug der Maschine zur Verfügung stellen können.« Wie sich herausstellte, sollte dies eine seiner wenigen zutreffenden Voraussagen sein. Erst später wurde dem Betreffenden klar, dass er ein Anhänger der Managementschule von James J. Walker war: »Wenn Sie da sind, bevor es vorbei ist, sind Sie noch pünktlich.«

Kaum Trost gewinnen kann man aus der Tatsache, dass fast alle Programme »99-prozentige Terminerfüllung« verzeichnen. Das bedeutet in der Regel, dass zwei Jahre lang jeder einzelne wöchentliche Informationsbrief pünktlich herauskam – nur die Ausrüstungslieferungen fielen hoffnungslos hinter den Zeitplan zurück. Wer je ein Haus gebaut hat, versteht dieses Phänomen – das einzige, was der Generalunternehmer je pünktlich zuwege bringt, sind seine Rechnungen.

Die wohl letzte Grenze für den Optimismus jener Manager, die mehrjährige Projekte leiten, welche unfehlbar jeden einzelnen »allerletzten« Termin um nur ein paar Tage überschreiten, liegt in der Erforschung des Sonnensystems. Durch einen glücklichen Zufall der planetarischen Kinematik ist auf dem Planeten Venus ein Tag länger als ein Jahr, so dass es außerordentlich schwierig wird, einen Termin um die sprichwörtlichen »paar Tage« zu überschreiten. Um ein paar Jahre, ja – um ein paar Tage, nein.

Wenn es in dem Geflecht der Projektverzögerungen einen einzelnen Kausalfaden gibt, wird es wohl der sein, dass man beim Planen allzu oft davon ausgeht, dass in der Zukunft nichts schief geht –

man plant »erfolgsorientiert«, wie man in der Zunft sagt. Und wenn nie etwas schief geht, besteht keine Notwendigkeit, solche Ressourcen wie Zeit, Geld, Arbeitskräfte oder Ausrüstung für den Notfall einzuplanen. Das Problem ist natürlich, dass immer etwas schief geht.

Wo es um die Einhaltung von Terminen geht, scheint alles relativ zu sein. Relativ schlecht. Oder um noch einmal die anachronistische Ansicht Yogi Berras zu zitieren, als man ihn fragte, wie spät es sei: »Meinen Sie, jetzt im Augenblick?«

Doch wie eine kluge Seele gesagt hat: »Je eher man in Verzug kommt, desto mehr Zeit hat man, um aufzuholen.«

Kapitel 22

Zeit ist Geld

»Die Ursache ist verborgen – doch
das Ergebnis wohlbekannt.«

Ovid

Projekt X schien wirklich immer tiefer in den Morast zu geraten. Seit fast einem Monat hatte es jetzt seinen schlechten Tag. Ständige Veränderungen der Zielsetzung, Finanzierung, Mitarbeiterschaft und sogar der Konstruktion plagten das Projekt; und alles wurde unter dem Vorwand der Reaktion auf Sachzwänge des Budgets betrieben oder unter der Spitzmarke: »Ein Bocksprung nach vorn.« Wieder einmal lag die Lösung nahe, den Zeitplan zu überarbeiten, um Geld zu sparen. Doch diesmal brach eine Debatte über die Frage aus: »In welche Richtung sollen wir ihn überarbeiten?« Dieses Dilemma zeigte Parallelen zu dem des jungen Mannes, der für ein politisches Amt kandidierte und den etablierten, doch andersdenkenden Lokalpolitiker um seine Unterstützung bat. Der antwortete: »Na klar unterstütze ich Sie. Soll ich für Sie oder für Ihren Gegner eintreten?« Irgendwie mussten sich die Führungskräfte von Dädalus entscheiden, für welchen Ansatz der Terminkontrolle sie eintreten würden – aber hier war jede Entscheidung die falsche.

Es ist weithin anerkannt, dass die Kosten von Projekten, die ad infinitum vertagt werden, selbst nach Abzug der Inflationsrate erheblich steigen. Umgekehrt sinken die Kosten der meisten Produktionsabläufe, wenn diese ihren Möglichkeiten entsprechend beschleunigt werden, und zwar wegen der mit dem höheren Durchsatz verbundenen gesteigerten Effizienz. Das heißt wohl mit anderen Worten nur, dass die meisten bestehenden Produktionsprogramme wegen Budgetgrenzen oder eingebauten Überkapazitäten aufgrund allzu optimistischer anfänglicher Umsatzprognosen mit allem anderen als der optimalen Geschwindigkeit operieren.

Wenn die Streckung des Zeitplans die Kosten für die Produktentwicklung steigert, folgt also daraus, dass die Straffung des Zeitplans die Kosten senkt. Richtig?

Falsch. Erstens gibt es so gut wie keine Daten über Projekte, die beschleunigt wurden … doch Daten über Projekte, die verlangsamt wurden, gibt es in ungesunder Fülle. Zweitens werden die Kosten einer Produktentwicklung nicht nur dadurch vergrößert, dass man sie zeitlich streckt, sondern auch, indem man sie strafft. Irgendwie scheint der Status quo, wie auch immer er sei, die beste aller möglichen Welten zu sein. Oder zumindest die bequemste.

Dies mag folgende Gründe haben: Ist einmal ein Zeitplan aufgestellt, stiftet dessen Straffung Unruhe, erfordert möglicherweise Überstunden und deren Bezahlung und verschärft die Risiken der Überlappung zwischen Produktentwicklung und -herstellung. Durch Streckung des Zeitplans hingegen wird der kumulative Effekt der Fixkosten gesteigert, und durch das Operieren mit subkritischen Massen kommt es zu Ineffizienzen. Obwohl viele Leute Terminverlängerungen beklagen und für Beschleunigung plädieren, lassen die wenigen verfügbaren Daten nur erkennen, dass für Produktentwicklungsprogramme die Beschleunigung genauso wie die Verlangsamung nur eine vorhersagbare Konsequenz hat: Der Produktentwickler schickt Ihnen eine Rechnung.

Offenbar wirkt hier noch ein zusätzliches Phänomen. Dieses wird in Augustines Gesetz der ökonomischen Unipolarität benannt, das die empirischen Ergebnisse zusammenfasst:

Gesetz Nummer XXII

Nur eines ist teurer, als den Zeitplan eines Projektes zu strecken: ihn zu beschleunigen, was an sich schon die teuerste Aktion ist, die die Menschheit kennt.

Hier muss bemerkt werden, dass die vorliegende Fassung dieses Gesetzes einer kleinen Zeitung aus Colorado zu verdanken ist, die in einer Kolumne im Eifer der Debatte über die wirtschaftliche Nutzung der Kernkraft warnte: »Plutonium ist noch gefährlicher als Americium, und das ist schon der gefährlichste Stoff, den die Menschheit kennt.«

Oder mit Yogi Berras Worten: »Wenn Sie an eine Weggabelung kommen, nehmen Sie sie.«

Kapitel 23

Der Eingang zum Schlaraffenland

»Dies ist die traurigste Geschichte,
die ich je gehört habe.«

F. M. Ford, 1915

Leider muss berichtet werden, dass die technischen Bemühungen nur noch stockend vorankamen, als ein paar Schwarzseher auftauchten – sogar in den Absatz- und Marketingorganisationen. Der Begeisterungssturm nach der Entscheidung der Standortkommission, das neue Zentrum für langfristige Planung nach Hongkong zu verlegen, war schon lange abgeklungen. Trotzdem machte die Aufgabe, eine neue Managementstruktur für das geplante Projekt aufzustellen, ungehinderte Fortschritte. Man war zu dem Schluss gekommen, dass nun ein Mittel nötig sei, jede Aufgabe besser zu überwachen. Außerdem war es notwendig, im Projekt X Positionen für all diejenigen zu finden, die jetzt, da die ursprünglichen Produktlinien zur Vorbereitung auf die neue Produktfamilie ausliefen, arbeitslos geworden waren. Die neue, bessere Führungsmethode, das Maß an Überwachung für jeden Arbeiter zu erhöhen, erwies sich auch als große Wohltat für die sinkende Moral des Managements – die vielen neuen Positionen ermöglichten Beförderungen im großen Stil, mit denen Gehaltserhöhungen, Mitgliedschaften in Country Clubs und Geschäftsreisen zu den bekanntesten Wasserlöchern der Welt verbunden waren. Nur die Belegschaft war zurückhaltend – sie hatte bereits erfahren, dass jede neue Verbesserung ihre eigenen unerwarteten Behinderungen erzeugt, die sie in den unpassendsten Momenten zurückwarf. Doch im großen und ganzen war man eigentlich recht gut in Form – verglichen mit der Form, in der man war.

Professor C. Northcote Parkinson wäre nicht enttäuscht, würde er seine berühmten Studien auf die Führungspraxis der amerikanischen Wirtschaft und Verwaltung anwenden. Sie enthüllten, dass trotz einer stetig abnehmenden Zahl von Schiffen im Einsatz das auf Land stationierte Kontingent der britischen Admiralität jährlich um 5 bis 6 Prozent wuchs. Auch stellte Parkinson »in einer Zeit des massiven Rückgangs ... der kolonisatorischen Aktivitäten« ein 5- bis 6-prozentiges Wachstum des britischen Kolonialamtes fest. Analog lassen sich heutzutage die Konsequenzen der Arbeit mit personell reichlich besetzten Verwaltungsabteilungen untersuchen.

Mit den Worten Zar Alexanders: »Nicht ich habe Russland beherrscht, sondern zehntausend Beamte.« Das westliche Gegenstück zur Enttäuschung des Zar aus jüngerer Zeit fasste Präsident Truman zusammen, der (wie Richard Neustadt berichtete) über Eisenhowers Zukunft als Präsident meinte: »Er wird da sitzen und sagen: ›Macht dies! Tut jenes!‹ Und nichts wird passieren. Der arme Ike.«

Lee Iacocca, der ehemalige Vorstandsvorsitzende von Chrysler, bemerkte: »Zuweilen gleicht selbst der beste Manager dem kleinen Jungen mit dem großen Hund, der abwartet, wohin der Hund will, damit er ihn dorthin führen kann.«

Dass das Ausmaß der Verwaltung im wesentlichen auf Vorgängen in der Vergangenheit beruht und eigentlich recht unempfänglich für den Umfang der anliegenden Arbeit ist, sieht man daran, dass die Zahl der Landwirte in den USA abrupt absinken kann, während die Anzahl der Angestellten des Landwirtschaftsministeriums einfach konstant bleibt. Es gibt eine apokryphe Geschichte von einer Reisegruppe in Washington, die das Landwirtschaftsministerium besichtigte und fragte, warum ein Mitarbeiter, der vor einem leeren Schreibtisch saß, weinte. Die Antwort: »Sein Bauer ist gestorben.« Zum Glück beschäftigt das Ministerium jedoch 144 hauptamtliche PR-Leute, denen ein Budget von 6 Millionen Dollar zur Verfügung steht, um allen zu sagen, wie prima alles ist.

Dass dasselbe grundlegende Missverhältnis auch für andere

Branchen gilt, versicherte Kelly Johnson, der frühere Direktor des Skunkworks von Lockheed, der vor dem Streitkräfte-Ausschuss des Senats ausführte: »Seit über 20 Jahren führe ich ständig Umfragen darüber durch, wie viel Prozent einer Ingenieursgruppe tatsächlich damit beschäftigt sind, eine Analyse zu schreiben, die mit den Maschinen zu tun hat... Ich stellte fest, dass nur 5,6 Prozent der Zeit dem eigentlichen Problem gewidmet sind, wie man die Maschinen herstellt. Etwa zehn Jahre später stellte ich fest, dass der Anteil auf 3 Prozent gesunken war.«

In ähnlicher Weise äußerte sich Dr. Bob Frosch, der frühere NASA-Direktor und Vizepräsident des Forschungslabors von General Motors in einem Gespräch über »Bureaucratic Engineering«. Als er das Jahresbudget für die Produktion eines kleinen Gegenstandes durch die Kosten pro Konstruktions-Arbeitsstunde teilte, fragte er sich, wie die Horden bezahlter Ingenieure es je schaffen sollten, sich um das zu bauende einsame Stückchen Hardware zu drängen. Sein Schlusswort: »Ab und zu konnte ich vorbringen und in einem bestimmten Fall sogar beweisen, dass etwa ein Zehntel der beteiligten Ingenieure im herkömmlichen Sinn Ingenieursarbeit leisteten – die anderen schrieben einander Memoranden.«

Das Problem mit großen Verwaltungen ist nicht allein eine Folge ihrer Mitarbeiterzahl an sich, sondern eine Folge der Anzahl von Ebenen, die sie bilden. Denn jede Ebene hat die Gelegenheit, alle Vorschläge, die sich durch die labyrinthischen Genehmigungsverfahren der meisten großen Organisationen hindurchwinden, zurückweisen, zu bestreiten, zu modifizieren, zu filtern, zu eliminieren, zu reduzieren und sonst wie zu verzögern. Je größer die Organisation, um so größer ist wahrscheinlich das Problem.

Verschlimmert wird diese allgemeine Lage noch durch den Umstand, dass die Population jeder Ebene – insbesondere auf den höheren – unausweichlich zu dem Schluss gelangt, dass sie einen Stab zu ihrer Unterstützung braucht. Charakteristisch für derartige Stabspositionen sind der Mangel an Linienautorität, das Fehlen einer Vorschrift zur Entscheidungsbildung, keine direkte Verantwortung für die eigenen Bezüge und kein Vorwand, Befehle zu erteilen. So dienen Stabskräfte als Kritiker und Berater – mit voller Autorität, Fragen zu stellen. Wenn solche Stabsabteilungen klein und völlig der Aufgabe verschrieben sind, einen Teil der Lösung statt einen Teil des Problems darzustellen, können sie Bedeutendes leisten. Andernfalls sind sie möglicherweise die Radarfallen auf der Autobahn des Fortschritts.

Obwohl Stabsfunktionen in der Privatindustrie ebenso wie in der Verwaltung verwendet werden, hatten sie nur in wenigen Fällen so glänzende Erfolge – zumindest ihrer Größe nach – wie der Stab des amerikanischen Kongresses, wo auch sonst? So ist zum Beispiel seit dem Zweiten Weltkrieg die Bevölkerung der USA um etwa 59 Prozent gewachsen, während der Stab des Kongresses um über 700 Prozent angeschwollen ist.

Je größer der Stab wurde – vermutlich, um die anliegenden Aufgaben zu beschleunigen –, desto mehr hat die Zeit, die für die Produktion der Kongressprodukte erforderlich ist, interessanterweise zugenommen. In puncto Verabschiedung des Verteidigungsetats wurde seit 1945 nur viermal rechtzeitig zum Jahresanfang ein Haushalt vorgelegt (und dann nur durchschnittlich fünf Tage vorher). Wenn der Stab größer wird, wächst auch der Umfang der Fragen, die er stellen kann, und die Zeit für ihre Beantwortung. Am Ende arbeiten alle in Stabsfunktionen, mit dem Ergebnis, dass nichts produziert wird. Dies entspricht dem von Dr. Fred Brooks, Informatikprofessor an der Universität von North Carolina, verkündeten Gesetz, das die Entwicklung von Software betrifft. »Leute hinzuzunehmen, um ein dringliches Softwareprojekt zu beschleunigen,« sagt Brooks, »verzögert es nur um so mehr.« Er liefert recht überzeugende Beweise für seine These und anscheinend ist seine Schlussfolgerung weit über das Gebiet der Software hinaus anwendbar.

Das Problem ist zwar allgemein bekannt, aber Lösungen dafür wurden durch Besitzstandsdenken behindert. Dr. Paul Berenson, ehemals Vorsitzender einer Wissenschaftskommission der Regierung, bezeichnete Management als das, was man tut, um diejenigen, die im Organisationsdiagramm unter einem selbst stehen, vernünftig zu führen. Mikromanagement hingegen sei all das, was über einem selbst im Organisationsdiagramm passiert.

Jemand, der auf der untersten Ebene des, sagen wir, Raketenentwicklungs-Kommandos der Armee tätig ist, erblickt über sich vierundvierzig Ebenen, deren Unterstützung er sich für jede neue Idee sichern muss, bevor diese finanziert werden kann. Aus solch einem Tal heraus können die Aussichten schon entmutigend sein. Wie man einmal einen kanadischen Flachlandbewohner bemerken hörte: »Die Berge sind wohl in Ordnung, aber sie versperren einem die ganze Aussicht.«

Das Problem der Managementschichtungen durchdringt praktisch alle Organisationen – für Regierungen und Großkonzerne ist es einfach ihrer Größe wegen hinderlicher. Eine typische Fortune-500-Firma hat etwa ein Dutzend Führungsebenen. Jede Ebene stellt natürlich eine weitere »Verbindung« dar, die in jeden Versuch integriert werden muss, von der Spitze der Organisation bis ganz nach unten oder umgekehrt zu kommunizieren.

Es gibt allerdings Grund zur Hoffnung, dass die obersten Etagen der Zentrale vielleicht weniger nachteiligen Einfluss haben, als obige Beispiele vermuten lassen. So berichten die Medien zum Beispiel von einem Großbrand in der Hauptstelle des Postministeriums in Washington, D.C., der »für über 100 Millionen Dollar Schaden anrichtete.« Der Bericht wurde von einer offiziellen Presseerklärung begleitet, die wohl, wenn auch nicht ganz erfolgreich, die Befürchtungen der Steuerzahler beschwichtigen sollte und feststellte: »... die landesweiten Postdienste sind davon in keiner Weise in Mitleidenschaft gezogen.« Diese Aussage ist zumindest provokant. Ein ähnliches Phänomen tritt fast jeden Winter auf, wenn schwere Schneefälle die Hauptstadt der USA zudecken. Bei diesen Anlässen geben die Medien pflichtbewusst die amtliche Bekanntmachung an alle Regierungsangestellten wieder: »Nur wichtige Mitarbeiter müssen zur Arbeit erscheinen.« Die Mentalität der Stadt ist dergestalt, dass sich anscheinend niemand wundert, wenn kaum jemand ins Büro kommt. Bis auf kleinere geometrische Abwandlungen scheint die klassische Beschreibung von Washington, D. C. als einer rautenförmigen Stadt, die von allen vier Seiten von der Wirklichkeit umgeben ist, auch auf viele andere Zentralen zuzutreffen.

Die statischen Implikationen obiger Beurteilung der Führungsebenen in Wirtschaft und Verwaltung sind vernichtend. Betrachten wir einmal die Wahrscheinlichkeit, die Zustimmung zu einem Projekt zu erhalten, mit dem vierzig verschiedene Ebenen einverstanden sein müssen, deren jede mit 99-prozentiger Wahrscheinlichkeit zu einer Ja-Entscheidung kommt. Wie erwartet, beträgt trotz der günstigen Einzelwahrscheinlichkeiten die Chance eines Gesamterfolges in so einem Fall nur etwa 50 zu 50. Die Wahrscheinlichkeit, ein beliebiges Ziel zu erreichen, sinkt also auf eine sehr berechenbare Weise mit wachsender Zahl der am Genehmigungsverfahren beteiligten Ebenen. Dies wird von Robert Masseys Gesetz erklärt, das ein wenig paraphrasiert behauptet, dass ein Vizepräsident, zwei Vizeadmiräle und drei Kongressabgeordnete, wenn man sie in Reihe schaltet, einen fast unendlich großen Widerstand ergeben.

Die angeführten Beispiele rechnen bei bestimmten Organisationen die »Stellvertreter« ebenso als eine Ebene wie die Stabsebenen. Andererseits lassen sie völlig außer acht, dass es auf jeder Ebene des Genehmigungsverfahrens mehrere parallele Kanäle gibt, die auch irgendwie überwunden werden müssen. Weiterhin reicht es bei vielen Aktionen, zum Beispiel der Haushaltsverabschiedung, nicht, dieses Dickicht ein einziges Mal zu durchdringen – nein, es muss jedes Jahr einmal geschehen. Es soll heute noch Menschen geben, die glauben, man könne in den Himmel kommen, ohne in Atlanta umzusteigen, doch es kann niemanden mehr geben, der vermuten würde, dass man in einer großen Organisation Mittel locker machen kann, ohne jede einzelne Verbindung des Genehmigungsgeflechts mindestens einmal durchlaufen zu haben.

In zu vielen Organisationen der Geschäftswelt und anderswo sind tatsächlich die Menschen rar, die etwas tun oder etwas bewirken können.

Statt dessen wurde die Lage schon vor langer Zeit von Samuel Johnson beschrieben: »Nichts zu tun steht in jedermanns Macht.«

Augustines Gesetz vom elastischen Todesstoß fasst obige Ausführungen zu den Organisationshierarchien zusammen:

GESETZ NUMMER XXIII

Wenn eine hinreichende Zahl von Managementebenen aufeinander getürmt wird, kann man sicher sein, dass Katastrophen nicht dem Zufall überlassen sind.

Der Versuch, die praktischen Details eines Projektes von den luftigen Höhen des Topmanagements aus zu leiten, ist wie zu Pferde Gänse zu hüten und liefert so ziemlich dieselben Resultate. Genau das ist es, was der Kongress anstrebt und was in großen Organisationen mit unangemessen großen Zentralen geschieht.

Würde Noah heute leben, hätte er es nicht nötig, eine Arche zu bauen; er müsste bloß eine Führungsstruktur des oben beschriebenen Typs einrichten und ihr die Aufgabe übertragen, Regen zu machen. Oder wie der Schriftsteller und Journalist Damon Runyon sagte: »Bei allem menschlichen Tun stehen die Chancen immer sechs zu fünf dagegen.«

Kapitel 24

Die Halbwertszeit des Managers

»Wir haben eine Menge Spieler
in ihrem ersten Jahr. Ein paar davon sind in ihrem letzten Jahr.«

Bill Walsh, Ex-Trainer der San Francisco 49ers

Schwere Zeiten waren für Projekt X und somit für ganz Dädalus angebrochen. Weder dass eine ganz neue Organisationsstruktur geschaffen wurde, noch dass der Präsident der Firma die Projektleitung übernahm, konnte die technischen Probleme lösen. Mittlerweile wurde täglich im Durchschnitt etwas mehr als ein Zeitplan überschritten und in der Belegschaft kursierten Gerüchte von der nahenden Katastrophe. Man sagt, es gibt drei Lösungen, mit einem undichten Füllfederhalter umzugehen: einen neuen besorgen, den alten reparieren oder ein Paar Gummihandschuhe kaufen; in diesem Fall entschied man sich für die Handschuhe. Weitere fünf Roboter wurden außer Dienst gestellt und die zweite und dritte Hierarchieebene der Führung wurden summarisch entlassen. Die dadurch in den verbleibenden vier Führungsebenen erzeugte Nervosität war sehr groß. Als man hörte, wie der Präsident im Lift einen leitenden Angestellten fragte, wie es ihm gehe, bildete sich ein ganzes Gerüchtearsenal zu dem Thema »Warum hat er das gefragt?« Und nach der Stabskonferenz jeder Gruppe versammelten sich alle stundenlang am Trinkwasserspender und versuchten herauszufinden, was die Führung mit dem gemeint hatte, was sie nicht ausgesprochen hatte. Das ganze Haus schien zu implodieren. Eine frischbeförderte Führungskraft nach der anderen, die in die von dem Massenexodus hinterlassene Bresche sprang, öffnete im Lauf ihrer Zeit die drei berüchtigten Kuverts, die Generationen von Managern ihren Nachfolgern weitergereicht hatten und die zu Rate gezogen werden sollten, wenn sich mit dem neuen Team Katastrophen ereigneten. Das erste der apokryphen Kuverts schlug natürlich vor: »Schieben Sie es auf Ihren Vorgänger«; das zweite riet: »Schieben Sie es auf Ihr Pech« und das dritte meinte schlicht: »Bereiten Sie drei Kuverts vor.« Man sagt, dass eine brennende Fackel, die man durch einen von Krokodilen verseuchten Sumpf trägt, einen vor den Krokodilen schützt. Das hängt natürlich in gewissem Maß davon ab, wie schnell man sie trägt.

Laut dem früheren Torhüter der Dallas Cowboys, Blaine Nye, »...zählt nicht, ob man gewinnt oder verliert, sondern wer daran schuld ist.« Die möglicherweise wichtigste Überlegung für erfolgreiche Manager ist nicht, was sie bekommen, wenn sie ihre Stelle behalten, sondern wie es dazu kommt, dass sie ihre Stelle behalten. Die betreffende Wahrscheinlichkeit lässt sich mühelos schätzen, wenn man gegenüberstellt, wie viele Jahre die CEOs der zwanzig profitabelsten Unternehmen der USA ihre Stelle halten konnten und welchen Erfolg der betreffende CEO bei der Vergrößerung der Unternehmensgewinne hatte. Leider sind die Resultate in zweifacher Hinsicht enttäuschend. Nicht nur können sie das oben angeführte Gesetz über die Entlohnung nicht widerlegen, sondern, was noch schlimmer ist, machen sie ein weiteres Gesetz notwendig. Dieses neue Gesetz nennt man das Gesetz der unbegrenzten Mortalität.

Gesetz Nummer XXIV

Führungskräfte, die keine befriedigenden Resultate erzielen, behalten ihre Stelle nur etwa fünf Jahre. Diejenigen, die wirkungsvolle Ergebnisse aufzuweisen haben, halten sich etwa ein halbes Jahrzehnt.

Diese Umstände sind es, die viele Arbeiter zu der Denkweise verleiten, die der Showstar Tennessee Ernie Ford einem alten Freund zuschrieb: »Er hat ganz unten angefangen, und irgendwie gefällt's ihm da.«

Trotzdem ist die Frage, wie man seine Stellung als leitender Angestellter behaupten kann, durchaus legitim und verdient eine Antwort. Um Einsichten zu sammeln, können wir bei Yogi Smith anfangen, Verteidiger bei den Atlanta Falcons, der von seinem Mannschaftskameraden Jeff Yates und dessen dreizehn Jahren im Profi-Football sprach: »Was Jeff über Wasser gehalten hat«, erläuterte Smith, »ist seine Langlebigkeit.« Jetzt hat er es verraten.

Zwar sollte es eigentlich möglich sein, jene Form der Apathie der höheren Angestellten zu bekämpfen, doch bislang war es nicht möglich, jemanden zu finden, der genügend daran interessiert gewesen wäre. Obiges Gesetz scheint im wesentlichen über ein breites Spektrum von Gewinnwachstum und sogar über schwere Gewinneinbußen hinweg zu gelten. Der Korrelationskoeffizient zwischen dem Gewinnwachstum und der Fähigkeit, seinen Posten zu behalten, ist auf einer Skala, auf der die Null den reinen Zufall und die 1 die perfekte Korrelation bedeutet, als 0,1 zu berechnen – fast Zufall. Die höchste Korrelation zwischen dem Standvermögen und allen anderen untersuchten Parametern ist zwischen dem ersten Buchstaben des Firmennamens und dem ersten Buchstaben des Nachnamens des CEOs zu beobachten. Wie Prinz Philip es ausdrückte: »Ich bin meine eigene Firma.«

Eine mittlere Überlebensdauer der Führungskräfte von etwas über fünf Jahren scheint auf den ersten Blick ein bisschen wenig zu sein. Verglichen mit anderen Berufen, zum Beispiel Footballtrainern, ist sie jedoch eigentlich ziemlich hoch. Viele Praktiker dieser Kunst haben an einem einzigen Nachmittag wunderbare Karrieren hinter sich gebracht. Nehmen Sie den Fall eines Trainers der Washington Redskins, der nach der ersten Halbzeit des ersten Spiels der Saison gefeuert wurde; oder die Lage ein paar Jahre später, als dieselbe Mannschaft in vierundzwanzig Stunden drei verschiedene Trainer verschliss. Ein Beispiel aus dem wahren Leben für die Redensart: »Wenn mein Boss anruft, fragen Sie, wie er heißt.«

Die meisten Besitzer von Clubs oder Firmen stellen sich jedoch einfach auf den Standpunkt, dass es egal ist, ob man gewinnt oder verliert, solange man nur gewinnt. Die Bemerkung von Ed Vargo, einem ehemaligen Oberliga-Baseballschiedsrichter, hat eine gewisse Allgemeingültigkeit: »Man erwartet von uns, dass wir am ersten Tag perfekt sind und uns dann ständig verbessern.«

Nun kann man natürlich nachweisen, dass viele der genannten Personen in Pension gegangen sind oder zu wichtigeren Positionen gewechselt haben. Doch ebenso zutreffend kann man nachweisen, dass viele dieser Personen zur Zeit ihres Ausscheidens relativ jung waren und bereits einige der besseren Positionen in Amerika bekleidet hatten.

Früher oder später scheinen sich die Chancen gegen die meisten Führungskräfte zu kehren. Das wird durch den Beliebtheitsgrad von wiedergewählten amerikanischen Präsidenten belegt. Zum Beispiel brachten in den letzten Jahrzehnten laut Gallup-Umfragen vier Präsidenten Beliebtheitsgrade von 69, 73, 71 und 51 Prozent in ihre letzte Amtszeit mit. In Zeitspannen zwischen vierzehn und sechsundvierzig Monaten danach gelang es ihnen, ihren Beliebtheitsgrad auf 23, 48, 35 und 24 Prozent zu drücken. Je besser man jemanden kennt, desto eher verachtet man ihn. Wie Frank Layden, Geschäftsführer des damals alles andere als erfolgreichen Basketballteams Utah Jazz bemerkte: »Wir haben in Utah einen Fanclub gegründet, aber bis zum Ende der Saison hatte er sich in eine terroristische Vereinigung verwandelt.«

Der Baseball-Manager Billy Martin verstand wohl, wovon die Rede war: Während seiner langen Karriere wurde er durchschnittlich alle 2,1 Jahre gefeuert, darunter mehrmals aus demselben Job – und stellte unterdessen einen Rekord an gewonnenen Spielen auf.

Kapitel 25

Anonym im Komitee

»Da geht das Volk. Ich bin sein Führer. Ich muss ihm folgen.«

Ein ehemaliger Bürgermeister von Boston

»Es muss etwas Drastisches geschehen.« So sprach der neue Fabrikdirektor, der vierte in drei Monaten, nach nur wenigen Tagen im neuen Job. Das war nicht so leicht, wie es aussah. Das Projekt lag eindeutig in den letzten Zügen. Die vierteljährlichen Lageberichte wurden wöchentlich verabschiedet. Die Firmenleitung, die erkannte, wie wichtig es war, die Kommunikation mit der Belegschaft zu verbessern, rief eine neue Serie von Versammlungen ins Leben, auf denen sie zu der Belegschaft sprach. Vom Standpunkt der Arbeiter war die Situation schlechter geworden: Jetzt beutete der Mensch den Menschen aus statt umgekehrt, wie unter der vorigen Führungsmannschaft. Das rosige Bild vom Gewinn am Jahresende, das die PR-Abteilung gezeichnet hatte, wurde leider ein wenig geschmälert, als man herausfand, dass von den ausgewiesenen zwei Millionen Dollar Gewinn drei aus dem Verkauf des Forschungslabors stammten. Anscheinend standen für die Unzahl von Problemen, die frühere Managergruppen geschaffen hatten, nicht genug talentierte Kräfte zur Verfügung. Diese Probleme tauchten jetzt mit einer Häufigkeit auf, die selbst die kühnsten Hoffnungen der Rechtsabteilung – die durch das computerisierte juristische Recherchensystem, das man zu installieren versucht hatte, selbst fast hilflos geworden war – übertrafen. Die Lösung war, alle Mitarbeiter zu Komitees zusammenzufassen. Da gab es das Komitee der Bärenfänger (Vertreter), der Bärenhäuter (Fabrikarbeiter), der Erbsenzähler (Buchhalter) und sogar ein Komitee der Konzernleitung. Letztere wurde hier und da und aus nicht ganz stubenreinen Gründen die »Seemöwen« ge-

nannt, wegen ihrer Neigung, im ganzen Land herumzufliegen und überall Zeichen zu hinterlassen. Diese Einrichtung einer Unzahl von Komitees sollte erlauben, mehr Talent auf jedes aufkommende Problem zu verwenden. Überraschenderweise erhielt diese Aktion, anders als die meisten anderen der höheren Projektleitung, kräftigen Beifall von der gesamten Belegschaft. Wie immer gab es ein paar Skeptiker – in diesem Fall meinten sie, die Unterstützung auf breiter Front spiegele nur die Tatsache wider, dass man unter dem alten System Probleme nur zu leicht auf das Versagen einzelner Personen zurückführen konnte.

Es ist seit langem bekannt, dass die Bildung eines Komitees eine wirkungsvolle Methode ist, um Verantwortlichkeit zu vermeiden, schwierige Entscheidungen aufzuschieben und Vorwürfe abzuwälzen, während man sich gleichzeitig einen Anschein von Aktivität gibt. Auch vermutet man schon seit langem, dass Komitees, die sich mit schwierigen und strittigen Fragen auseinandersetzen, in der Regel kaum mehr erreichen, als einstimmig verschiedener Ansicht zu sein und natürlich ein Nachfolgekomitee zu bestimmen. Will Rogers kam zu dem Schluss: »Außer dem Verkehr hat nichts dieses Land so sehr aufgehalten wie die Komitees.«

Der Journalist Richard Harkness definierte ein Komitee als eine Gruppe von Unwilligen, ausgewählt unter den Ungeeigneten, die das Unnötige tun soll.

Um noch einmal mit Kelly Johnson zu sprechen, dem früheren Leiter des Skunkworks von Lockheed, der in der CBS-Fernsehshow *Sixty Minutes* sagte: »Wir befinden uns in einem Zeitalter, in dem Komitees die Flugzeuge entwerfen. Man tut nichts absolut Blödes, man tut nichts absolut Gescheites. Man kommt zu einer durchschnittlich falschen Lösung…«

Doch diese geringfügigen, wenn auch weithin bekannten Nachteile haben die Bildung von Komitees in keiner Weise behindert, sehr zur Freude der Spaßvögel, die sich an solch pedantischen Beobachtungen ergötzen, dass ein Kamel ein von einem Komitee entworfenes Pferd sei. Und wie zu vermuten war, behauptet wieder einmal der amerikanische Kongress seine angestammte Führungsrolle im Treibhaus der Komiteezüchtungen, denn er hat nicht nur einer Unzahl von herkömmlichen Kongressausschüssen das Leben geschenkt, sondern, jawohl, ein Komitee der Komitees gebildet. Das Komitee der Komitees hat die Aufgabe, die Mitglieder für andere Komitees zu ernennen, die ihrerseits die Mitglieder von Unterausschüssen ernennen, die wiederum...

Als William Ruckeishaus in seiner ersten Amtszeit die Umweltschutzbehörde leitete, soll er angeblich fünfzehn Kongressausschüssen Bericht erstattet haben. Als er fünfzehn Jahre später zum selben Job zurückkehrte, erstattete er vierundvierzig Ausschüssen Bericht.

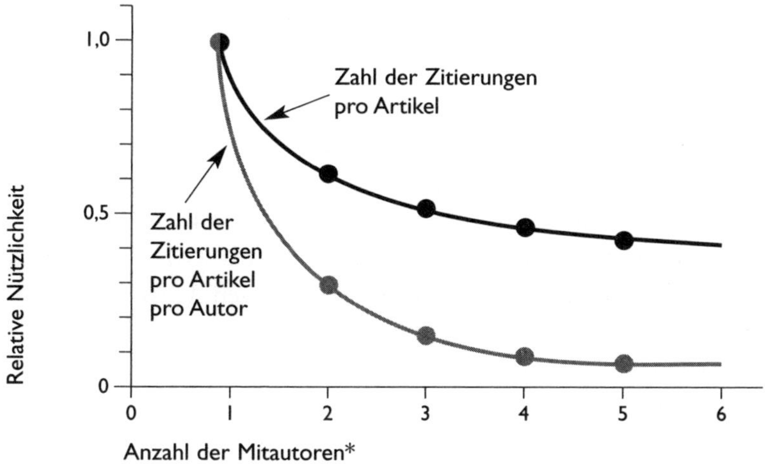

**Datenquelle: American Institute of Aeronautics and Astronautics Journal. 2-Jahres-Stichprobe, bestehend aus 1300 Einzeldaten.*

Grafik 16: Ausschüsse sind in der Verwaltung, der Industrie und dem Hochschulsektor ein sehr beliebtes Führungsinstrument. Messungen der Effizienz von unterschiedlich großen Ausschüssen, bei denen die Zahl der Mitautoren von technischen Aufsätzen stellvertretend für die Ausschussgröße und die Zahl der Literaturhinweise auf ihre Arbeit als Maß für deren Nützlichkeit angenommen werden, führen zu nicht besonders ermutigenden Ergebnissen für die Befürworter der Ausschüsse.

Die US-Bundesregierung hat in der Vergangenheit festgestellt, dass sie nicht weniger als 1175 offizielle externe Beratungsausschüsse besaß. Eine Überprüfung der Nützlichkeit dieser Ausschüsse (die ohne Zweifel von einem Ausschuss vorgenommen wurde) führte zu dem Schluss, dass alle Ausschüsse bis auf sechzehn unabdingbar waren und daher beibehalten werden sollten.

Ein Ausschuss der NATO, dem der Autor einst angehörte, hatte doch tatsächlich die Kühnheit, nach Beendigung seiner Aufgabe seine eigene Auflösung zu empfehlen. Das jagte der Organisation offenbar einen Schauer über den Rücken, mit dem sie sich nicht abfinden konnte, denn als der Ausschuss ein paar Jahre darauf zum letzten Mal gesichtet wurde, vertagte er sich munter weiter.

Der Versuch, den Output von Ausschüssen unterschiedlicher Größe oder überhaupt irgendeiner Größe zu messen, erweist sich als außerordentlich vertrackte Aufgabe. Nicht zufällig fällt es einem schwer, einen Ausschuss zu nennen, dessen Leistungen quantifizierbar sind. Doch einen zugegebenermaßen marginalen Fall scheint es zu geben, der eine Ausnahme von dieser Regel darstellt. Es handelt sich um die Ad-hoc-»Ausschüsse«, die gebildet werden, um wissenschaftlich zu forschen und darüber zu berichten. Geht man einmal davon aus, dass die Güte der wissenschaftlichen Arbeit dieser Komitees irgendwie anhand der Häufigkeit zu messen ist, mit der diese Arbeit von anderen Forschern in ihren eigenen Arbeiten zitiert wird, kann man vielleicht die Nützlichkeit dieser Ad-hoc-Komitees beurteilen. Dabei wird natürlich vorausgesetzt, dass der Wert einer Arbeit dem Ausmaß proportional ist, wie sie von anderen als Hilfsmittel bei weiteren Forschungen herangezogen wird. Eine wertlose Arbeit wird vermutlich auf ewig in die Archive verbannt, eine wertvolle hingegen wird immer wieder als Bausteinchen der von künftigen Forschern zitierten Literaturlisten auftauchen.

Grafik 16 untersucht eine Stichprobe von 1300 Forschungsprojekten, von denen unterschiedlich große Autorenteams in einer technischen Publikation berichteten. Die Grafik gibt die relative Häufigkeit wieder, mit der Artikel mit mehr als einem Autor in den

»Literaturangaben« späterer Arbeiten von anderen Autoren angeführt sind.* Interessanterweise ergibt sich, dass mit steigender Zahl der Mitautoren die Zahl der Zitierungen pro Artikel eindeutig sinkt. Legt man weiterhin die Zahl der Zitierungen auf die einzelnen Autoren um, deren Zeit in Anspruch genommen wurde (wodurch man effektiv voraussetzt, dass jeder einzelne Autor möglicherweise eigene Forschungsarbeiten durchgeführt hat), ist der besagte Trend noch auffälliger.** Aus irgendeinem Grund sind von Komitees geschriebene Aufsätze für andere weniger interessant (und wertvoll?) als solche, die von einem einzelnen erarbeitet wurden – zumindest in der nicht unbeträchtlichen, hier betrachteten Stichprobe.

Wie also in der Grafik gezeigt ist, haben die unproduktivsten Komitees mehrere Mitglieder, während das produktivste bewertete »Komitee« nur ein Mitglied besitzt. Wenn also ein Komitee mit dreißig Mitgliedern weniger gut ist als eines mit zehn und dieses wiederum weniger gut als eines mit einem Mitglied, lässt sich mittels Extrapolation das Gesetz von immer mehr Ausschuss ableiten, indem man die Daten der Grafik nach links extrapoliert und zu folgendem Ergebnis kommt:

Gesetz Nummer XXV

Der optimale Ausschuss hat keine Mitglieder.

---

* Im Bestreben, die Objektivität bei der Wert-Schätzung zu erhöhen, wurden Fälle, bei denen Autoren ihre eigenen früheren Arbeiten zitieren, aus diesen Daten getilgt. Absprachen, gegenseitig die Werke des anderen zu zitieren, bleiben ungetilgt! Außerdem besteht ein gewisses statistisches Risiko, dass die Artikel in der speziellen untersuchten Zeitschrift und die in dieser Zeitschrift angeführten Literaturhinweise keine völlig kongruenten Mengen darstellen. Doch kann man wohl kaum bezweifeln, dass der »nützliche Output« pro Kopf, so wie er hier gemessen wird, mit zunehmender Komiteegröße signifikant abnimmt.

** Hier muss angemerkt werden, dass anscheinend nichts darauf hinweist, dass Projekte mit mehreren Autoren weniger Zeit erfordern als solche mit nur ei-

In diesem Fall ist weniger mehr. Oder wie Hesiod schon 700 v.Chr. behauptete: »Die Narren, wissen sie doch nicht einmal, wie viel mehr die Hälfte denn das Ganze ist.« Was Hendrik Van Loon so zusammenfasste: »Ein Ausschuss erreicht nie etwas, es sei denn, er besteht aus drei Mitgliedern, von denen das eine gerade krank ist und das zweite fehlt.«

Mit den Ausschüssen sind noch weitere Phänomene verbunden. So ist zum Beispiel die Zeit, die der Debatte über ein Thema gewidmet wird, umgekehrt proportional zur Wichtigkeit des Ergebnisses. Das liegt zum Teil daran, dass bei Fragen mit gewichtigen Folgen die Antwort oft selbstverständlich ist (»Sollen wir einen aggressiven Übernahmeversuch gegen die fünfzigmal größere Firma X in die Wege leiten?«), während andere Themen Zwistigkeiten hervorrufen (»Soll ein Teppichboden in die neue Cafeteria oder nicht?«). Außerdem ist jedermann ein Teppichexperte, doch nur wenige sind Experten für aggressive Übernahmen von Industriegiganten. In ähnlicher Weise scheitern die meisten Verhandlungen – zum Beispiel über den Kauf eines Hauses –, wenn sie scheitern, an den letzten paar Euro. Ein Ausschuss, dem die ältesten Hasen aus dem Pentagon angehörten, hatte die Aufgabe, den Bau einer neuen Kommando- und Kontrollzentrale (an sich schon ein mystifizierendes Objekt) für mehrere Milliarden Dollar zu überwachen, und widmete die meisten seiner Sitzungen der Debatte darüber, ob die monatlichen Abschlagszahlungen an den Bauunternehmer 220 000 oder 240 000 Dollar betragen sollten.

Dementsprechend wird der Etat für eine neue Testanlage für Magnet-Hydrodynamik in wenigen Minuten genehmigt, während ein neues Fabriktor Stunden in Anspruch nimmt. Mysteriös ist auch der von Ausschusspathologen beobachtete Umstand, dass die Diskussionszeit von denjenigen bestimmt wird, die am wenigsten zu bieten haben (und auch am wenigsten bieten). Wie oft musste man sich, ob im Firmenvorstand oder bei einem Treffen der Bürgerinitiative, nicht enden wollende Diskussionen anhören, nur damit der fragliche Beschluss am Ende einstimmig verabschiedet wurde?

So wurden die Ausschüsse mit Harry Chapmans Worten in Form einiger Regeln mit folgendem Epitaph abgehandelt: »Kommen Sie niemals pünktlich, das stempelt Sie als Anfänger ab. Sagen Sie nichts, bis die halbe Sitzung vorbei ist, das stempelt Sie als klug ab. Äußern Sie sich so unbestimmt wie möglich, das irritiert die anderen nicht so sehr. In Zweifelsfällen schlagen Sie vor, einen Unterausschuss zu ernennen. Seien Sie der erste, der eine Vertagung vorschlägt, das macht Sie beliebt – das ist es, worauf alle warten.«

Obwohl es leider kaum Anzeichen für einen künftigen Rückgang des Ausschusses als gesellschaftlicher Institution gibt, keimen dennoch Hoffnungen auf, das Ausschussproblem könne von selbst heilen. Der Schriftsteller L. M. Boyd berichtet beispielsweise, dass der Ultrasaurus, ein sehr großer Dinosaurier, zwei Gehirne hatte. Boyd folgert, dass es möglicherweise nichts anderes als Ausschussentscheidungen waren, die zu seinem Aussterben geführt haben. Auf jeden Fall ist die Idee so vielversprechend, dass es sich lohnen würde, ein paar Ausschüsse zu bilden, die sie einmal unter die Lupe nehmen.

Kapitel 26

Caveat Emptor*

»Wissen Sie, ich glaube, wir beide lassen zum Teil dieselben Leute für uns arbeiten.«

Nikita Chruschtschow zu CIA-Direktor Allen Dulles

Nachdem es nicht gelungen war, die immer bedrohlicheren Symptome des drohenden finanziellen Zusammenbruchs zu lindern, und als die Katastrophe in der Südost-Ecke der Bilanz lauerte, beschloss das Topmanagement endlich, etwas wirklich Entscheidendes zu tun. Also wurde ein Berater engagiert. Dass dies ein brillanter Schachzug war, wurde evident, als schon nach zehnmonatigen Studien, zwei Abschlagszahlungen an den Berater inbegriffen, dieser direkt zum Kern der Sache vorstieß. »Das Problem ist,« sagte er vor dem versammelten Management, »dass Ihnen das Geld ausgeht.« Auf Befragen fuhr er in seiner sarkastischen Art fort: »Wer hat am meisten Geld auf der Welt? Die Regierung der USA natürlich. Sie müssen einen Regierungsauftrag bekommen. Dann werden Sie für das Wohlergehen des Landes unabdingbar und die Regierung wird einfach nicht erlauben, dass Sie pleite machen.« Es muss in aller Deutlichkeit berichtet werden, dass die nächste Anregung des Beraters zunächst mit Schmunzeln zur Kenntnis genommen wurde – er schlug vor, die Dädalus Flugzeug Inc. solle sich mit mehreren riesigen Luftfahrtfirmen um den Auftrag für den Bau eines echten Flugzeugs bewerben. Er verwies auf die Erfahrungen, die Dädalus beim Projekt X gewonnen hatte, als man mit Problemen kämpfte, die von Elektronikausfall und Softwarebomben bis hin zum Kollaps der Konstruktion und Terminüberschreitungen reichten. Weiterhin bemerkte er, eigentlich ziehe die Bundesregierung es vor, mit kleinen Firmen ins Geschäft zu kommen und habe sogar eine ganze

* »Der Käufer muss Acht geben.«

Organisation eingerichtet, um ihnen zu helfen, den Zuschlag zu bekommen – einschließlich der Subventionen, die zum größten Teil aus dem Steueraufkommen der Großunternehmen finanziert würden. Dann brachte einer, ein Nonkonformist, ein Zitat von Warren Buffett vor, das lautete: »Ich stelle mir gerne vor, dass ich, wenn ich damals 1903 in Kitty Hawk dabeigewesen wäre, als Orville Wright abhob, so weitsichtig gewesen wäre – und das wäre ich allen zukünftigen Kapitalisten schuldig gewesen – ihn zu erschießen. Ich meine, nicht mal Karl Marx hat dem Kapitalismus so viel Schaden zugefügt, wie Orville es tat.« Der Chef-Ingenieur wischte diesen Einwand beiseite mit den Worten »Was weiß Warren Buffett denn schon?« Doch den Ausschlag gab schließlich die Bemerkung des Beraters, die Regierung werde in Kürze eine Ausschreibung durchführen, um ein Unternehmen auszuwählen, das das neue, höchst geheime »Leisetreter«-Flugzeug herstellen solle – ein Flugzeug, das ein anderes Unternehmen gerade erst entwickelt hatte und dessen Haupteigenschaft darin bestand, dass es unsichtbar war. Und wer war besser qualifiziert als Dädalus, ein Flugzeug zu bauen, das man nicht sehen kann? Wer würde überhaupt je sagen können, ob man wirklich eines gebaut hatte?

Ein Berater ist eine Person, die gut dafür bezahlt wird, dass sie dem höheren Management von Problemen erzählt, von denen die Mitarbeiter des höheren Managements selbst dem Berater erzählt haben. So bietet der Berater den Vorzug, keine unmittelbare Erfahrung mit den betreffenden Problemen zu besitzen, so dass er, von jeglicher Tatsachenkenntnis ungetrübt, mit Sicherheit einen klaren Kopf behalten kann. »Raten Sie dreimal hintereinander richtig«, sagt Laurence Peter, der Autor des Peter-Prinzips, »und Sie erwerben sich einen Ruf als Experte.« Hat man dies getan und wurde man in die Firmenleitung berufen, scheint es eine große Gruppe von Leuten zu geben, die es für das Geheimnis der Sicherheit ihres Arbeitsplatzes halten, nie wieder eine Entscheidung zu treffen.

Mit den Worten Frank Carluccis, des früheren amerikanischen

Verteidigungsministers: »Krisenstäbe werden in der Regel von Organisationsfremden geführt, wenn sie sich nicht sogar ausschließlich aus solchen zusammensetzen. Dies hat den Vorteil, dass die Mitglieder nicht von Vorurteilen belastet sind. Häufig kommt es vor, dass sie auch von keinerlei einschlägiger Erfahrung belastet sind.« Doch angesichts der täglichen Erfordernisse der Projektleitung kommt man zu dem Schluss, dass nur ein externer, professioneller Berater über genügend freie Zeit verfügt, um eine Studie durchzuführen. Etwas hellsichtigere Personen als die Führungskräfte, die Berater engagieren, könnte dieses Paradox beträchtlich verunsichern.

Doch die Durchführung von Studien durch Berater muss eine extrem effektive Führungstechnik sein, zumindest danach zu urteilen, wie weitverbreitet sie ist. Bestimmt kann sich nur ein sehr leistungsfähiges Instrument solch allgemeiner Zustimmung erfreuen. Die Zahl der Studien über Probleme des Beschaffungsverfahrens der Regierung zum Beispiel hat in den letzten Jahrzehnten fast, doch nicht ganz, Schritt gehalten mit der Zahl der Probleme im Beschaffungsverfahren der Regierung. Jede neue Regierung – und in der Industrie jede neue Unternehmensführung – gibt so eine Studie in Auftrag und gewinnt dadurch wertvolle Erkenntnisse – gerade rechtzeitig, um durch eine neue Regierung beziehungsweise Unternehmensführung abgelöst zu werden, die ihrerseits eine (noch umfangreichere) Studie der Probleme in Auftrag gibt.

Leider ist, wie gesagt, die Diagnose der Symptome von Leiden, die das Geschäft plagen, relativ einfach, aus ebendiesem Grunde bilden sie das Gros der meisten Studien. Die Probleme selbst herauszuschälen ist komplizierter, und dem gemäß wird dieser Aufgabe weniger Aufmerksamkeit zugestanden. Handfeste Lösungen anzubieten erweist sich als wirklich schwierig – und wird daher im großen und ganzen übergangen. Doch die bei weitem größte Herausforderung, nämlich Lösungsvorschläge in die Tat umzusetzen, ist weder die Domäne der Berater noch die ihrer Studien und darf daher ohne weiteres völlig außer acht gelassen werden. Vermutlich ist so die Langlebigkeit der Berater und ihrer Studien zu erklären.

Die Auswahl von Beratern ist eine Angelegenheit mit gewichtigen finanziellen Konsequenzen. Natürlich bieten praktisch alle Berater makellose Referenzen, die den Unaufmerksamen leicht Anlass zur Fehlinterpretation geben. Ein Berater kann durchaus über eine »reichhaltige Erfahrung in Verwaltung und Industrie mit einer langen Kette von Erfolgen« zurückblicken. Das bedeutet dann wahrscheinlich, dass er einst für die Koordination des Luft-Nachschubs in der Schweinebucht verantwortlich war und in seiner Jugend die Marktforschungen durchgeführt hat, aus denen der Ford Edsel hervorging.* Doch er hat nie einen Auftrag sausen lassen. Es gibt zu viele Berater, die auf die Frage »Wie viel ist zwei und zwei?« antworten: »Woran hatten Sie denn so gedacht?«

Daher überrascht nicht die landläufige Meinung, dass jeder zur Durchführung von Studien – vielleicht das zweitälteste Gewerbe der Welt – qualifiziert sei, der eine Aktentasche besitzt und sich mindestens fünfzig Kilometer von dort, wo man ihn kennt, fernhält. Glücklicherweise gibt es funkelnde Ausnahmen von dieser Volksweisheit, doch leider sind die Ausnahmen eben Ausnahmen.

Betrachten wir die Pathologie der typischen Studie. Das erste Kapitel enthält unweigerlich eine Kritik vorangegangener Studien über dasselbe Thema und eine erschöpfende Diskussion der Gründe, warum jene Erkenntnisse nie in die Praxis umgesetzt wurden. Der wachsende Vorrat an Studien in den Archiven macht diese Vorgehensweise immer vielversprechender. Das zweite Kapitel empfiehlt typischerweise eine verbesserte Unternehmensführung, begleitet von einer besser motivierten Belegschaft, und das alles vereint unter einer neuen Organisationsstruktur. Das dritte und letzte Kapi-

* 1957 wollte Ford mit der Einführung des Edsel ein völlig neues Marktsegment erschließen und neue Käuferschichten gewinnen. Das Projekt wurde jedoch zum kompletten Desaster – nur etwa 100 000 Stück wurden verkauft. Nach Millionenverlusten stellte Ford die Produktion schon 1960 wieder ein. Seitdem ist der Name ›Edsel‹ in Amerika zum Synonym für Reinfall oder Misserfolg geworden. Übrigens sind die wenigen »überlebenden« Ford Edsel heute weltweit beliebte Sammlerstücke.

tel bemerkt pflichtgemäß, dass das vorliegende Problem sich unerwartet als noch schlechter kurierbar erwiesen hat als anfänglich vorausgesehen – und empfiehlt daher, drei weitere Studien in Auftrag zu geben. Wie La Rochefoucauld vor vielen Jahren bemerkte: »Nichts wird so verschwenderisch erteilt wie Ratschläge.« Es fällt auf, dass La Rochefoucauld das Wort »verschwenderisch« statt »freigebig« verwendete.

Aus der Sicht der geplagten Projektmitarbeiter, die der Studie zum Opfer fallen, verspricht diese neue Episode einen willkommenen Aufschub der täglichen Mühsal – da mit den weiteren Arbeiten auf den Bericht der Berater gewartet werden muss. Noch besser ist, dass in der Regel einige verspielte Monate folgen, in denen die Projektmitarbeiter pflichtgemäß einer nach dem anderen alle Empfehlungen der Berater ablehnen und beweisen, warum jede einzelne nicht befolgt werden sollte, weil sie entweder nicht praktikabel ist oder bereits befolgt wurde oder beides. Je angesehener die Beratergruppe, desto länger dauert notwendigerweise das Ablehnungsverfahren.

Publius Syrus bemerkte: »Viele erhalten Ratschläge, wenige profitieren davon.« Manche Berater werden natürlich versichern, dass ihre Empfehlungen eine echte Chance haben. Doch die hatte General Custer auch.

Es kann nicht einfach jeder schlechte Ratschläge anbieten. Je beeindruckender die Referenzen, desto besser ist man in der Lage, ein Chaos herzustellen, da die Empfehlungen von Leuten, die nicht ganz so makellose Leistungen vorzuweisen haben, gewöhnlich ohnehin ignoriert werden. Betrachten Sie folgendes Potpourri aus der Geschichte, das allen angehenden Prognostikern zur Warnung dienen mag:

- »Wir dürfen uns nicht zu unserem eigenen Nachteil zu der Ansicht verleiten lassen, die unerprobte Maschine könne das erprobte und bewährte Pferd ersetzen.«

  Generalmajor der US-Armee John K. Herr, 1938

- »Was das Versenken eines Schiffes mittels Bomben betrifft: das ist einfach unmöglich.«

  Konteradmiral der US-Marine, Clark Woodward, 1939

- »Die [Flug-]Maschinen werden einst schnell sein; man wird sie im Sport verwenden, doch man darf sie sich nicht als kommerzielle Transportmittel vorstellen.«

  Luftfahrtpionier Octave Chanute, 1910

- »Ich habe nicht das geringste Stückchen Vertrauen in andere [Methoden der] Luftfahrt als die Ballonfahrt.«

  Lord Kelvin, Physiker, ca. 1870

- »Theoretisch und technisch mag das Fernsehen zwar machbar sein, doch wirtschaftlich und finanziell halte ich es für eine Unmöglichkeit und für eine Entwicklung, von der zu träumen wir nicht viel Zeit verschwenden sollten.

  Lee DeForest, Physiker, 1926

- »Die durch die Atomspaltung produzierte Energie ist eine sehr armselige Sache. Jeder, der aus der Umwandlung dieser Atome eine Energiequelle erwartet, redet Unsinn.«

  Ernest Rutherford, Physiker, ca. 1930

- »Wir hoffen, dass der Professor vom Clark College [Robert H. Goddard] nur seine Unkenntnis der Elementarphysik unter Beweis stellt, wenn er glaubt, eine Rakete könne in einem Vakuum funktionieren.«

  Redaktioneller Beitrag in der New York Times, 1920

- [Anlässlich der Einweihung eines physikalischen Laboratoriums in Chicago und nach der Bemerkung, alle wichtigen physikalischen Gesetze seien bereits entdeckt:] »Unsere künftigen Entdeckungen muss man an der sechsten Stelle nach dem Komma suchen.«

  A.A. Michelson, Physiker, 1894

- »Mit Wechselstrom herumzuspielen ist bloß Zeitverschwendung. Keiner wird ihn je brauchen. Er ist zu gefährlich ... er könnte einen Menschen töten wie der Blitz. Gleichstrom ist sicher.«

  Thomas Edison, Erfinder, ca. 1880

- »Eisenbahnfarten mit hoher Geschwindigkeit sind nicht möglich, weil die Passagiere nicht atmen könnten und ersticken würden.«

  Dionysius Lardner (1793 – 1859)

- »Wie, mein Herr, Sie wollen ein Schiff gegen Wind und Wellen laufen lassen, indem Sie unter Deck ein Freudenfeuer entfachen? Entschuldigen Sie mich bitte. Ich habe keine Zeit, mir solche Albernheiten anzuhören.«

  Napoleon zu Robert Fulton, ca. 1800

- »Das ist die größte Dummheit, die wir je gemacht haben ... Die [Atom-]Bombe wird nie detonieren, und ich spreche als Experte für Sprengstoffe.«

  Admiral William Leahy, US-Marine, zu Präsident Truman, 1945

- »Weltraumflüge sind absoluter Blödsinn.«

  Sir Richard van der Riet Wooley, Königlicher Astronom, 1956

Mit den Worten des eminenten Wissenschaftlers Niels Bohr: »Voraussagen sind sehr schwierig, insbesondere über die Zukunft.«

Augustines Gesetz der analytischen Alchemie, das die Vermehrung von Studien und Beratern behandelt, lässt sich in seiner unbarmherzigsten Form so formulieren:

GESETZ NUMMER XXVI

Berater zu engagieren ist ein ausgezeichnetes Mittel, Probleme in Gold zu verwandeln – Ihre Probleme in deren Gold.

Doch ein Leben lang zu beraten und Studien durchzuführen kostet seinen Preis. Eben jene Isolierung dieses Berufsstandes von den Risiken und dem Nervenkitzel des hemdsärmeligen Zupackens impliziert, dass die, die ihn ausüben, sich mit den stellvertretenden Annehmlichkeiten des Arbeitsplatzes trösten müssen. Das illustrierte ein Werbeplakat der Armee, das einen grauhaarigen Soldaten einer Fliegerdivison zeigte, der stolz verkündete: »Ich springe nicht gern; ich bin nur gern mit den Leuten zusammen, die es tun.« Lucius Aemilius Paulus, der römische Konsul, der vor gut zwanzig Jahrhunderten den Krieg gegen die Mazedonier führen sollte, fasste die Situation mit etwas gedrechselteren Worten, doch vergleichbarer Einsicht zusammen:

»Ich bin keiner von denen, die glauben, dass Befehlshaber sich niemals beraten lassen dürfen; im Gegenteil, den Mann, der jede Handlung nach seinem eigenen Urteil einrichtet, halte ich eher für stolz denn für klug. Was also ist meine Meinung? Dass Befehlshaber sich vor allem von Menschen beraten lassen sollen, deren Fähigkeiten bekannt sind; von denen, die die Kriegskunst eingehend studiert haben, von denen, die am Schauplatz des Geschehens anwesend sind, die das Land kennen, die den Feind kennen; von denen, die die Vorteile erkennen, die der Zufall bietet, und die – wie Menschen, die sich gemeinsam eingeschifft haben – die Gefahren miteinander teilen. Wenn sich daher jemand für qualifiziert hält, zu dem Krieg, den ich führen soll, gute Ratschläge zu erteilen, wollen wir seine Hilfe für den Staat nicht zurückweisen. Lasst ihn mit mir nach Mazedonien kommen.«

Gelegentlich steuert ein Berater trotz seiner Abneigung gegen Mazedonien genau das Stückchen Information bei oder führt genau die Studie durch, die für die Lösung eines scheinbar unlösbaren Problems erforderlich ist. Derartige Fälle zeichnen sich generell dadurch aus, dass daran Berater oder Beratergruppen beteiligt sind, die erstens im betreffenden Sachgebiet über Erfahrungen aus erster Hand verfügen, die zweitens konstruktive »Macher« sind statt bloße »Betrachter« (oder gar «besorgte Betrachter«), die drittens eine wirklich unabhängige Sichtweise zu bieten haben und die viertens bereit sind, die beträchtliche Mühe aufzuwenden, die zum Verständnis der Verflechtungen der vorliegenden technischen und Managementprobleme vonnöten sind – kurz gesagt: die sich engagieren. Diese Leute sind wirklich Gold wert. Mangelt es jedoch an solchen Leuten und einem Geldgeber, der wirklich daran interessiert ist, etwas an dem vorliegenden Problem zu unternehmen (das heißt, außer es zu studieren), ist es ratsam, die Idee, eine Studie durchzuführen, noch einmal zu studieren.

Teil V
Die drohende Katastrophe

Kapitel 27

Von der Unerfahrenheit profitieren

»Noch so ein Sieg über die Römer
und wir sind verloren.«

Plutarch, Leben des Pyrrhus

Obwohl es der Dädalus-Führung damals noch nicht bewusst war, hatten die Vorbereitungen der Regierung für das Projekt des unsichtbaren Flugzeugs viel mit dem Projekt X gemeinsam. Auch die Regierung hatte den Zeitplan gestreckt, umorganisiert, die Zahl der Führungsebenen erhöht und einen Berater engagiert – alles ohne Erfolg. Andererseits hatte die Regierung, in solchen Unterfangen viel erfahrener als Dädalus, fast automatisch den nächsten Schritt getan. Da die Produktion nicht ausreichte, um einen Auftragnehmer effizient auszulasten, verpflichtete sie gleichzeitig einen zweiten Auftragnehmer zwecks Erhöhung des Konkurrenzdrucks und somit auch der Effizienz. Das gleicht dem Versuch, einen tiefen Abgrund in zwei Sätzen zu überspringen. Trotzdem ist es genau das, wofür sich die leitenden Verwaltungsbeamten dieses Gruselmärchens entschieden. Wenn die Regierung ein Problem lösen will, tut sie das gewöhnlich, indem sie das Erschießungspeloton im Kreis aufstellt. Und auch die Industriemanager beschlossen, aufs Ganze zu gehen. Wie die Redensart von Entwicklungsunternehmen sagt, die – wie im vorliegenden Fall – mit der Konkurrenz von Zweitlieferanten konfrontiert werden: » Wenn dir jemand eine Pistole zeigt und um Geld bittet, versucht er nicht unbedingt, dir die Pistole zu verkaufen.«

Den meisten Industriellen ist bestimmt nichts heiliger als der Grundsatz, dass der Wettbewerb das Fundament der freien Marktwirtschaft ist – natürlich bis auf die Gelegenheit eines bedingungslosen Alleinliefervertrages. Fast alle Manager treten nachhaltig für den Wettbewerb ein – was das Geschäft der anderen betrifft.

Das beinahe effizienteste Mittel zur Kostenkontrolle, das einem Einkäufer bei gleichzeitiger herausragender Produktleistung zur Verfügung steht, ist, sich den Wettbewerb zwischen mehreren potentiellen Lieferanten zunutze zu machen. Doch sogar der Wettbewerb muss vorsichtig eingesetzt werden, damit es nicht zu unerwünschten Ergebnissen kommt. Man betrachte zum Beispiel das gelegentlich ebenso von der Industrie wie von der Verwaltung angewendete Verfahren, den Produktionsauftrag für ein neu entwickeltes Teil dem billigsten Anbieter zuzuschlagen. Das hat fraglos den Vorteil, dass die Angebotspreise niedrig gehalten werden – und manchmal den Nachteil, dass so Produzenten geschaffen werden, die über einen hinlänglichen Grad an Optimismus in der Preisgestaltung verfügen, gekoppelt mit einem gänzlichen Mangel an mühsamen Lektionen, wie man das fragliche Produkt nun tatsächlich herstellt – Lektionen, die der Produktentwickler in jahrelanger immenser Anstrengung zumindest zum Teil gelernt hat. Dieser Mangel an Kenntnissen und Erfahrung hindert den naiven Hersteller natürlich nicht, ein niedriges Angebot abzugeben. Betrachtet man solch einen Wettbewerb, muss man an den frischgebackenen Fallschirmspringer denken, dessen Fallschirm sich bei seinem ersten Absprung nicht öffnete und der auf dem Weg zur Erde zu seiner Verblüffung jemanden aufwärts an sich vorbeifliegen sah. Er rief dem Entgegenkommenden zu: »Verstehen Sie was von Fallschirmen?« und erhielt die bestürzende Antwort: »Nein – verstehen Sie was von Gasherden?«

Aus solchen Paarungen argloser Einkäufer und Lieferanten entwickelt sich oft ein Wettbewerb um jeden Preis und hat man solch einen wettbewerbsintensiven Vertrag – oft mit Festpreisen – abgeschlossen, wird die Begeisterung der Marketingabteilung in der Regel nur von den Vorahnungen der Finanzabteilung übertroffen, die wiederum nur von den freudigen Erwartungen der juristischen Abteilung übertrumpft wird. Überdies ist der Sieger oft die Art von Firma, die, wenn sie den Auftrag hätte, einem Frosch das Schwimmen beizubringen, den Frosch am Ende wahrscheinlich ersäufen würde.

»Dies ist der Zeitpunkt«, meinte Bert Fowler, ehemals Senior Vice President der MITRE Corporation, »da erwachsene Männer in jeder Firma sich in einem Raum versammeln und nicht zu ergründen versuchen, wie hoch die tatsächlichen Kosten [des Auftrages] sind, sondern zu schätzen versuchen, was die erwachsenen Männer in den anderen Räumen gerade schätzen.« Das gleicht dem Versuch, die Gedanken von Leuten zu lesen, die sich noch keine Gedanken gemacht haben. Eine Führungskraft der Lockheed Corporation bezeichnete dieses Verfahren einmal als: »Verwetten Sie Ihre Firma.«

Will Rogers hätte auf das wettbewerbsintensive Beschaffungsverfahren kurz nach Abschluss einer Produktentwicklung anspielen können, als er bemerkte: »Claremore, Oklahoma, wartet nur noch auf eine Hochspannungsleitung, damit sie endlich den Standort für einen Flughafen festlegen können.«

Wie der englische Sozialreformer John Ruskin sagte, ist es unklug, zu viel zu bezahlen, doch noch schlimmer, zu wenig zu bezahlen. Wenn man zuviel zahlt, verliert man ein bisschen Geld – das ist alles. Wenn man zu wenig zahlt, verliert man manchmal alles, weil das Ding, das man gekauft hat, nicht das kann, wofür es gekauft wurde. Das allgemeine Gesetz des Tauschwerts im Geschäftsleben verhindert es, dass man wenig bezahlt und viel bekommt – es ist einfach unmöglich. Wenn Sie mit dem niedrigsten Anbieter verhandeln, ist es angeraten, einen kleinen Betrag für das Risiko anzusetzen, das Sie eingehen. Und wenn Sie das tun, haben Sie genug, um etwas Besseres zu kaufen.

Man kann in der Tat größere Senkungen der angebotenen Preise erzielen, indem man eine Reihe potentieller Hersteller um eine Sache konkurrieren lässt, die ein bestimmter Auftragnehmer entwickelt hat. In elf verschiedenen Studien über die Beschaffung via Ausschreibung lag die mittlere Einsparung bei den Angebotspreisen bei

28 Prozent. Diese Daten verraten allerdings nicht, ob der, der den Zuschlag erhielt, auch wirklich in der Lage war, ein nützliches und zuverlässiges Endprodukt herzustellen – zum angebotenen oder irgendeinem anderen Preis. Damit soll nicht unterstellt sein, dass bei Problemen nicht genug Schuld da wäre, um sie auf alle Beteiligten an einem Projekt – Sieger, Verlierer und sogar unschuldige Zuschauer – zu verteilen. Der ursprüngliche Produktentwickler, der die Kosten bei Entwicklungsbeginn aller Wahrscheinlichkeit nach selbst unterschätzt hat, vertritt in der Regel den Standpunkt, den der Semantiker S.I. Hayakawa so ausdrückte: »Wir sollten es behalten. Wir haben es offen und ehrlich gestohlen.« Oder wie Johnny Rutherford gesagt haben soll, nachdem er das 500-Meilen-Rennen von Indianapolis gewonnen hatte: »Ich habe ehrlich nicht mehr geschummelt als alle anderen.« Diese Vorstellung hat so manch einen Produktentwickler zu dem Angebot verleitet, die Kosten eines Entwicklungsprogramms in finanziellen Nöten freundlicherweise zu senken, indem er die Dokumentation völlig wegließ – also die Unterlagen, die es einem anderen Auftragnehmer ermöglicht hätten, das Produkt anstelle des Entwicklers zu bauen! Das ist natürlich das wirtschaftliche Gegenstück der zwei Tauben in der Hand, die einem lieber sind als der Spatz auf dem Dach.

Aus einem etwas anderen Blickwinkel lässt sich nachweisen: In den Fällen, in denen der derzeitige Vertragspartner Hervorragendes leistet, die Werkzeugkosten relativ hoch sind, das Produktionsvolumen gering oder die Dokumentation, die angibt, wie man eine Sache herstellt, unvollständig ist, ist der Wettbewerb um den Produktionsauftrag in der Regel kontraproduktiv. Der Versuch, in diesen Fällen einen Wettbewerb zu erzwingen, steigert die Tendenz, dass der am wenigsten qualifizierte Produzent den Auftrag für Projekte erhält, die er nicht durchführen kann. Das nennt man Wettbewerb um jeden Preis. Anscheinend ist eine intime Kenntnis der zu bewältigenden Aufgabe unter solchen Bedingungen ein fast unüberwindliches Handicap. Doch sich einen Zweitliefervertrag zu sichern und wirklich Geld zu verdienen, ist das wirtschaftliche Äquivalent dazu, auf einem gerade gekauften, noch nicht besichtigten Grundstück in Florida Land zu finden. Laut Oscar Wilde gibt »es zwei Arten von Tragödien. Die eine ist, nicht zu bekommen, was man will. Die andere ist, es zu bekommen.«

Wie ein Farmer aus dem Mittelwesten unter der Last der Landwirtschaftskrise in den achtziger Jahren bemerkte, als er im Lotto eine Million gewonnen hatte und gefragt wurde, was er mit dem Geld vorhabe: »Ich schätze, ich gehe einfach wieder zurück in die Landwirtschaft, bis alles weg ist.«

Irgendwo muss hier eine Botschaft stecken. Vielleicht leiden die ersten Teilnehmer des Projektes einfach daran, dass sie allzu erfahren sind. Für dieses Phänomen der außer Kontrolle geratenen Kanone in Form des unzureichend qualifizierten, alles unterbietenden Anbieters an Deck des Ausschreibungsschiffs sind mehrere Interpretationen möglich. Eine davon wird – mit Anleihen bei Alexander Pope – im Gesetz der aufkeimenden Katastrophe, auch das Gesetz der Erhaltung des Elends, zum Ausdruck gebracht:

Gesetz Nummer XXVII

Nur Narren bieten, wo der Weise schweigt.

In Richard III. spielt Shakespeare summarisch auf dieses Problem an: »... die Welt ist so verderbt, Zaunkön'ge hausen, wo's kein Adler wagt.«

Der Gesamteffekt der Bieter, die es nicht besser wissen, bei größeren Festpreis-Ausschreibungen hat also – um einen Ausdruck von Irving Bluestone, Ex-Vizepräsident der Gewerkschaft United Auto Workers, zu verwenden, »eine gewisse Analogie zu dem schielenden Diskuswerfer: Er siegt nur selten, doch hält er die anderen mit Sicherheit auf Trab.«

Die Bieter, die es besser wissen, tun angesichts solch misslicher Lage oft das einzig Ehrenhafte, was ihnen übrig bleibt: Sie setzen Kleingedrucktes in den Vertrag.

So gibt es bei derartigen Ausschreibungen einen Kunden, einen Verlierer und den anderen Anbieter – der ebenfalls pleite macht.

Offenbar war es obiges Gesetz, das der Militärpilot, in dessen Hubschrauber der Autor gelegentlich mitzufliegen die Ehre hatte, im Sinn hatte, als er zu den »Achtung!«- und »Vorsicht!«-Aufklebern, die es in den Cockpits von Rotationsflüglern traditionell im Überfluss gibt, folgende handgeschriebene Warnung hinzufügte: »Vorsicht. Dieser Helikopter wurde vom billigsten Anbieter gebaut.« Manchmal ist es das Beste, es beim Schlechtesten bewenden zu lassen.

Kapitel 28

Gerechtigkeit auf Erden ...

»Betrügst Du mich einmal – Deine Schuld.
Betrügst Du mich zweimal – meine Schuld.«

Indianisches Sprichwort

Doch wie konnte eine winzige, unbekannte Firma wie die Dädalus Flugzeug, Inc., auch nur hoffen, zwei Riesenkonzernen bei der Produktion des ersten unsichtbaren Flugzeugs der Welt den Rang abzulaufen? Die Regierung konnte anscheinend nur zwischen der eindeutigen Katastrophe und dem lediglich Unzumutbaren wählen. Die Dädalus-Führung ahnte damals ja gar nicht, dass die Unbekanntheit sich als ihr größter Pluspunkt erweisen konnte. Doch wie man so sagt: Jeder kann gewinnen – außer es gibt noch einen Konkurrenten. Oder, wie in diesem Fall, gleich zwei. Jeder der beiden Mitbewerber war sogar ein etablierter Industriegigant, der schon lange mit der Regierung im Geschäft war. Die Geheimwaffe von Dädalus war die Beschaffungspolitik der Regierung, die alle gleich behandelt – absolut gleich, ungeachtet der unter Beweis gestellten Kompetenz oder sonst irgendetwas. Zudem fand Dädalus noch mehrere gewichtige Argumente, die das Unternehmen für sich ausschlachten konnte. Erstens befand sich die Regierung mitten in einer Kampagne, ihre Lieferanten zu zwingen, das metrische System zu übernehmen – indem Dädalus also durch einen Federstrich auf allen Zeichnungen der bisherigen Modellflugzeuge »Zoll« in »Meter« verwandelte, konnte die Firma ein gehöriges Wachstumspotential unter Beweis stellen. Zweitens wollte Dädalus versprechen, dass die Firma, wenn sie den Auftrag erhielte, alle nun nicht mehr gebrauchten Mitarbeiter der beiden anderen großen Lieferfirmen zu geringerem Gehalt einstellen und so eine Menge Geld sparen würde. Die Regierung glaubt seit jeher an diese Logik, während sie gleich-

zeitig glaubt, dass kein Arbeitnehmer wegen des Wettbewerbs Lohneinbußen erleiden darf. Drittens und am überzeugendsten nahm Dädalus noch einmal einen neuen Namen an, als das Unternehmen daran ging, sich der größten Herausforderung in seiner Geschichte zu stellen. So wurde die Dädalus Luftfahrt, Ltd. geboren, die sich auf die Herstellung unsichtbarer Flugzeuge spezialisierte. Es ging einfach darum, den anderen zu tun, was man nicht will, bevor sie es einem tun.

»Irren ist menschlich, aber gegen die Firmenpolitik«, sagt die Redensart. Doch ist es bestimmt nicht gegen die Beschaffungspolitik der Regierung oder gegen die Einkaufspolitik vieler Unternehmen. Wenn es darum geht, Lieferanten für die künftige Zusammenarbeit auszuwählen, fällt die kühle Logik dem Syndrom des »Aber wir haben doch schon immer bei Acme gekauft« zum Opfer. In dieser Hinsicht stellt der private Konsument wahrscheinlich die effizienteste Beschaffungsabteilung dar.

Würde ein privater Verbraucher beispielsweise bei einem Anbieter Kunde bleiben, der gerade mehr für eine Sache verlangt hat, als der Kostenvoranschlag ausweist, den Artikel später geliefert hat als versprochen und zu guter Letzt im Laufe der Beschaffung dreimal das Management ausgewechselt hat? Wahrscheinlich nicht. Doch ist dies in dem komplizierten Verfahren bei größeren Aufträgen gang und gäbe und hat zu dem sogenannten »Lemming-Ansatz der Beschaffung« geführt. Damit soll nicht gesagt sein, es gebe aus der Sicht von Verkäufer und Käufer keine mildernden Umstände. Es gibt sie. Doch eine Beschaffungspolitik, die sich auf die Vorzüge der Amnesie gründet oder damit vielleicht sogar auf Grund gelaufen ist, scheint an den Fundamenten der freien Marktwirtschaft selbst zu rütteln.

Viele Auftragnehmer, die die Enttäuschung der Kunden über ihre bisherigen Leistungen wegerklären, schließen sich Frank Lloyd Wrights Standpunkt an. »Als ich neunzig war,« sagte Wright, »wurde ich gebeten, mein bestes Werk zu benennen. Meine Antwort war: ›Mein nächstes.‹«

Grafik 17 liefert den Beweis, dass das Auftragsvergabeverfahren, welche anderen Probleme ihm auch zuzuschreiben sind, zumindest von jeglicher Diskriminierung frei ist. Das heißt, in dem Sinne, dass Leistungsstarke und Leistungsschwache völlig gleich behandelt werden. Die Grafik stellt für eine Reihe größerer Bezugsquellen-Auswahlverfahren der amerikanischen Regierung die relative Rangordnung der gewinnenden und verlierenden Bieter anhand eines wich-

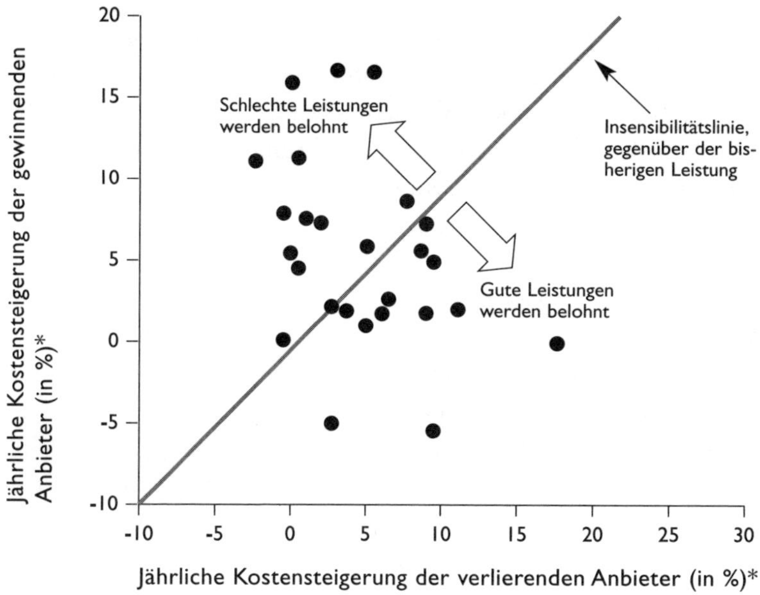

* Zugrunde gelegt sind die bestehenden Geschäftsbeziehungen (Großprojekte) zur Zeit der Auftragsvergabe: 9 Armee-Programme, 8 Luftwaffen-Programme, 4 Marine-Programme.

Datenquelle: Ausgewählte Beschaffungsberichte des amerikanischen Verteidigungsministeriums; um Inflationseffekte und Mengenänderungen korrigierter 5-Jahres-Durchschnitt

Grafik 17: *Auge um Auge:* Das Verfahren, mit dem Anbieter für die Durchführung eines Projektes ausgewählt werden, schenkt den bisherigen Leistungen der konkurrierenden Firmen kaum formale Beachtung. Zwischen der Kostenkontrolle bei früheren Aufträgen und der Wahrscheinlichkeit, künftig Ausschreibungen zu gewinnen, lässt sich nur eine geringe Korrelation feststellen.

tigen Kriteriums der bisherigen Leistung dar: dem Grad der Kostenkontrolle bei ihren derzeitigen größeren Programmen für denselben Kunden, der den neuen Auftrag vergibt, geschätzt zum Zeitpunkt der Auftragsvergabe. Würden sich alle Datenpunkte in der unteren rechten Ecke der Grafik drängen, könnte man daraus schließen, dass Auftragnehmer, die bisher gute Leistungen erbracht haben, künftig mit höherer Wahrscheinlichkeit neue Aufträge erhalten und dass dementsprechend die Leistungsschwachen mit geringerer Wahrscheinlichkeit künftige Ausschreibungen gewinnen. Doch wie aus dem Fehlen einer solchen Korrelation abzulesen ist, besteht das derzeitige Vergabeverfahren nur darin, dass man auch die andere Wange hinhält. So entspricht im Auswahlverfahren für Bezugsquellen eine zwanzigjährige Erfahrung mit einem schlechten Lieferanten ziemlich genau dem Zwanzigfachen der einjährigen Zusammenarbeit mit einem solchen.

Diese Resultate stimmen weitgehend mit den Ergebnissen einer parallelen qualitativen Studie überein, die die Bewerber um eine Ausschreibung nach allen Aspekten ihrer bisherigen Leistung (Kosten, Termineinhaltung, Leistung und so weiter) beurteilte, statt nur nach den Kosten. Der Korrelationskoeffizient zwischen dem Sieg bei einer Bewertung der Bezugsquellen und der bisherigen Leistung der Wettbewerber betrug magere 0,1 auf einer Skala, auf der die Null abermals den völligen Zufall repräsentiert und die Eins die perfekte Korrelation. Vielleicht kann man ein wenig Hoffnung daraus schöpfen, dass die jüngeren Datenpunkte den Trend aufweisen, gute Leistungen anzuerkennen und zu belohnen … doch das wird sich erst im Lauf der Zeit herausstellen.

Wie Carl Ajello, der ehemalige Generalstaatsanwalt von Connecticut, es ausdrückte: »Die Geschichte ist wichtig. Wenn Sie nicht wissen, wo Sie waren, wissen Sie bestimmt nicht, wohin Sie gehen.«

Wie oben erwähnt, scheint der Privatmann auf eine Lösung für dieses Bezugsquellenproblem gestoßen zu sein – nicht nur bei den alltäglichen Einkäufen, sondern auch bei der wichtigeren Angelegenheit, einen Präsidenten zu wählen. Das Kriterium für letzteres ist einfach, den größeren der beiden Hauptkandidaten zu nehmen – ein Kriterium, dass bei den letzten 26 Präsidentschaftswahlen, also seit über 100 Jahren Anwendung fand. Die auffälligste Ausnahme von dieser Regel war die Wahl 2004, bei der George W. Bush die Wiederwahl gelang, obgleich ihn sein 1,95 Meter großer Herausforderer John F. Kerry um ganze 13 Zentimeter überragt. Wer eine Aufeinanderfolge von 26 Wahlen als probabilistischen Ausrutscher abtun möchte, dem sei gesagt: Die statistische Wahrscheinlichkeit, dass so wenige Ausnahmen vorkommen, liegt bei etwa 1 zu 67 Millionen.

Nichts des bisher Gesagten will unterstellen, dass die Beurteilung der bisherigen Leistung von Politikern oder gar von Lieferanten besonders einfach wäre – aber zumindest letzteres bringen Hausfrauen beim Einkaufen, Kinder im Bonbonladen und interessanterweise viele Generalunternehmer, die mit ihren Lieferanten verhandeln, täglich millionenmal zuwege. Bestimmt gibt es dabei echte Probleme: Wie soll man eine neue Firma ohne jegliche Leistungsdaten – weder gute noch schlechte – einstufen? Wie soll man eine Firma mit befriedigenden Leistungen einstufen, die von einem leistungsschwachen Unternehmen gekauft wurde? Wie soll man eine Schwesterdivision einer notorisch leistungsschwachen Abteilung derselben Firma behandeln? Oder wie soll man die bisherigen Leistungen beurteilen, wenn – wie es tatsächlich bei einer größeren Ausschreibung der Bundesregierung vorkam – der Präsident einer Anbieterfirma plötzlich kündigt und bei einem anderen Unternehmen Präsident wird? Wem werden seine Leistungen zur Last gelegt beziehungsweise zugute gehalten? Zudem können Veränderungen im Management oder auch nur die gesteigerte Aufmerksamkeit des Managements mehr bewirken, als nur die früheren Probleme auszuschalten; so muss das Ziel immer sein, die künftigen Erfolgschancen zu maximieren, statt lediglich Rache für die Vergangenheit zu nehmen. Doch die Praxis, sich eines Lieferanten-Auswahlverfahrens zu bedienen, das allem Anschein nach nichts von den bisherigen Folgen oder Rückschlägen weiß, scheint den Glauben zu fördern, dass mit jedem Anpfiff auch eine neue Spielsaison beginnt. So wird die Vermutung wahrscheinlich, dass Augustines Gesetz des Phönix tatsächlich Gültigkeit besitzt:

Gesetz Nummer XXVIII

Das Verfahren, nach dem Auftragnehmer für anliegende Arbeiten ausgewählt werden, beruht auf einem System von Bonus- und Strafpunkten, die völlig willkürlich verteilt werden.

Kapitel 29

Genau geschätzt

»Ein Pferd, das bis zehn zählen kann, ist ein bemerkenswertes Pferd und nicht ein bemerkenswerter Mathematiker.«

Samuel Johnson

Der neue Firmenname hatte der Glaubwürdigkeit und dem Status von Dädalus gewaltigen Auftrieb gegeben – sowohl an der Börse, an der die Aktienkurse explodierten, wie auch bei den Behörden, die Ausschreibungen bewerten. Auch die Berichte des Außendienstes, wonach noch keiner je ein von der Konkurrenz gebautes unsichtbares Flugzeug gesehen hatte, waren ein Ansporn. Doch die bedauernswerten Mitarbeiter, die das allererste Angebot der Dädalus Luftfahrt, Ltd. an die Regierung verfassen mussten, mühten sich gewaltig ab. Denn ihnen fehlten konkrete Angaben, zitierbare Fakten, Zahlen und Statistiken – das Herzblut der hohen Kunst, Angebote zu verfassen. Wie Benjamin Disraeli vor langer Zeit ausführte, gibt es Menschen, die die Statistik benutzen wie der Betrunkene einen Laternenpfahl: als Stütze statt zur Erleuchtung. Diese Beobachtung erwies sich in der Tat als wertvolle Erkenntnis für die Literaturingenieure (fast ein Widerspruch in sich: die meisten in Amerika geborenen Ingenieure sprechen zwei Fremdsprachen: Fortran und Englisch), die das Dädalus-Angebot verfassten und die ihre eigene Existenz mit den fadenscheinigsten Tatsachen rechtfertigen mussten. So konzentrierten sie sich, wie zu erwarten war, auf Methoden, das Unbekannte und sogar das Unerkennbare denen plausibel zu machen, die es unbedingt wissen wollen. Bald entdeckte man eine leistungsfähige Technik – dank Disraeli.

Ende der fünfziger Jahre beantwortete ein bekannter Geologieprofessor aus Princeton die Frage nach dem Alter eines Fossils, das ein

Student gerade gefunden hatte, indem er mit beträchtlicher Autorität verkündete, es sei zwei Millionen und zwei Jahre alt. Auf genaueres Befragen der Studenten, die seine Fähigkeit, einen so alten Gegenstand so genau zu datieren, nicht fassen konnten, erklärte er: Eine andere Gruppe habe vor zwei Jahren dieselbe Fundstelle besichtigt und ein ortskundiger Bauer habe ihnen damals gesagt, das Fossil sei zwei Millionen Jahre alt.

In ganz ähnliche Richtung zielt es, wenn man den Verfassern von Politikerreden nachsagt, sie würden bei logischen Schwachstellen am Rand anmerken: »Laut sprechen – schlechtes Argument.«

Betrachten wir folgendes Beispiel: Wie dem Kongress zur Zeit des Entwicklungsbeginns mitgeteilt wurde, wurden die gesamten Projektkosten für die Harpoon-Rakete der Marine auf 1031,8 Millionen Dollar beziffert. Die entsprechenden Kosten für das A-10-Flugzeugprojekt der Luftwaffe wurden mit 2489,7 Millionen Dollar angesetzt. Nicht 2400 Millionen Dollar, nicht einmal 2489 Millionen Dollar. Nein, die Kosten sollten zweitausendvierhundertneunundachtzig Komma sieben Millionen Dollar betragen.

Im Falle des F-18-Flugzeugprojektes der Marine wurde dem Kongress anfänglich mitgeteilt, die Kosten würden zwölf Milliarden achthundertfünfundsiebzig Komma drei Millionen Dollar betragen. Ein paar Jahre später bezifferte eine neuere Version desselben Berichtes die wahrscheinlichen Kosten mit vierundzwanzig Milliarden dreiundzwanzig Millionen Dollar. Vielleicht sollte man aus dem Umstand Hoffnung schöpfen, dass zwar die erste signifikante Ziffer sich verdoppelte, die letzte jedoch unverändert bleiben konnte.

Dieser hohe Genauigkeitsgrad mag vielleicht die Uneingeweihten etwas überraschen angesichts der Tatsache, dass – wie die Geschichte zeigt und wie oben bereits dargestellt wurde – die erste Ziffer bisheriger Projektkostenschätzungen immer um durchschnittlich 100 Prozent falsch war.

Detaillierte Analysen des Autors haben ergeben, dass zwar die erste Ziffer von Projektkostenschätzungen praktisch nie stimmt, die letzte Ziffer jedoch in etwa 10 Prozent der Fälle. Dies nennt man zuweilen Augustines Prinzip der letzten Ziffer.

Sie wollen weitere Beispiele für die Gültigkeit des Prinzips der letzten Ziffer bei Kostenschätzungen? Das Opernhaus von Sydney (das in sechs Jahren gebaut werden sollte, die dann sechzehn Jahre dauerten) sollte 7,2 Millionen australische Dollar kosten, kostete jedoch in Wirklichkeit 102 Millionen Dollar. Wie bereits gesagt, sollten die englischen Steuerzahler 160 Millionen Pfund für die Ent-

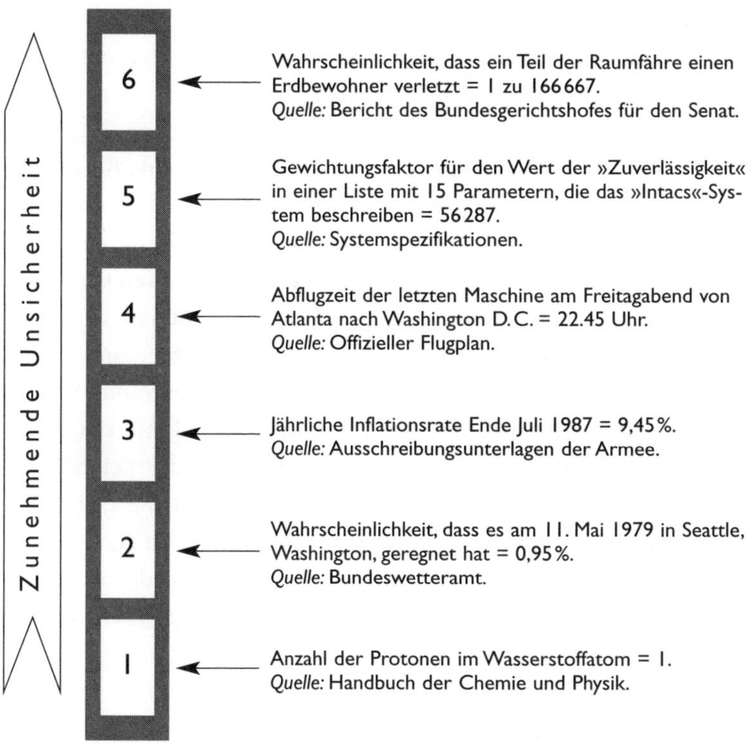

Grafik 18: *Genau falsch.* Die Genauigkeit, mit der jeder einzelne numerische Faktor bekannt ist, sollte sich eigentlich in der Anzahl der Stellen vor oder hinter dem Komma niederschlagen, mit denen er angeführt wird. In der Praxis kommt das nur selten vor, was zu Missverständnissen darüber führt, wie ernst man die Daten nehmen darf.

wicklung des Überschallflugzeuges Concorde zahlen, am Ende wurden ihnen jedoch 1065,0 Millionen in Rechnung gestellt.

(Man beachte, dass eine erste Kostenschätzung, die mit »Null« endet, den Erfolg dieser Methode garantiert.) Zum Beweis, dass die Agonie keine Landesgrenzen kennt: Das Verkehrsprojekt Bay Area Rapid Transit in San Francisco schwoll in ein paar wenigen Jahren von 0,6 Milliarden auf 1,6 Milliarden Dollar an.

Das ganze Verfahren hat etwas davon an sich, dass man »das letzte Wort behält« – in diesem Fall »die letzte Ziffer.« Doch irgendwo muss man ja anfangen.

Betrachtet man jedoch die Daten von Grafik 18, so kann man die Logik [sic] erkennen, die der Praxis, grundsätzlich zweifelhafte Zahlen mit scheinbar sehr hoher Genauigkeit anzugeben, zugrunde liegt. Aus der Grafik ist zu ersehen, dass es wirklich eine Beziehung zwischen der Anzahl der angeführten Stellen vor oder hinter dem Komma und der tatsächlichen Genauigkeit der verfügbaren Daten gibt, doch diese Beziehung ist genau umgekehrt, wie man vermuten würde, wenn man nicht so viel vermuten würde. Gibt man beispielsweise so etwas Genaues wie die Zahl der Wochentage an, weisen die anerkannten Quellen lediglich eine »7« aus. Wenn man jedoch die Zeit angibt, zu der die letzte Maschine von Atlanta nach Washington, D.C. freitagabends abfliegt (ein Ereignis, das sich fast immer um mindestens eine Stunde verzögert), geben die offiziellen Quellen die Zeit sehr exakt an – 22.43 Uhr, um genau zu sein.

Augustines Gesetz der definitiven Ungenauigkeit, das auf einer aussagekräftigen Datenmenge wie der in Grafik 18 präsentierten beruht, besagt daher:

Gesetz Nummer XXIX

Je schwächer die verfügbaren Daten, auf die man seine Folgerungen stützt, um so höher die Genauigkeit, die man angeben muss, um den Daten Glaubwürdigkeit zu verleihen.

Die Anwendung dieses Gesetzes ist in der Tat sehr weit verbreitet; ein Beispiel dafür ist die offizielle Schätzung des Teuerungsindexes für langfristige Verträge der Armee, mit dem die Beschaffungsstellen 16 Jahre nach dem Zeitpunkt der Schätzung (das heißt 1995) zu rechnen haben. Dieser Index wurde mit 2,6719 – also mit fünfstelliger Genauigkeit – angegeben, eine verblüffende Prognoseleistung insbesondere angesichts der Tatsache, dass das Amt für Management und Budgets des Weißen Hauses fast gleichzeitig den Ansatz der Inflationsrate für die nächsten zwölf Monate um 3 Prozentpunkte korrigierte!

Ähnliche Zuversicht in die Voraussage künftiger internationaler politischer Situationen spiegelt sich in einem 1980 von der Regierung herausgegebenen Dokument wider, auf dessen Titelblatt auffällig vermerkt ist: »Ende der Geheimhaltungsfrist: 10. Januar 2000.« Nicht am 1. Januar, nein, am 10. Januar. Auf dem Gipfel des Vail Mountain in Colorado, wo die Skigondel ihren Aufstieg über mehr als 3300 Meter beendet, steht ein Schild mit der Warnung: »Maximale Anzahl der Fahrgäste: 6; Maximalgewicht: 979 kg.« Nun grenzt eine derartige auf drei Stellen genaue Berechnung für jeden, der etwas von Statik versteht und sich fragt, ob vielleicht einer noch ein Extra-Butterbrot eingeschmuggelt hat, ans Übernatürliche – doch wer würde sich in eine schwankende Gondel begeben, auf der einfach steht: »Maximalgewicht etwa 1 Tonne«? Mit Will Rogers Worten gilt im Geschäft fast wörtlich dasselbe wie in der Seilbahn: »Zahlen bedeuten nichts. Die Leute sind es, die zählen.«

Selbst die NASA tritt für derartige Genauigkeit ein: Nach dem Start der ersten Raumfähre teilte sie der Presse mit, der verbrauchte Treibstoff habe »schätzungsweise 72936,90 Dollar« gekostet. Um sich nicht übertrumpfen zu lassen, schätzt das Bundesamt für Ausbildungsstatistik, dass jedes Jahr »9495967 Arbeitsstunden mit dem Ausfüllen von Formularen verbracht werden.« Eine derartig unerträgliche Situation wird die geplagten Bürger natürlich viel eher zum Handeln drängen, als wenn sie nur ungefähr 10 Millionen Stunden über den Formularen brüten würden.

Ein anderer Ansatz für die Herstellung von Genauigkeit liegt dem Budget von 25,418 Millionen Dollar für ein Bestandteil des luftgestützten Abwehrsystems der Marine für ein Haushaltsjahr zugrunde. Um den Finanzbedarf des Programms so genau festzustellen, waren bestimmt eine Menge detaillierter Studien erforderlich. Doch bei genauerem Hinschauen stellt man leider fest, dass die Zahl lediglich einen Kompromiss in einer Auseinandersetzung zwischen dem Repräsentantenhaus und dem Senat darstellt, bei dem aus irgendeinem Grund die runde Summe von 11 Millionen Dollar auf die ursprünglich vom Präsidenten geforderten 14,418 Millionen Dollar aufgeschlagen wurde! Ähnliche Resultate sind die Regel, wenn die beiden Häuser des Kongresses sich einigen, die Differenz der groben Schätzungen der beiden Körperschaften genau durch zwei zu teilen.

Was die Kühnheit bei der Anwendung des Gesetzes Nummer XXIX betrifft, können jedoch nicht einmal der Bundesrechnungshof, die Bundessteuerbehörde und der Kongress zusammen Sir Arthur Eddington das Wasser reichen. Eddington beginnt sein wissenschaftliches Werk The Philosophy of Physical Science mit der Bemerkung: »Ich glaube, es gibt 15 747 724136 275 002 577 605 653 961181555 468 044 717 914 527116 709 366 231 425 076 185 631 031 269 Protonen im Universum und ebenso viele Elektronen.« Man kann nur über den Beitrag des Digitalrechners zum wissenschaftlichen Denken staunen; mit einem Rechenschieber allein wäre eine derartig zuverlässige Analyse niemals möglich gewesen.

Sir Josiah Stamp, Binnenländischer Steuereinnehmer Ihrer Majestät, war vor über einhundert Jahren eigentlich schon dem Gesetz Nummer XXIX durchaus auf der Spur, nur wendete er es lediglich auf die Verwaltung an und übersah seinen häufigen Gebrauch in der Industrie, Wissenschaft und anderen Bereichen. Sir Josiah führte aus: »Die Regierung sind [sic] sehr stolz darauf, große Mengen von Statistiken anzuhäufen. Diese werden zur n-ten Potenz erhoben, Quadratwurzeln werden gezogen und die Resultate werden in ausgetüftelten und eindrucksvollen Schaubildern dargestellt. Dabei muss man jedoch bedenken, dass in jedem einzelnen Fall die Werte zuerst von einem Dorfpolizisten niedergeschrieben werden, und der schreibt, was immer ihm gerade passt!«

Kapitel 30

In schlechter Hoffnung

»Ich erlitt Schiffbruch, bevor ich an Bord ging.«

Briefe 87:1

Alle drei Teilnehmer der Ausschreibung hatten ihre eigene, komplizierte Gewinnstrategie entwickelt. So bemühte sich zum Beispiel einer der beiden Fortune-500-Industriegiganten um besondere Berücksichtigung als »benachteiligter Mittelstandsbetrieb«, mit der Begründung, wenn er nicht gewinne, würde er eines Tages vielleicht wirklich zum benachteiligten Mittelstandsbetrieb. Die zweite Firma ermunterte die Regierung, Vertragsbedingungen zu beschließen, die für die Unternehmen so unglaublich mühsam und riskant wären, dass das Management der Konkurrenz deshalb seine Bewerbung zurückziehen würde – so könnte jene Firma durch Nichtantreten der anderen gewinnen. Dädalus bot eine »risikoarme, geringfügige Erweiterung« eines bereits bestehenden Produktes (wobei die Erweiterung beim Gewicht den Faktor 10000 ausmachte, bei der Schubkraft den Faktor 4000 und bei der Reichweite den Faktor 2000) – eine Methode, die man »das Typenschild aufpolieren« nennt, da der Name des ursprünglichen Produkts als Beweis für das minimale Risiko beibehalten wird. Die Werbebroschüre behauptete, die neue Maschine sei im Grunde die gleiche wie die alte, und untermauerte diese Behauptung mit solchen Tatsachen, dass zum Beispiel die neue Elektronik dieselbe Art von Elektronen benutze wie ihr Vorgänger. Die Verkaufsabteilung von Dädalus gab sogar eine Pressemitteilung des Inhalts heraus, dass man nun zusammen mit IBM über 70 Prozent des weltweiten Computermarktes beherrsche. Wie meist bei solchen Ausschreibungen war es bei beiden Konkurrenten von Dädalus sogar schon zu einem Streit darüber gekommen, ob man sich überhaupt an einem so heiß umkämpften Projekt beteiligen solle. Die Marketingabteilungen hatten gegen die Angebotsabgabe gestimmt, weil sie fürchteten, ihre Firma könne verlieren. Die Finanzabteilungen hingegen hatten ebenso nachdrücklich für »Kein Gebot« gestimmt, weil sie fürchteten, ihre Firma könne gewinnen. Den Rechtsabteilungen war es egal; sie würden auf jeden Fall gewinnen, weil sie entweder die Verträge aufsetzen würden oder andernfalls die Beschwerde dagegen, dass man verloren hatte. Doch hatten sich in beiden Firmen die Konstruktionsabteilungen mit dem Argument durchgesetzt, welch aufregende technologische Herausforderung das Angebot nach sich ziehen würde. Doch konnte bestimmt niemand bestreiten, dass dies von Anfang an ein besonders giftiger Wettbewerb war. Man hatte den Konkurrenten Hamsterkäufe und Dumpingpreise vorgeworfen, wobei die Ankläger ihrerseits bezichtigt wurden, von Prozesshanselei und Industriespionage zu profitieren. Diese Beschuldigungen nahmen so überhand, dass es eine ganze Zeit lang schien, als würde dieser Auftrag der erste posthum vergebene werden.

Was die Genauigkeit von Kostenschätzungen und Preisbildungen (zwei grundlegend verschiedene Künste) aus jüngster Zeit anbetrifft, erwarteten die Kunden anscheinend sehr wenig und waren daher bestimmt nicht enttäuscht. Sie hätten sich sogar mit dem Mittelmaß zufriedengegeben, wenn ihre Lieferanten es erreicht hätten. Die Kostenüberschreitungen vieler großer Entwicklungsprojekte infolge unvorhergesehener – aber nicht unvorhersehbarer – Notwendigkeiten waren so groß, dass diese Projekte, wenn sie nicht so viel Pech gehabt hätten, von Glück überhaupt nicht sprechen könnten.

Die Absonderlichkeiten der Kostenschätzung erreichen ihren Höhepunkt bei Unterfangen, bei denen die Unsicherheiten hinreichend groß sind, so dass kein spezifischer »Festpreis« a priori bestimmt werden kann. In solchen Fällen, die vom Häuserbau bis zu chirurgischen Operationen und von der Entwicklung von Flugzeugen bis zu Klempnerreparaturen reichen, verwendet man in der Regel einen »Kostenerstattungsvertrag«, in dem sich der Auftraggeber verpflichtet, für alle begründeten Kosten plus irgendeine Form von Entlohnung aufzukommen. Den meisten derartigen Verträgen geht eine Schätzung voraus, bei der ironischerweise der Käufer wie der Verkäufer das unterbewusste Verlangen haben, an eine kleine Zahl zu glauben. Da liegt das Problem.

Die Angewohnheit, zu Beginn eines Unterfangens zu dem Schluss zu kommen, dass man besser dasteht, als die Fakten bezeugen, hat sich über die Kostenschätzungen für industrielle Projekte hinaus ausgedehnt. Gesetz Nummer VIII gab an, wie man die typische (das heißt falsche) Kostenschätzung an jedem Beobachtungspunkt im Laufe eines Entwicklungsprogramms so korrigieren kann, dass man im Mittel zu einer korrekten Schätzung gelangt. Doch was ist, wenn man sich nicht damit zufrieden gibt, im Mittel korrekt zu schätzen? Angenommen, man möchte zu 90 Prozent sicher sein, dass der Kostenrahmen für ein bestimmtes Projekt nicht überschritten wird – was dann?

Anhand einer Untersuchung über 81 große und komplexe Entwicklungsprogramme, die von 1950–1980 im Regierungsauftrag von der amerikanischen Industrie durchgeführt wurden, kann man die Wahrscheinlichkeit einer Budgetüberschreitung in jeder beliebigen Größenordnung schätzen. Nur 10 Prozent der Programme blieben im ursprünglichen Kostenrahmen. Anders ausgedrückt: Die Auftragnehmer und ihre regierungsamtlichen Aufseher führten die Entwicklungsprojekte (vermutlich aufgrund von Kostenerstattungsverträgen) mit einem etwa 10-prozentigen Vertrauen durch – obwohl sie es wahrscheinlich nicht wussten. Wie kann das sein? Warum springen einem die unwahrscheinlichen Schätzungen nicht so ins Auge wie ein Pelzmantel auf einem Einkaufszettel? Insbesondere angesichts der Tatsache, dass tödlich erkrankte Projekte (das heißt solche, die vor Fertigstellung abgebrochen wurden) nicht einmal in diese Statistik aufgenommen wurden … Wenn man Kostenschätzungen aus dieser Perspektive betrachtet, sollte es nicht überraschen, dass wir so häufig überrascht werden.

Die Ursache des Problems ist, einfach ausgedrückt, dass das Kostenschätzungsverfahren, wie es bei den meisten Kostenerstattungsverträgen zur Anwendung kommt, von Anfang an auf tönernen Füßen steht. Weiterhin ist bei Aufgaben, die wesentliche technische Risiken oder Ungewissheiten bezüglich der Details des Endprodukts enthalten, die einzige wirklich gerechte Vertragsform diejenige, bei der der Auftraggeber die tatsächlichen Kosten trägt. Doch wie bereits bemerkt, können die maßgeblichen Kräfte bei dieser Art von Vertragsstruktur alle gemeinsam darauf drängen, die geschätzten Kosten auf ein unvernünftig niedriges Niveau zu drücken – wobei anscheinend keine wirksame Gegenkraft besteht. Erstens will der angehende Lieferant natürlich ein niedrigeres Gebot abgeben als alle seine Konkurrenten, um zu gewinnen (»die Hälfte von nichts ist auch nicht so viel mehr«); zweitens will der Abnehmer an einen niedrigeren Preis glauben (wie beispielsweise ein Patient, der eine Folge von Operationen in Erwägung zieht). Im Fall der Beschaffung durch amtliche Stellen will die finanzierende Organisation, dass der Kongress ihr Programm genehmigt, und drängt so ungewollt auf eine moderate Schätzung. Drittens möchte die Bank, oder wer auch immer die Mittel bereitstellt, ihr Engagement in jedes beliebige Projekt so gering wie möglich halten. Bei der behördlichen Beschaffung nimmt dies die Form an, dass der Kongress vor der nächsten Wahl so wenig Geld wie möglich genehmigen möchte. Und schließlich möchte die Vertragsabteilung des Kunden beweisen, dass sie ein zäher Verhandlungspartner ist, und treibt die Kostenschätzung des Lieferanten so noch weiter nach unten ... und so weiter durch das ganze Verfahren. Es ist, als würde man den Bock zum Gärtner machen.

Bald stellt man auf beiden Seiten des Verhandlungstisches fest: Wenn man nur der anderen Seite um 60 Prozent entgegenkommt, wird diese die restlichen 60 Prozent zugeben. Die Verfahrensbeteiligten mögen verschiedene Schulen besucht haben, doch irgendwie haben sie sie anscheinend zusammen besucht. Das alles summiert – oder eher subtrahiert – sich zu einer viel zu geringen Kostenschätzung des »siegreichen« Bieters, selbst wenn man durch ein Verfahren dazu gelangt, das die Beteiligten für höchst folgerichtig halten. Die Kostenschätzung ist in Wirklichkeit zu einem Kostenwunsch geworden. Mit Euripides Worten könnte man dies als einen schlechten Anfang bezeichnen, der zu einem schlimmen Ende führt. Die alte Geschichte von dem verwirrten Touristen, der den Bauern fragt, wo es nach Chicago geht, bringt die Situation sehr prägnant auf den Punkt. Nachdem er länger über die Frage nachgegrübelt hatte, riet der Bauer schließlich nachdrücklich: »Wenn ich nach Chicago wollte, würde ich nicht von hier losfahren.«

Oder wie Sebastian Brant, ein Schriftsteller, der dieses Gesamtproblem schon 1494 verstand, es ausdrückte: »Die Welt will betrogen sein« – und laut C. N. Bover: »Die am schlimmsten Betrogenen sind die, die sich selbst betrügen.«

Als Alice in »Alice hinter den Spiegeln« dem damaligen Oberbürokraten, der Königin, sagt, es sei unmöglich, unmögliche Dinge zu glauben, erwidert die Königin ihrer Position gemäß: »Papperlapapp, ich habe schon vor dem Frühstück sechs unmögliche Dinge geglaubt.« Die Königin würde sich wunderbar in die heutigen Vertragsabteilungen einpassen.

So entdeckt man, dass man es bei Kostenschätzungen mathematisch ausgedrückt mit wahrhaft komplexen Zahlen zu tun hat – jede besteht aus einem realen und einem imaginären Teil. In etwas gelehrterer Form kommt dies in dem schlicht »Glatzkopfs Gesetz« genannten Lehrsatz zum Ausdruck: »Ein bisschen plus der Rest ist gleich dem Ganzen.«

Das ganze Verfahren verkommt schließlich zu einem: »Tu es anderen an, bevor sie es dir antun.« Eine herkömmliche Auktion ist das Ergebnis. Obgleich solche Beschaffungspraktiken in der Regel vermieden werden, schleicht sich viel davon auf subtile Weise weit in die Auftragsvergabe ein. Bei intensivem Wettbewerb ist Vorsicht selten, wenn die Anbieter Behauptungen aufstellen wie: »Es gibt nur einen Weg zu diesem Ziel, und wir haben Patente auf alle beide.«

Wenn sich der Abnehmer oder der Lieferant von dieser selbstbetrügerischen Art, sein Geschäft zu betreiben, freimachen will, zwingt die andere Partei den Ausreißer energisch zurück ins Schema. Das Problem ähnelt sehr dem des Geschäftsmannes, der in seinem Hotelzimmer ein Kärtchen fand, auf dem stand: »Wenn Sie Alkoholprobleme haben und Hilfe brauchen, rufen Sie 3 44 29 20 an.« Als er die Nummer wählte, stellte er fest, dass sie einem Schnapsladen gehörte.

Nach Abschluss einer solchen Ausschreibung können Gewinner und Verlierer den anstehenden Aufgaben ihre ungeteilte Aufmerksamkeit zuwenden, nämlich sich um Vertragsänderungen bemühen beziehungsweise eine Beschwerde vorbereiten – der Gewinner im sicheren Bewusstsein, dass seine überlegenen Fähigkeiten sich wieder einmal durchgesetzt haben, und der Verlierer in der Überzeugung, dass der politische Einfluss wieder einmal den Klauen des Siegers eine Niederlage entrissen hat.

Bei den meisten Projekten, die sich der oben geschilderten Methoden der Kostenschätzung bedienen, wird es nach dem katastrophalen Start in der Regel immer schlimmer. Doch das hat eine lange Reihe von Managern nicht von der Überzeugung abbringen können, dass sie, anders als all ihre Vorgänger, fähig sein werden, ihre Programme so durchzuführen, dass sie nicht auf unvorhergesehene Ereignisse stoßen – und dass sie die Aufgabe zu den angegebenen Kosten durchführen können. Shakespeare schrieb in *Heinrich IV.* über diese Art von Managern:

Glendower: Ich rufe Geister aus der wüsten Tiefe.
Percy: Ei ja, das kann ich auch, das kann ein jeder. Doch kommen sie, wenn Ihr nach ihnen ruft?

Eine Teillösung für dieses Dilemma, die des Anreizvertrages, wird gelegentlich auf die erste Vereinbarung der Gebrüder Wright mit der amerikanischen Armee zurückgeführt, die eine Art Anreizvertrag war. Doch diese Lösung und das zugrundeliegende Problem bestand schon lange, bevor die Gebrüder Wright auch nur daran dachten, ihr Fahrradgeschäft zu diversifizieren. Laut Marcus Vitruvius Pollio, dem Architekten und Ingenieur, forderte das althergebrachte Recht der griechischen Stadt Ephesus, dass die Baumeister vor dem Arbeitsbeginn an einem öffentlichen Projekt eine formgerechte Kostenschätzung einreichten. Wenn die Arbeit für die angegebene Summe durchgeführt wurde, wurde der Baumeister mit Würden und Ehrenzeichen belohnt. Eine Kostenüberschreitung von bis zu einem Viertel wurde ohne jede Vertragsstrafe von der Schatzkammer finanziert. Doch Überschreitungen von mehr als einem Viertel wurden aus dem Privatvermögen des Baumeisters ausgeglichen, das mit der Einreichung des Angebots als Sicherheit hinterlegt werden musste. Würde man ein derartiges Verfahren zweieinhalb Jahrtausende später wieder einführen, würden etwa 55 Prozent der Ingenieure auf den Stufen des Parthenon nächtigen.

Hier muss man unbedingt festhalten, dass in Angelegenheiten, die enorme inhärente Unwägbarkeiten enthalten, wie die Erforschung und Entwicklung komplexer Systeme, sich eigentlich niemand der Doppelzüngigkeit schuldig machen muss; es reicht, wenn alle hemmungslos optimistisch sind – ein Leiden, das mangels eines wirksamen Impfstoffes oder Gegengiftes höchst ansteckend ist. Wie Jimmy der Grieche (wenn auch leider viele Kostenschätzer nicht) bestimmt verstanden hätte, würden die Angebotssummen um 31 Prozent steigen, wenn man eine 50:50-Chance erzielen wollte, einen auf dem Wege der Ausschreibung erhaltenen Auftrag innerhalb des geschätzten Kostenrahmens auszuführen. Um zu 90 Prozent sicher zu sein, die Schätzung nicht zu überschreiten, müsste man die Schätzungen um volle 148 Prozent steigern. Die Spanne zwischen diesen beiden Zahlen ist übrigens genau der Grund, weshalb Festpreisverträge einfach kein geeignetes Instrument für die meisten F&E-Aufgaben mit vordefinierten Endprodukten sind. Der Grund dafür ist, dass niemand wirklich genau weiß, was sie kosten werden, weil Forschungs- und Entwicklungsarbeit zu diesem Endprodukt per definitionem noch nie angestellt wurde. Das gleiche gilt für die Schätzung der Auswirkungen der Inflation oder für bestimmte schwierig zu diagnostizierende Reparaturen, sei es nun an

Autos, Waschmaschinen oder dem gebrochenen Bein des Hundes. Wer hätte schon gern einen Herzchirurgen, der mit Festpreisvertrag arbeitet?

Zur Lösung dieses Dilemmas muss man bei der Kostenschätzung Ungewissheiten berücksichtigen – qua Wahrscheinlichkeit für das Unerwartete Vorsorgen, genau wie die Versicherungen es tun. Das führt natürlich zu höheren Anfangskosten als sonst, worauf manche argumentieren werden, dadurch werde es schwieriger, die Genehmigung zum Start neuer Projekte zu erhalten. In gewissem Maß kann man tatsächlich bestätigen, dass dies den gleichen Nachteil hat wie das Prinzip, morgens zuerst eine Kröte zu schlucken, weil es dann den ganzen Tag lang nur besser wird. Im Geschäftsleben jedoch wird Leistung daran gemessen, wie viel fertiggestellt und nicht wie viel begonnen wird. Es gibt einfach keine anderen Alternativen. Entweder man stellt sich von Anfang an der Realität oder man verteilt die schlechten Nachrichten auf den Teilzahlungsplan. Den Vertretern der Denkrichtung »Gebt keine hohen (sprich ›realistischen‹) Kostenschätzungen ab – das Projekt wird sonst nicht genehmigt« wurde von keinem geringeren als Winston Churchill wohl am besten geantwortet. In dem Buch *The Last Lion* wird von einem weiblichen Parlamentsmitglied berichtet, das bei einem Empfang verachtungsvoll zum Premierminister sagte: »Mr. Churchill, Sie sind betrunken.« Worauf Churchill antwortete: »Und Sie, Madame, sind hässlich. Aber ich bin morgen wieder nüchtern.«

Anders als guter Wein und echte Perlen werden schlechte Nachrichten mit zunehmendem Alter kaum besser. Die an F&E-Aktivitäten Beteiligten gehören zu den größten Verfechtern eines Prinzips, das in nicht weniger feinsinnigen Kreisen als »langsame Enthüllung« bezeichnet wird. »Morgen… will ich darüber nachdenken. Dann werde ich es ertragen. Schließlich, morgen ist auch ein Tag«, sagt Scarlett O'Hara.

Einige Weltklasse-Spitzenreiter der Kostenüberschreitung werden von dem Unternehmensberater Myron Kayton in seiner Studie über neue Technologieprojekte des 19. Jahrhunderts genannt. Er gibt den Überziehungsfaktor für den Erie-Kanal mit 12 000 Prozent an, den für die Brücke von Cincinnati nach Covington mit 730 Prozent, für den Hoosac-Tunnel im Westen von Massachusetts mit 2 500 Prozent und den der Brooklyn-Brücke mit bloßen 85 Prozent – zumindest anlässlich ihrer ersten Erstellung.

Diese Daten beziehen sich natürlich alle auf die Vergangenheit. Doch trotz dieser Einschränkung scheint es wieder einmal kaum einen Grund zu geben, George Santayanas Mahnwort zu bezweifeln, dass »die, die sich nicht an die Vergangenheit erinnern, gezwungen sind, sie zu wiederholen.« In dieser Hinsicht scheint es insbesondere an der Front der Produktentwicklung viele Zeitgenossen zu geben, die ihre dritte Reinkarnation durchmachen – voller Zuversicht, dass die Zukunft keine unangenehmen Überraschungen birgt und uneingedenk der Tatsache, dass die Vergangenheit immer unangenehme Überraschungen geborgen hat. In diesem Fall reicht die Vergangenheit über den Bau des Suezkanals (Kostenüberschreitung: 200 Prozent) und des Panamakanals (70 Prozent) bis hin zum römischen Aquädukt (100 Prozent). Zum Glück haben die Pharaonen kaum Bücher über die Pyramiden geführt.

Oben wurde angedeutet, welche Kostenschätzungen man verwenden sollte, damit zum Beispiel die Hälfte der in Angriff genommenen Programme für weniger als die vorausgesagten Kosten durchgeführt werden (und die andere Hälfte für mehr). Vielmehr muss man sich vergewissern, dass das eingesparte Geld bei den Programmen, die tatsächlich unter dem Kostenlimit bleiben, ausreicht, um die Verluste der anderen auszugleichen. Diese beiden Aussagen sind offenbar nicht äquivalent, da die Wahrscheinlichkeitsverteilung verzerrt ist. Viele Projekte erleiden Kostenüberschreitungen von 100 Prozent – doch gibt es einen bemerkenswerten Mangel an Projekten, die dieses Wachstum mit Kostenunterschreitungen von 100 Prozent kompensieren. Diese schlechten Chancen hängen bestimmt indirekt mit dem Prinzip zusammen, wonach Menschen in Flüssen mit einer durchschnittlichen Tiefe von 15 Zentimetern ertrinken können. Oder mit dem Prinzip, das dafür sorgt, dass die von den

Autoverleihern betriebenen Transferbusse am Flughafen, wie die Werbung besagt, im Durchschnitt alle 5 Minuten kommen – immer zu je vier auf einmal.

In Übereinstimmung mit den Grundgesetzen der Ökonomie würde man erwarten, dass Verträge, die die größten Risiken beinhalten, auch die größten Gewinne einbringen. Doch das Gegenteil ist der Fall – zumindest bei Regierungsaufträgen, bei denen so überaus ungewisse Unterfangen wie Forschung und Entwicklung die geringsten realisierten Gewinnspannen nach sich ziehen, Routineangelegenheiten wie die Lieferung von Ersatzteilen die größten und mittelmäßig riskante wie die Serienproduktion irgendwo dazwischen angesiedelt sind. Man sieht also, dass diese Erkenntnis der in Kapitel 19 erörterten Unlogik des Investitionsrisikos gegenüber der Rendite entspricht.

All die obigen mathematischen Abschweifungen lassen sich zu Augustines Gesetz der apokalyptischen Kostenbildung destillieren:

Gesetz Nummer XXX

In 90 Prozent der Fälle kommt es schlimmer als erwartet. In den anderen 10 Prozent der Fälle hatten Sie kein Recht, so viel zu erwarten.

Wer solche Ergebnisse nicht für plausibel hält, muss erklären, warum zum Beispiel 90 Prozent des weltweiten Flugverkehrs von den 10 Prozent der vom Flughafengebäude am weitesten entfernten Flugsteige abgeht und ankommt.* Wie die Redensart sagt, muss man eine Menge Frösche küssen, bis man ein Prinzen findet.

Mit Peter Halls Worten, dem Schlusswort zu seinem Buch Great

* Der Kolumnist Art Buchwald schlug vor, die entlegenen Flugsteige von Flughäfen benachbarter Städte miteinander zu verbinden, so dass die Fluggäste einfach von einem Terminal ins andere spazieren können – und sich den ganzen Ärger mit Verspätungen, verlorenem Gepäck und dergleichen ersparen. Eine Alternative wäre, Zubringermaschinen zu den äußersten Flugsteigen einzuset-

Planning Disasters: »Es mag einige Entschuldigungen für große Planungskatastrophen geben, doch bei weitem nicht so viele, wie wir glauben.«

Bisher behandelten wir die Frage der Kostenschätzungen. Bezüglich Terminkontrolle oder Produktleistung (Geschwindigkeit, Reichweite, Genauigkeit, Nutzlast und so weiter) für Rüstungsprojekte würde man feststellen, dass die Wahrscheinlichkeit, Kostenvorgaben einzuhalten, zwar nur 10 Prozent beträgt, doch die der Termineinhaltung 15 Prozent und die der Erfüllung der Leistungsvorgaben 70 Prozent. So wird die langvermutete Prioritätenhierarchie mathematisch gesichert: Die Leistung rangiert ganz oben. Viele Jahre schien es, als werde die Terminkontrolle vor der Geschichte nie und nimmer eine gute Figur abgeben. Das war, bevor die Geschichte der Kostenkontrolle geschrieben wurde.

Vor rund 2400 Jahren drang Thukydides zur Wurzel des Problems der Kostenüberschreitungen vor: »Ihr Urteil beruhte mehr auf Wunschdenken denn auf vernünftiger Berechnung des Wahrscheinlichen; denn es ist normal, dass die Menschen, wenn sie etwas wollen, dies ohne jede Überlegung der Hoffnung überlassen, während sie die geballte Macht der Vernunft einsetzen, um etwas abzulehnen, was sie unzuträglich finden.« Die Lieferanten wissen jedoch durchaus, wie man realistisch Kosten schätzt. Auch wissen sie, wie man Ausschreibungen gewinnt. Das Problem liegt darin, dass die meisten nicht wissen, wie man beides gleichzeitig tut.

Was dürfen wir auch anderes erwarten, wo doch alle Beteiligten des Kostenschätzungs-Verfahrens mehr vom Gesetz des Überlebens als vom Gesetz der Wahrscheinlichkeit motiviert sind? Wieso sind wir überhaupt überrascht? Um Pete Conrad an Bord der Gemini XI im Weltall zu zitieren: »Wir sind über der Erde. Es ist unglaublich … absolut fantastisch. Die Erde ist rund.«

Da viele Einkäufer, darunter auch die Verwaltungsmanager, wissen, dass sie die Unternehmer zu optimistischen Kostenschätzungen angeregt haben und sich dennoch über das Ergebnis wundern, hätte folgendes Gespräch zwischen einem General und zwei Botschaftern aus Peter Ustinovs «Romanoff und Julia« ebenso gut zwischen einem General und zwei Unternehmern stattfinden können:

General: Übrigens, sie kennen Ihren Code.
Amerikanischer Botschafter: Wir wissen, dass sie unseren Code kennen... Wir verraten ihnen nur Dinge, die sie wissen sollen.
General: Übrigens, sie wissen, dass Sie wissen, dass sie ihren Code kennen.
Sowjetischer Botschafter: ... Wir wissen schon seit einiger Zeit, dass sie wussten, dass wir ihren Code kannten. Wir haben uns entsprechend verhalten – wir haben so getan, als hätten wir uns täuschen lassen.
General: ... Wissen Sie übrigens – sie wissen, dass Sie wissen, dass sie wissen, dass Sie wissen...
Amerikanischer Botschafter: Was? Sind Sie sicher?

In den achtziger Jahren erschien in der *Washington Post* eine Passage in ähnlichem Geiste: Schiffe der US-Marine in Begleitung des Flugzeugträgers Kitty Hawk verloren den Sonarkontakt mit einem sowjetischen U-Boot, bevor das U-Boot den Flugzeugträger im japanischen Meer rammte, gab der Sprecher des Verteidigungsministeriums am Donnerstag bekannt. Ein Marinesprecher widersprach jedoch und behauptete, der Geleitschutz habe den Sonarkontakt mit dem U-Boot etwa zwei Stunden vor der Kollision am Mittwochabend absichtlich abgebrochen... Lieutenant Commander John Woodhouse sagte: »... Wir wissen, dass sie da sind, und sie wissen, dass wir da sind.« Andere Marineoffiziere pflichteten ihm bei.

Folglich kann das Wissen darum, was der Gegenspieler vorhat, den Zusammenstoß nicht mit Sicherheit verhindern... weder auf See noch in den gefährlichen Passagen des Geschäftslebens.

Kapitel 31

Hai in Sicht

»Wenn ich eine Trophäe wollte,
hätte ich mir eine gekauft.«

*Minnesota Fats**

Das Warten war bei weitem das Schwierigste. Die Angebote der drei Unternehmen waren schon lange eingereicht und die Regierung brauchte zur Bewertung jedes einzelnen symbolische neun Monate. Die Stille war ohrenbetäubend, obwohl Gerüchte im Überfluss kursierten – häufig zu denen zurück, die sie in so glaubwürdiger Form in Umlauf gesetzt hatten, dass sie selbst daran glaubten und sie auf eine weitere Ausschmückungsrunde weiterleiteten. So war der Schock um so größer, als das Wall Street Journal gleich neben den drei Spalten, die alle tatsächlich lesen, die Story brachte, dass einer der beiden großen Konkurrenten um den Auftrag für das unsichtbare Flugzeug sich überraschend im Zuge einer feindlichen Übernahme in den anderen Mitbewerber eingekauft hatte. Doch der zweite Streich sollte noch fallen. Zwei Tage später rächte sich der Vorstand der gerade aufgekauften Firma, indem diese aus heiterem Himmel eine Mehrheitsbeteiligung an dem Gegenspieler erwarb. So wurde der Erwerber zum Erworbenen – und umgekehrt –, wobei nun jede Firma eine Aktienmehrheit an der anderen besaß. Der intensive Abscheu, der zwischen diesen beiden Großkonzernen seit vielen Jahren geflackert hatte, wurde angefacht, als beide, um zu verhindern, dass sich die Gegenseite den bevorstehenden Auftrag

* Bei einer Preisverleihung – nachdem er einen Schaukampf verloren hatte, dessen Preis in einer Trophäe und nicht in Geld bestand. Minnesota Fats, mit richtigem Namen Rudolph W. Wanderone Jr., war einer der bekanntesten Billiardspieler der Vereinigten Staaten, obwohl er in seiner Laufbahn kein einziges großes Turnier gewinnen konnte.

für das Leisetreter-Flugzeug sicherte, bei der Regierung formal Beschwerde dagegen einlegten, der Auftrag über das unsichtbare Flugzeug dürfe keinesfalls ihnen selbst erteilt werden. Dieses Vorgehen war in den Annalen der Jurisprudenz ohne Präzedenzfall und sandte Schockwellen durch die ganze Branche. Die Dädalus Luftfahrt, Ltd. beschloss ihrerseits, die alte napoleonische Maxime zu beherzigen dass man sich nie einmischen soll, wenn der Feind dabei ist, sich selbst zu vernichten. Während Anwälte, Bankiers und Arbitrageure nach allen Seiten ausschwärmten, stand die Regierung, wie sie feststellte, mit beiden Beinen fest in der Luft. In der Ausschreibung hatte sie eindeutig gesagt, es werde ein Auftrag vergeben, doch wenn sie ihn an eine der beiden großen Luftfahrtfirmen vergab, die ein Angebot abgegeben hatten, würde sie ihn im Endeffekt dem Verlierer erteilen, da der Gewinner nun dem Verlierer gehörte – wer auch immer das war. Und obendrein hatte der »Gewinner« bereits formgerecht Beschwerde dagegen eingelegt, dass er der Gewinner wurde. An diesem Punkt beschlossen die Angebotsprüfer, das Angebot der Dädalus Luftfahrt, Ltd. vielleicht noch einmal zu lesen.

»Der Fuchs weiß vieles. Der Igel weiß nur eine wichtige Sache.« Das ist Äsop zufolge der Schlüssel zum Überleben im Wald. Man könnte sagen, das gleiche gilt für das Überleben der Firma im Dickicht eines geschäftlichen Dschungels, in dem es von Übernahme-Artisten nur so wimmelt. In den letzten paar Jahren allein gab es buchstäblich Hunderte Übernahmeversuche, bei denen eine Firma versuchte, eine Mehrheit an einer anderen zu kaufen. Diese Aktionen gibt es in zwei Geschmacksrichtungen: 1. einvernehmlich und 2. nicht ganz so einvernehmlich. Aus letzterer erwachsen gewöhnlich Straßenprügeleien, deren Echo noch monate- oder jahrelang durch die Finanzwelt und die Anwaltskanzleien hallt und schließlich im Gerichtssystem versickert. Von Zeit zu Zeit wurden verschiedene Formen der Gesetzgebung eingeführt, zum Beispiel die Antitrust-Gesetze, um ein kleines bisschen Würde bei diesen Vorgängen zu erzwingen, doch wäre der Marquis von Queensberry vom Benehmen der Beteiligten sicherlich immer noch entsetzt. Wie Stanislaw Lern einmal schrieb: »Ist es ein Fortschritt, wenn ein Kannibale mit Messer und Gabel isst?«

In den letzten Jahren wurde ein ganzes Arsenal an einfallsreichen Verteidigungsstrategien ersonnen, um solche Angriffe abzuschmettern, wenn ein Unternehmen, wie man in der Branche sagt, »ins Spiel gebracht« wurde. Letzten Endes ist Not doch die Mutter der Erfindung ... und des Überlebens. Eine dieser Strategien nennt man den Ansatz der »verbrannten Erde«, wobei das angehende Opfer Aktionen unternimmt, um sicherzustellen, dass nichts Verspeisenswertes mehr von ihm übrig ist, falls die Übernahmestrategie Erfolg haben sollte. Dem eng verwandt ist die »Kronjuwelen«-Strategie, bei der bestimmte Teile der belagerten Firma, die für den Angreifer besonders attraktiv sind, summarisch zum Verkauf angeboten werden. Wie ein Konzernführer einmal nach der Implementierung einer derartigen Strategie sagte: »Uns wurde klar, dass wir etwas wirklich Drastisches tun mussten, um die Sache hinter uns zu bringen... wir haben unsere Kronjuwelen verkauft.«

Dann gibt es die Pac-Man-Verteidigung, benannt nach dem alten Videospiel, bei dem kleine, pillenartige Geschöpfe auf dem Bildschirm herumflitzen und einander auffressen. Die Konzernversion dieses Kinderspiels besteht darin, dass die angegriffene Firma plötzlich versucht, den Angreifer zu verschlucken, indem sie zur Vergeltung dessen Aktien kauft. In einem Moment reiner Verzweiflung zitierte ein Richter während eines berüchtigten Übernahmeprozesses, bei dem es um eine Pac-Man-Verteidigung ging, die Shakespeare-Zeile: »Die Pest über beide Eurer Häuser.« »Hai-Sperrnetze« sind eine weitere Form der Verteidigung, die von zahlreichen Unternehmern eingeführt wurde, meist in Form einer »Supermehrheits«-Ergänzung der Satzung, durch die für jede Veränderung des Vorstandes ein sehr hoher Stimmenanteil erforderlich ist. Zuweilen werden befreundete »Gralsritter« auf den Plan gerufen, die das bedrängte Unternehmen kaufen und so vor dem unerwünschten Freier schützen sollen. »Giftpillen« sind Aktionen, die das Unternehmen für jede Firma, die eine unerwünschte Übernahme in Erwägung zieht, unverdaulich machen und »Blaue Briefe« sind eine Art Lösegeld, mit der das Opfer seinen Kontrahenten dazu bewegen will, seinen Appetit anderswo zu stillen. »Höllenmaschinen« sind juristische Machenschaften, die potentiell für beide Unternehmen katastrophal werden können, wenn die unerwünschten Avancen über einen bestimmten Punkt hinaus getrieben werden – eine Art konzerneigener Abschreckungswaffe auf gleicher Stufe wie die gegenseitig garantierte Vernichtung in der Arena der nuklearen Kriegsführung. »Falltüren« sind rechtliche Vorkehrungen, auf die der Unbedachte hereinfällt, und »Trojanische Pferde« sind entsprechend verlockende Fallen. »Goldene Fallschirme« sind finanzielle Abmachungen, die in Kraft treten, falls die Übernahme glückt, und die das Schlüsselmanagement des Opfers davon abhalten sollen, sich während des Übernahmeversuchs abzusetzen (gewöhnlich ziehen Übernahmeversuche nicht nur scharenweise Arbitrageure an, sondern auch Schwärme von Personalberatern, die Führungskräfte dazu verleiten wollen, zu andern Firmen zu wechseln und den Ungewissheiten der Zukunft zu entgehen). Außerdem sollen diese Fallschirme den betroffenen Managern eine einigermaßen sichere Landung garantieren, falls alles andere schief geht. Dann gibt es Schatzsucher, Selbstzerstörungs-Mechanismen und so weiter und so fort. Der Effekt des Ganzen ist, dass manchmal sogar Übernahmeversuche, die fehlschlagen, gelingen. Wie der Investor Carl Icahn berichtete: »Ich gehe hin und sage der Firma, ich wäre gern im Vorstand. Dann halte ich fünfzehn Jahre still – ich kaufe nicht mehr Aktien als die 15 Prozent, die ich schon habe. Sie sagen mir: ›Hören Sie, wir verklagen Sie oder stecken Ihnen Giftpillen zu – oder wir geben Ihnen zehn Millionen, wenn Sie abhauen.‹ Was soll ich da machen? Ich bin kein Robin Hood.«

1985 gab es weltweit Fusionen und Übernahmen mit einem Gesamtvolumen von 250 Milliarden Dollar, im Jahr 2000 dagegen war diese Zahl auf 3,2 Billionen Dollar gestiegen. Laut der Unternehmensberatung McKinsey & Co. ergab eine Studie über 58 größere

Akquisitionen, dass 28 bei beiden wichtigen Erfolgstests der Studie durchfielen und 34 mindestens bei einem davon. Diese Tests vergleichen die Kapitalrendite mit den Kapitalkosten und das Verhalten am Aktienmarkt mit dem der Konkurrenz. Vermutlich ist das der Grund, warum die Zahl der Fälle vor den Firmen-Scheidungsgerichten in nur fünf Jahren um 35 Prozent zunahm. Acht ähnliche Studien aus den neunziger Jahren, die sich mit unterschiedlichen Fusionen und Übernahmen beschäftigen, ermittelten Misserfolgsquoten zwischen 52 und 96 Prozent.

Aus einer Statistik bedeutenderer Übernahmeversuche, die First Boston freundlicherweise zur Verfügung stellte und die sich auf einen Zeitraum von drei Jahren bezieht, lässt sich die Lehre ziehen: »Als erster zuschlagen und größer sein.« Um den Wirtschaftsautor Allan Sloan zu zitieren: »Wenn Ihr Geschäft problematisch ist, lassen Sie sich von den Problemen nicht das Kreuz brechen – tauschen Sie es einfach gegen ein anderes Modell um.« Oder wie ein Übernahme-Artist bemerkte: »Für die armen Witwen dieser Welt bin ich nicht verantwortlich.«

Gesetz Nummer XXXI, das sogenannte Gesetz des Dschungels, sagt, wie es ist in der Welt der Firmenjäger:

Gesetz Nummer XXXI

Der frühe Vogel fängt den Wurm.
Der frühe Wurm wird gefangen.

Der bedauerliche Mangel an Anstand, den manche Kombattanten bei den vergangenen Firmenschlachtfesten an den Tag gelegt haben, hat den Krieg leider in Verruf gebracht. In Wirklichkeit sind nicht alle Übernahmen unbedingt schlimm. Übernahmen vom sogenannten »einvernehmlichen« Typ sind sogar häufig für alle Beteiligten vorteilhaft. Unter bestimmten, sehr speziellen Umständen können sogar unerwünschte Übernahmen vorteilhaft sein. Doch Carl Icahn, Veteran vieler Belagerungen, rät: »Eines lernen Sie in diesem Geschäft: Wenn Sie einen Freund möchten, kaufen Sie sich einen Hund.«

Es ist nicht völlig klar, ob Dämon Runyon an Konzernübernahmen dachte, als er seinen berühmten Ratschlag zu Wetten erteilte, doch gewiss scheinen seine Worte hier zu gelten: »Das Rennen gewinnt nicht immer der Schnellste und den Kampf nicht immer der Stärkste, aber genau deswegen wettet man ja.«

Kapitel 32

Das Gesetz abnehmender Erträge

»Die Berge kreißen
und gebären ein albernes Mäuslein.«

Horaz, 8. Jh. vor Chr.

Dädalus bekam den Auftrag für das unsichtbare Flugzeug und hatte gerade mit der Arbeit begonnen, und zwar mit geliehenem Geld des Firmenberaters (er war jetzt recht wohlhabend). Da traf eine Vertragsänderung aus Washington ein, nach der wegen der neuen Etatkürzungen die geplante Produktionsrate um den Faktor vier verringert wurde. Das DLL-Management war gelinde gesagt ungehalten und wurde an Will Rogers' prophetische Worte gemahnt: »Alle sagen, es muss etwas geschehen – doch diesmal sieht es so aus, als könnten wir gemeint sein.« Und genau in diesem Moment erschien das Revisionsteam von der Zentrale in der Fabrik. Trotzdem wurden keine Mühen gescheut, die Kosten zu senken. Die gesamte Produktivitätsabteilung (bis auf den Leiter natürlich) wurde abgeschafft; die Tests wurden drastisch reduziert; die Qualitätssicherung halbiert; die Dokumentation fallengelassen; selbst die geplante Steigerung des Marketingbudgets wurde etwas abgespeckt; und der Leiter der Konstruktion wurde von der Fertigung in die Konzernzentrale versetzt – ein Vorgang, der weitverbreiteten Gerüchten zufolge den durchschnittlichen IQ beider Organisationen erhöhte. Die Senkung des Werbeetats verursachte so einen Aufstand, dass der Leiter der Marketingabteilung sogar von den Bahamas zurückkehrte, wo er auf einer sechswöchigen Geschäftsreise die Absatzmöglichkeiten im Ausland erkundet hatte. Doch wie alle anderen stellte er sich schließlich hinter die Kostensenkungen, denn nun wurde klar, dass man es mit der Großen Regierung zu tun hatte.

Der Weg des geringsten Widerstandes bei der Verteilung eines knappen Produktionsbudgets an eine Unzahl konkurrierender Projekte besteht anscheinend darin, dass man ein bisschen von allem baut. Dieselbe Methode wenden Regierungen auf allen Ebenen an, um ihre stets beschränkten Mittel an eine allzu große Menge von Projekten zu verteilen. Das Problem ist natürlich: Je größer die Vielfalt der verfolgten Projekte bei einem festen Etat ist, um so weniger können angemessen finanziert werden. Bei Fertigungsprojekten muss die von jedem Typ produzierte Menge gestutzt werden, so dass man schließlich von allem eine Stückzahl am Rande der Unwirtschaftlichkeit herstellt. Die Leiter der ausgehungerten Fabriken, die versuchen, auf dieser Grundlage zu produzieren, werden eine besondere Bedeutung in den Worten des früheren Managers der San Francisco Giants, Dave Bristol, finden, der seinem miserablen Team erklärte: »Morgen fahren zwei Busse vom Hotel zum Stadion. Der Bus um zwei Uhr ist für die, die ein bisschen Extratraining brauchen. Der leere Bus fährt um fünf Uhr ab.«

Dass sich die Produktion tendenziell auf die ineffizienteste Stückzahl einpendelt, lässt sich anhand einer Reihe von Projekten des amerikanischen Verteidigungsministeriums illustrieren. Für jede Produktionslinie gibt es eine Untergrenze des effizienten Outputs, unterhalb derer der Rhythmus der Linie gestört wird und Überkapazitäten bei entsprechender Ineffizienz vorherrschen. Die meisten Produktionsprogramme der letzten Jahre wurden am Rande dieses Abgrunds betrieben. Leider beschränkt sich diese Tendenz, ein zu breites Spektrum von Projekten zu verfolgen, nicht auf die Bundesregierung, sondern trifft wahrscheinlich ebenso für solche kommerziellen Unternehmen wie Verlage, Wohlfahrtsorganisationen, Kirchen und eine Fülle anderer Organisationen zu.

Im Fall von Fertigungsprojekten in einem festumrissenen Markt wird das Problem durch zu niedrige Kostenschätzungen verschärft – was zusammen mit den unvermeidlichen, von außen aufgezwungenen Etatkürzungen weitere Verminderungen des Outputs und der Werksauslastung nach sich zieht, die ihrerseits dazu führen, dass die

Produktion wegen der geringeren hergestellten Mengen auf der Lernkurve »nach oben« rutscht; dadurch steigen die Stückkosten, was eine weitere Senkung der Stückzahlen erfordert, die …

Wo soll das alles enden? Es scheint zu enden, wenn die verfügbaren Mittel auf die äußerste Höchstzahl von zu fördernden Projekten, jedes mit einer Stückzahl am Rande der Unwirtschaftlichkeit, verteilt sind. So scheint ein weiteres Un-Naturgesetz entdeckt zu sein. Augustines Gesetz des Überlebens am Rande erklärt den Rückgang des realen Gesamt-Outputs aufgrund der Ineffizienz, wenn eine immer größere Vielfalt von unterfinanzierten Programmen verfolgt wird:

GESETZ NUMMER XXXII

Je mehr man produziert, desto weniger bekommt man.

»Es ist ›besser als es sich anhört.‹«

Teil VI
Die Katastrophe

Kapitel 33

Tut's oder tut's nicht ...

»Fertigmachen zum Absturz!«

H. V. Wiley, 4. April 1933, Letztes Kommando an die Besatzung des Luftschiffes Akron

Ausgerechnet jetzt war das Dach undicht. Jetzt, wo es gerade regnete. Nicht nur funktionierte die Flugmaschine nicht, sondern es wurde sogar jeden Tag schlimmer. Und das unmittelbar, nachdem der Chefingenieur der Firmenleitung versichert hatte, das neue Konzept werde mit diesem Problem ein für allemal aufräumen. Das Projekt schien viel mit dem Herrn gemeinsam zu haben, von dem Winston Churchill einmal sagte: »Er ist ein Schaf im Schafspelz.« Jeder weiß, dass Ausrüstung dem Druck, in der wirklichen Welt funktionieren zu müssen, nicht standhalten kann – auf dem Testgelände klappt es prima, doch sie versagt kläglich, wenn es kein Zurück mehr gibt. In diesem Fall schien selbst das große amerikanische Allheilmittel, nämlich dem Projekt Geld nachzuwerfen, lediglich sehr zuverlässig sicherzustellen, dass das Produkt kein bisschen zuverlässig würde. Da überraschte es nicht, dass die PR-Abteilung sich an die Philosophie Mark Twains klammerte, der versichert hatte, Richard Wagners Musik sei »besser, als sie sich anhört.« Die einzige gute Nachricht war, dass die Bestrebungen, die Abteilung Qualitätssicherung zu verstärken, so erfolgreich waren, dass Anträge, fehlerhafte Arbeit durchgehen zu lassen, nun in weniger als drei Stunden bearbeitet wurden. Angesichts dieses Ansporns und in Anerkennung der letzten Marktstudie, die die Abteilung für Strategieplanung und das neu eingerichtete Büro in Paris gemeinsam durchgeführt hatten, nahm Dädalus noch einmal einen neuen Namen an – einen, der die gewandelte Struktur der Firma angemessen zum Ausdruck brachte. Von nun an hieß die Firma Dädalus Industries,

International. Außerdem trat die neue Dringlichkeitskommission zur Rentabilitätssteigerung nun schon seit zwei Wochen ohne Ausnahme jeden zweiten Freitag zu einer Sitzung zusammen. Doch irgendwie schien es, als würden die Worte eines bekannten College-Footballtrainers auf Dädalus zutreffen: »Das Licht am Ende des Tunnels«, sagte er, »könnte ein Güterzug sein.«

Noch eine weitere ärgerliche Eigenschaft weisen Maschinen auf, selbst wenn die Kosten feststehen und die Konstruktion abgeschlossen wurde. Das ist ihre Neigung, zu spüren, wann ein Ausfall am allerschädlichsten wäre – und dann unweigerlich genau in diesem Moment auszufallen. Am häufigsten treten solche Ausfälle mitten in einer Kundenvorführung, auf einer Messe oder dann auf, wenn der Kunde das Produkt für einen wichtigen Zweck und weitab vom nächsten Servicezentrum benutzt. Daran liegt es, dass Herde am Weihnachtsabend kaputtgehen und Klimaanlagen im Juli. Dass dieses Prinzip unbewusst und weitverbreitet von denen akzeptiert wird, die an der Entwicklung der Maschinen beteiligt sind, lässt die beiläufige Bemerkung eines erfahrenen Ingenieurs vermuten, der vor der Untersuchungskommission über den Fehlschlag einer wichtigen Raumfahrtmission Bericht erstattete. Sichtlich zufrieden und nicht mit geringem Stolz verkündete er: »Uns ist nie eine Lötstelle kaputtgegangen, außer der einen bei diesem Flug.« Derartige Ausrüstung stammt wohl aus Fabriken wie jener legendären, die angeblich so desorganisiert war, dass ein Wirbelsturm, der sie traf, Verbesserungen im Wert von 3 Millionen Dollar anrichtete.

Untersuchungen über dieses obstinate Maschinenverhalten zeigen: Anfängliche analytische Schätzungen der Zuverlässigkeit eines Systems, gemessen an der mittleren ausfallfreien Zeit, ergeben gewöhnlich um einige Male bessere Ergebnisse als der vom Auftraggeber spezifizierte Wert. Die tatsächliche Erfahrung des Auftraggebers hingegen liefert um einige Male schlechtere Werte, so dass mit jedem Schritt, den ein Gegenstand seinem geplanten Zweck näher kommt, seine Zuverlässigkeit sich um den Faktor zwei verringert.

Geht man beispielsweise von analytischen Voraussagen zu Labortests über, halbiert sich die mittlere ausfallfreie Zeit. Beim Übergang von Labortests zur tatsächlichen Verwendung durch den Kunden erodiert die mittlere ausfallfreie Zeit abermals um den Faktor zwei.

Angesichts solcher Resultate wurde natürlich oft darauf hingewiesen (gewöhnlich von den Herstellern der betreffenden Maschinen), dass Labortests solch strenge Anforderungen, wie man sie in der Wirklichkeit antrifft, häufig nicht berücksichtigen, oder dass Fehler durch menschliches Versagen im tatsächlichen Betrieb überhaupt nicht gelten sollten. General Jack Deane, der einstige Befehlshaber über die 100 000 Mann starke Pioniertruppe der Armee, sagte einmal, ein amerikanischer GI sei jemand, der, wenn man ihn über Nacht mit absolut nichts außer einem Amboss in einer unfruchtbaren Wüste lässt, bei Tagesanbruch einen kaputten Amboss hat. Diese Erklärungen sagen jedoch hinsichtlich der Zuverlässigkeitsprüfungen nicht, warum man Tests anstellen oder Analysen durchführen sollte, die sich nicht auf die tatsächlichen Bedingungen beziehen, denen der geplagte Benutzer der Gegenstände gegenübersteht – oder warum Labortests nicht einfach in einem wirklich zuträglichen Milieu durchgeführt werden, damit der Produktentwickler völlig von der mühseligen Plackerei befreit wird, jene Fehler zu reparieren, die tatsächlich entdeckt werden.

Anscheinend lässt sich die schwindende Zuverlässigkeit von Ausrüstung nur so erklären, dass entweder die Zuverlässigkeitswerte nichts mit den Anforderungen der Benutzer zu tun haben, oder dass Maschinen nach erfolgreichen Probeläufen erst unter den Anforderungen der realen Welt zusammenbrechen. Tut man ersteres als unvernünftig ab, muss die eigentliche Erklärung logischerweise in Augustines Gesetz der maschinellen Unbotmäßigkeit begründet sein:

GESETZ NUMMER XXXIII

Maschinen funktionieren am besten,
wenn es am wenigsten darauf ankommt.

Wenn die Natur nicht unbotmäßig sein soll, muss man erklären, warum die letzte Seite der Windschutzscheibe, die abtaut, immer die Fahrerseite ist. Oder warum man praktisch jede Diät mit sieben Worten zusammenfassen kann: »Wenn es gut schmeckt, ist es schlecht.«

Dr. John Allen führte während seiner Zeit als Präsident der General Research Corporation einen Graphen: der Zuverlässigkeitstrend bestimmter Typen luftgestützter Radarsysteme als Funktion des Jahres ihrer Entwicklung. Zuverlässigkeit meint hier, was in den Konstruktionsspezifikationen für neue Systeme angegeben ist – oder mit anderen Worten: die angestrebten Zielwerte. Die Verbesserung der spezifizierten mittleren ausfallfreien Zeit der modernsten Systeme ist wahrhaft beeindruckend – sie nimmt jedes Jahrzehnt um den Faktor zehn zu.

Leider ergibt dieselbe Analyse, dass die mittlere ausfallfreie Zeit, die bei Geräten im Einsatz tatsächlich realisiert wurde, einfach immer eine feste Größe ist – weit unter den spezifizierten Werten. Es gibt also keine echte Beziehung zwischen dem Erwarteten und dem, was eintritt. Offenbar kam in der betrachteten Periode eine neue universelle Zuverlässigkeitskonstante (ähnlich wie die Zahl π) zum Tragen, die die großen Fortschritte in der Kunst der Abfassung von Spezifikationen zunichte machte. Andere Trends sind zum Glück viel ermutigender, doch muss man trotzdem notwendigerweise zu dem Schluss kommen, dass Luftfahrt-Elektronik für Begeisterung nicht empfänglich ist. Dasselbe, darf man hinzufügen, gilt für Mikrowellen, Autos, Elektroloks und Wasserkocher – um ein paar erdverbundenere Dinge zu nennen.

Die Konsequenzen des obigen Gesetzes der ständigen Widersetzlichkeit werden durch die Tendenz der Manager verschärft, angesichts drohender Finanzierungslücken den Teil eines Programms zu eliminieren, der die geringsten kurzfristigen Auswirkungen hat, ziemlich teuer und für die Demonstration der sogenannten Grundleistungsfähigkeit des betreffenden Produktes nicht unbedingt erforderlich ist – das heißt, sie streichen bei der Verbesserung der Zuverlässigkeit und bei den Testreihen. Genau dies ist das Gebiet, auf dem sich die Japaner hervorgetan haben, indem sie völlig richtig die Qualität betonten – und zur Verblüffung vieler amerikanischer Manager bewiesen sie, dass es – wie bereits bemerkt – unter dem Strich weniger kostet statt mehr, ein Qualitätsprodukt zu bauen. Stark vereinfacht gesagt, liegt das daran, dass es weniger kostet, etwas einmal zu tun statt zweimal. Eine zutreffende Einschätzung der Auswirkungen mangelhafter Qualitätspraktiken gab Dallas Green, Manager eines Weltmeisterteams, nämlich der Phillies, nach der vierten klaren Niederlage seiner Mannschaft im folgenden Jahr zu Protokoll, um zu erklären, wie sie ans Tabellenende gerutscht war: »Wir haben es redlich verdient«, verkündete er.

Kapitel 34

Der fehlende Nagel

»Das war ein Truthahn.«

Charles Dickens

Im Rückblick hatte das Ende, von niemandem vorausgeahnt, mit einer fehlenden Lötstelle angefangen. Diese wiederum hatte zu etwas geführt, was Experten als »anomalen Flugzustand« bezeichnen. Nachdem man die Teile eingesammelt hatte, die diese Anomalie überlebt hatten (was einige Zeit dauerte, da sie über mehrere Quadratkilometer Landschaft verstreut waren), fand man heraus, dass die Konstruktion fehlerhaft war, dass die gebauten Teile nicht der Konstruktion entsprachen und dass die Qualitätskontrolle mangelhaft war und die Diskrepanz nicht aufgespürt hatte. Alle hatten mit sich selbst zusammengearbeitet. Abgesehen davon schien der neue Projektleiter, der am vorigen Tag das Kommando übernommen hatte, seine Herrschaft wieder zu festigen. Trotzdem herrschte beträchtliche Enttäuschung über die Fülle an Hard- und Softwareproblemen – insbesondere angesichts des Flugtestprogramms der Maschine, dem erst vor kurzem drei erfolgreiche Testreihen von je einer Erprobung hintereinander geglückt waren. Zwei Fraktionen stritten darüber, ob die Konsequenzen eines Motorausfalls abgemildert worden wären, wenn man das Flugzeug mit mehr Motoren ausgestattet hätte, oder ob mehr Motoren bloß die Wahrscheinlichkeit eines Ausfalls erhöht hätten. Der Chefstatistiker der Firma war ohnehin ein bisschen verdächtig, vor allem wegen seiner Berechnungen auf dem Jahresball der Firma, wo er die extrem geringe Wahrscheinlichkeit enthüllte, dass ein Mitarbeiter je in einem Flugzeug fliege, in dem zwei Personen völlig unabhängig voneinander Bomben dabei hätten – und der daher empfahl, aus Sicherheits-

gründen sollten alle Mitarbeiter beim Fliegen eine Bombe im Gepäck haben. Die Sache wurde noch schlimmer, als herauskam, dass der regierungsamtliche Projektleiter des unsichtbaren Flugzeugs inzwischen vom FBI, dem Bundesrechnungshof und dem Finanzamt durchleuchtet worden war, weil er vor zwölf Jahren von einem Anbieter einen Souvenir-Schlips angenommen hatte. Da war es ein weiterer Schlag für die Moral, dass einige ihre Kritik von vor einigen Monaten erneuerten, derartige Fehler wären gar nicht erst aufgetreten, wenn man das Testprogramm noch stärker gestutzt hätte. Es wurde immer deutlicher, dass die Zeit zwischen der Bekanntgabe des Gewinners der Ausschreibung und dem Ende der Siegesparty die glücklichste Phase des Projektes gewesen war.

Wenn man es mit einem mehrere Millionen Euro teuren Gerät zu tun hat, ist seltsamerweise das Teil, das ausfällt, immer ein Verschluss für 7 Euro, ein Bolzen für 70 Cent oder höchstwahrscheinlich eine Lötstelle für 7 Cent.

Dass diese Vermutung zutrifft, bestätigt das Beweismaterial von Grafik 19, die die Flugunglücke des Raumfahrtprogramms untersucht. Jeder Punkt stellt den Verlust eines gesamten Raumschiffes wegen einer Anomalie (sprich: »Explosion«) der Trägerrakete dar und verknüpft die Kosten der gestarteten Ausrüstung (ausschließlich Nutzlast) mit den geschätzten Kosten des Gegenstandes, der zum Fehlschlag der Mission führte. Die angegebenen Kosten sind die des teuersten austauschbaren Teiles, dem man aufgrund der verfügbaren Daten den Ausfall anlasten kann, und stellen daher die Maximalkosten dar. In fast allen Fällen ist die Fehlerursache wahrscheinlich noch auf ein viel untergeordneteres Bauteil zurückzuführen, das mindestens zehnmal weniger kostete als in der Grafik angegeben. Wie Klipsteins Gesetz besagt, wird ein »teurer Transistor, der durch eine schnell reagierende Sicherung geschützt ist, immer die Sicherung schützen, indem er zuerst durchbrennt.«

Der Grund für dieses Verhalten ist wieder einmal, dass man potentielle größere Probleme, die zu Beginn eines Programms festgestellt (und befürchtet) werden, intensiv durchleuchtet und daher meist vermeidet. Die Probleme, die größere Programme tatsächlich belasten, findet man nur selten auf der Problemliste zu Beginn eines Projektes. Gewöhnlich fällt einer der buchstäblich Millionen von Routineaufgaben oder kleinen Bauteilen eines Großproduktes, die so viel persönliche Wachsamkeit und Disziplin von allen Ebenen

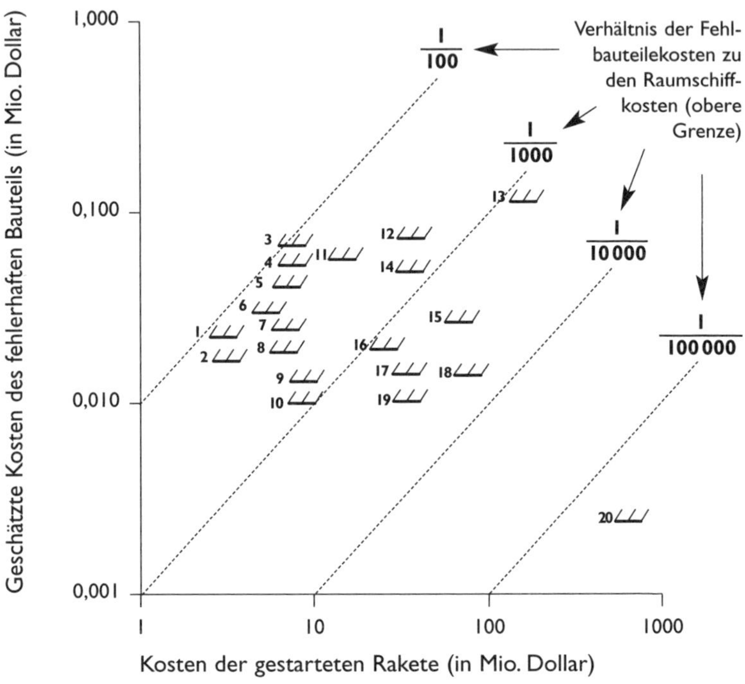

= Missglückte Flüge der zivilen Raumfahrt: **1** Scout, **2** Scout, **3** Thor Delta, **4** Thor Delta, **5** Juno II, **6** Jupiter C, **7** Juno II, **8** Juno II, **9** Thor Delta, **10** Thor Delta, **11** Thor Agena, **12** Atlas Agena, **13** Titan Centaur, **14** Atlas Agena, **15** Atlas Centaur, **16** Atlas, **17** Atlas Agena, **18** Atlas Centaur, **19** Atlas Agena, **20** Saturn V.

Grafik 19: *Von Wanzen gefressen.* Die meisten Testversagen größerer Systeme liegen an scheinbar geringfügigen Fehlern von Bauteilen, die selbst nur einen kleinen Bruchteil der Gesamtkosten des Systems ausmachen. Daher sind bei größeren technischen Projekten außergewöhnliche Disziplin und Wachsamkeit vonnöten, da Maschinen auf menschliches Versagen sehr rigoros reagieren.

der Arbeiterschaft und des Managements verlangen, den unnachsichtigen Gesetzen der Wahrscheinlichkeit oder der Schlamperei zum Opfer. Jene Sorgfalt ist der Grund, dass man Verkehrsflugzeuge so zuverlässig bauen kann, dass sie umgerechnet pro tödlichen Unfall 40000 mal die Erde umrunden – doch legt es Zeugnis für unser Genie als Manager ab, dass dieselben Fluggesellschaften es schaffen, ihnen anvertraute Koffer mit bemerkenswerter Konsequenz verspätet abzuliefern, zu verlieren oder zu beschädigen. Wie die Redensart sagt: Das Frühstück in New York, das Mittagessen in Los Angeles und das Gepäck in Bagdad. Von Löwen werden wir nur selten verfolgt. Öfter leiden wir unter der Schande, dass wir von Wanzen aufgefressen werden. Ein Plakat, das in vielen Räumen von Flughäfen für Privatpiloten an prominenter Stelle hängt, weist passenderweise daraufhin: »Die Luftfahrt an sich ist nicht unbedingt gefährlich. Doch noch mehr als die See ist sie schrecklich unnachsichtig gegen Sorglosigkeit, Unfähigkeit oder Schlamperei.« Das könnte man, vielleicht in etwas geringerem Maße, für viele andere Geschäftsbereiche verallgemeinern.

Manchmal kann eine einzige Fehlfunktion eine ganze Industrie zu Boden zwingen. Das politische Donnerwetter nach einem klemmenden Ventil in der Anlage auf Three Mile Island hatte wahrscheinlich schlimmere Folgen für die amerikanische Atomkraftindustrie als alle anderen Herausforderungen, die ihr gestellt sind.

Aus dem ausführlichen Belegmaterial ähnlich dem oben angeführten lässt sich Augustines Gesetz der Vervielfachung des Verderbens ableiten:

Gesetz Nummer XXXIV

Es ist zu erwarten, dass man das Erwartete verhindern kann, doch dass man das Unerwartete hätte erwarten müssen.

Die Geschichte der Luftfahrt ist nur ein Beispiel einer Industrie, die von Belegen für dieses Phänomen strotzt – viele davon ebenso ironisch wie katastrophal. Die Entwicklungsfirma einer Flugzeugturbine erlitt eine Serie höchst zerstörerischer Fehler auf dem Prüfstand infolge von Fremdkörpern (Bolzen, Unterlegscheiben, Kleinwerkzeuge), die man versehentlich in den Testmotoren vergessen hatte. Danach wurde vorgeschrieben, dass vor jedem Testlauf ein Inspektor sich persönlich in den Einlass der Turbine zu begeben hatte, sie mit einer Taschenlampe auf Fremdkörper untersuchen und dann schriftlich bestätigen musste, dass er keine derartigen Gegenstände gefunden hatte. Erst dann wurde ein Probelauf vorgenommen. Wie zu erwarten war, dauerte es nicht lange bis zum nächsten katastrophalen Fehler – diesmal lag es daran, dass der Inspektor seine Taschenlampe in der Turbine vergessen hatte.

Bei einem anderen Projekt in den sechziger Jahren waren zwei von verschiedenen Herstellern gelieferte Schaltkästen für Raketen mit einem zweipoligen Kabel miteinander verbunden. Dank einer besonders gründlichen Vorflugkontrolle wurde entdeckt, dass die Drähte vertauscht worden waren, und man wies die Hersteller an, das Problem zu korrigieren. Der Fehleranalyse nach dem missglückten Flug blieb es überlassen, zu enthüllen, dass die Hersteller in der Tat die vertauschten Drähte andersherum angeschlossen hatten. Es hatten sogar beide die Korrektur vorgenommen – was wieder einmal beweist, dass zweimal falsch nicht richtig ergibt.

Dreimal übrigens auch nicht. Ein bestürzender Ausfall aller drei Motoren eines Großraum-Verkehrsflugzeuges wurde darauf zurückgeführt, dass die Mechaniker es unterlassen hatten, ein paar billige Unterlegscheiben richtig in das Treibstoffsystem einzubauen. Es ist ein fundamentales Axiom der Mathematik, dass Redundanz nur gegen voneinander unabhängige Fehler schützt – daher reicht es nicht, konsequent zu sein, wenn man konsequent das Falsche tut.

Manche würden diese Vorfälle dem Glück oder dem Mangel daran zuschreiben. Unbestreitbar nimmt das sogenannte Glück auf viele Ereignisse Einfluss, aber vieles, was als Pech durchgeht, ist eigentlich nichts anderes als menschliche Nachlässigkeit – der Mangel an Disziplin, etwas »gründlich und richtig zu machen«. Man muss sich auf den Standpunkt stellen, dass es so etwas wie die überall proklamierten »zufälligen Ausfälle« von Maschinen nicht gibt. Alle Fehler treten aus einem bestimmten Grund auf. Don Shula, der erfolgreiche Ex-Trainer der Miami Dolphins, tat einmal das Glück mit folgenden Worten ab: »Klar, Glück oder Pech bedeuten im Football eine Menge. Es ist Pech, wenn man keinen guten Abwehrspieler hat.«

Doch trotz der Fülle von Geschichten über Maschinenversagen, das auf sogenannte unwichtige (und billige) Bauteile zurückzuführen ist, muss die Lösung hinterfragt werden. Was das für eine Lösung ist? Wie aus Gesetz-Nummer XV hervorgeht, eliminiert man einfach alle billigen Bauteile, indem man jedes Bauteil teuer macht. Wie jeder vernünftige Verkäufer nun erläutern kann, sind solche Bauteile absolut ausfallsicher und außerdem leicht zu reparieren.

Kapitel 35

Der Knall nach dem Fall

»So bald musst' ich scheiden von hinnen.
Ich frage mich: wozu beginnen?«

Grabstein auf dem Friedhof von Cheltenham

Dies war eine Erstleistung in den Annalen des Projektmanagements: Drei Monate hintereinander hatte man Senator Proxmires Goldenes-Vlies-Medaille für überragende Inkompetenz erhalten. Besonders peinlich war die Entdeckung der Medien gewesen, dass der Chef-Testpilot der Firma zuvor als Gepäckschmeißer bei einer der örtlichen Fluggesellschaften gearbeitet hatte. Und doch kam die Nachricht am 7. Dezember völlig überraschend. Es war, als hätte man auf der Abflugtafel im Flughafen hinter seinen Flugdaten die Aufforderung »Bitte melden Sie sich bei Ihrem Reiseleiter« erblickt. Ironischerweise war der größte Teil des Projektstabes nach dem Preisverleihungsbankett in dem neuen Club, der gerade gegenüber der Fabrik eröffnet hatte, auf eine nachmittägliche Siesta außer Haus. Wie sich herausstellte, war genau dies der Tag, an dem die Marketing- und Rechtsabteilungen bei dem im nachhinein so genannten Letzten Abendmahl für ihre bedeutenden Leistungen für das Projekt geehrt wurden. Wie die Firmenleitung anlässlich der Überreichung des Bonus-Schecks bemerkte, machte man wirklich gute Fortschritte – zumindest im Durchschnitt: Die Kosten eilten davon, während der Zeitplan nachhinkte. Nachdem die Mitteilung an den Generaldirektor eingetroffen war, wurde es ernst: An die gesamte Rechtsabteilung erging die Anweisung, sofort ins Werk zurückzukehren, ohne auch nur die Golfschläger einzusammeln. Die Ingenieure oder die Belegschaft wurden nicht erwähnt, da sämtliche Arbeiter auf der Suche nach den Teilen, die sie für ihre Arbeit brauchten, den ganzen Tag in der Fabrik herumgestrichen waren, und die Ingenieure hatte in den sechs Wochen, seit man die neuen Computer geliefert hatte, sowieso niemand mehr gesehen. Mittlerweile hatte sich sogar eine verbindende Gemeinsamkeit zwischen den Rechtsabteilungen der Regierung und des Unternehmens ergeben, die auf der geteilten Sorge beruhte, zwischen den für die Auftragsbearbeitung zuständigen Gruppen der beiden Organisationen könne der Friede ausbrechen.

Die endgültige Frage wird, wie zu erwarten war, von Yogi Berra gestellt. Berra bat seinen Zimmergenossen, Dr. Bobby Brown, als dieser gerade Grays Anatomie studierte: »Verraten Sie mir, wie es ausgeht.«

Eine Konsequenz der Myriade der hier erörterten Probleme ist die relativ hohe Sterblichkeitsrate, die bislang bei Entwicklungsprojekten – ob sie nun auf den allgemeinen Markt zielten oder für die Regierung bestimmt waren – zu verzeichnen ist. Diese Mortalitätswahrscheinlichkeit schlägt sich übrigens in den langfristigen Umsatzprognosen eines Unternehmens kaum nieder, ist jedoch alles in allem sehr genau voraussagbar. Es ist einfach sehr gut abzusehen, wie schlecht konzipierte Programme enden.

Um bis zur Fertigstellung zu überleben, muss jedes Programm bei seinen Auseinandersetzungen mit den verschiedenen Schritten der Budgetplanungszyklen eine extrem hohe Überlebenswahrscheinlichkeit im Einzelkampf beibehalten. Dies gilt insbesondere für Projekte im Regierungsauftrag, da schon allein bei der Haushaltsverabschiedung im Kongress jährlich mindestens achtzehnmal über das Budget eines F&E-Programms abgestimmt wird – oder insgesamt 144-mal in der durchschnittlichen Lebensspanne eines Projekts; also ist es erforderlich, ein Programm in schneller Bewegung zu halten, um die Zeit seiner Gefährdung zu verringern. In so einem Umfeld Programme zu managen, ist ganz ähnlich wie in einigen trockeneren Regionen von Texas Vieh zu züchten, in denen eine Kuh angeblich mit 100 Stundenkilometern grasen muss, nur damit sie nicht verhungert.

Die in Grafik 20 präsentierten Sterblichkeitsraten stammen von über 300 bedeutenden Regierungsprojekten und belegen, wie anfällig derartige Unterfangen sind. Die Daten enthüllen die Wahrscheinlichkeit, mit der ein gegebenes Projekt es nicht schafft, die Bedrohungen wider seine Existenz vor einem bestimmten Alter zu überleben. Man sieht, dass die Wahrscheinlichkeit der vorzeitigen Beendigung eines Projektes mit jedem Jahr um etwa 4 Prozent steigt – bis auf das erste Jahr, das manchmal als die Flitterwochen bezeichnet wird. Nach dieser kurzen Ruhepause kann man fast zu jeder Zeit die Niederlage den Klauen des Sieges entreißen. Das ist anscheinend ziemlich unabhängig vom Reifegrad des Programms, wahrscheinlich sogar für solch betagte Unterfangen wie zwei dem Autor bekannte Entwicklungsprojekte, die die Wahrscheinlichkeitsgesetze erfolgreich

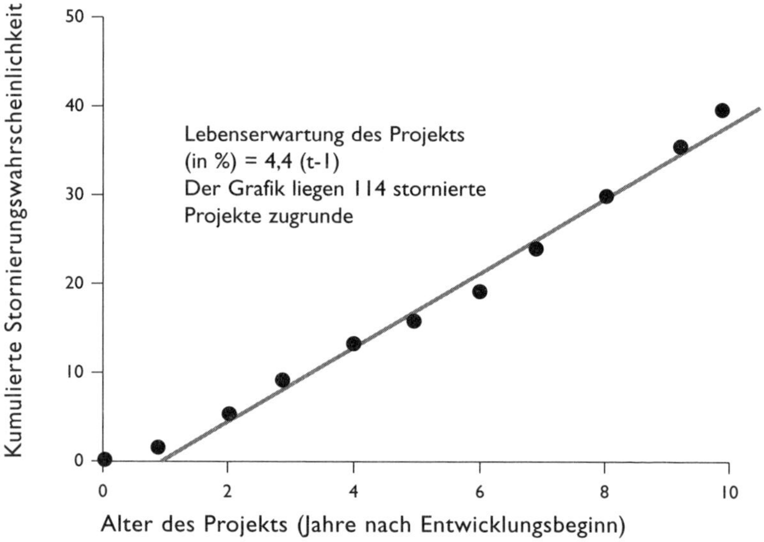

Grafik 20: *Sein oder Nichtsein.* Die Wahrscheinlichkeit, dass ein Programm storniert wird, ist höher oder niedriger proportional zu seiner Dauer. In bestimmten Grenzen werden sowohl die Kosten wie auch die Wahrscheinlichkeit einer Projektstornierung dadurch minimiert, dass man dieses rückhaltlos finanziert, so dass es mit einem relativ aggressiven Zeitplan durchgeführt werden kann.

negiert haben und sich in Kürze seit achtzehn Jahren in der Entwicklung befinden werden. Den einzigen Grund zum Optimismus hinsichtlich derartig vergreister Programme gab der – im Alter von 100 Jahren verstorbene – Hollywood-Star George Burns, der bemerkte: »Wenn Sie erstmal über hundert sind, haben Sie es geschafft. Man hört so gut wie nie vom Tode eines Menschen, der über hundert ist.«

So scheinen viele Projekte das Übel zu teilen, das besagter Mr. Berra einst einem völlig anderen Wirkungskreis zuschrieb: »Im Yankee-Stadion«, meinte er, »wird es schon früh spät.«Diese Schlussfolgerung ist gewiss besonders enttäuschend, wo doch fast alle neuen Projekte mit so vielen Versprechungen und Pauken und Trompeten beginnen. Doch wie der pensionierte Generalleutnant und ehemalige Astronaut Tom Stafford uns erinnert: »In die Schlagzeilen von gestern werden heute Fische eingewickelt.«

Auf die Frage, ob es ihn nicht freue, dass bei jeder Rede von ihm der Saal berstend voll sei, erwiderte Winston Churchill einmal: »Der Gedanke ist ziemlich schmeichelhaft, aber jedesmal fällt mir dabei ein, dass doppelt so viele Leute da wären, wenn ich, statt eine politische Rede zu halten, gehängt würde.«

In der Tat scheinen viele geschäftliche Projekte eine große Zukunft hinter sich zu haben. Das Problem ist natürlich, dass die Manager unangemessen viel Zeit mit dem Versuch vertun müssen, ihren Projekten Mittel zuzuführen – statt über ihre richtige Ausführung zu wachen. Aber es liegt einfach in der menschlichen Natur, dass man seine Bestrebungen zu retten versucht, wenn sie Gefahr laufen, storniert zu werden, wie Augustines Gesetz des Unvollendeten anerkennt:

Gesetz Nummer XXXV

Eine Million gespart heißt eine Million verdient.

Die Leiter anspruchsvoller Produktentwicklungsprojekte können den Ärger der Bürger von Iowa verstehen, die eines Tages in der

Wettervorhersage ihrer Tageszeitung lasen: »Mit 90-prozentiger Wahrscheinlichkeit wird es morgen.« Der französische Dichter und Philosoph Paul Valery bemerkte einmal: »Das Ärgerliche an unserer Zeit ist, dass die Zukunft nicht mehr ist, was sie einmal war.«

Es wurde auch gesagt, dass es nur zwei Dinge gibt, die man vom Geschäft verstehen muss: wie man einsteigt und wie man wieder aussteigt. Letzteres ist wahrscheinlich das Schwierigere – zu wissen, wann man ein lang verfolgtes Ziel aufsteckt.

Epilog

»Wenn dies die beste aller möglichen Welten ist,
was sind dann die anderen?«

Voltaire

Nur wenige Dinge haben mehr zum Wohlstand von Nationen beigetragen als die Einführung der freien Marktwirtschaft – diese Erkenntnis verbreitete sich zum Ende des 20. Jahrhunderts wie ein Lauffeuer rund um den Globus. Dennoch gibt es zahlreiche Missverständnisse und falsche Vorstellungen über die Grundlagen dieses Systems, die auch in Amerika weit verbreitet sind. Eine über den Zeitraum von vierzig Jahren durchgeführte Meinungsumfrage der Opinion Research Corporation ergab, dass der Durchschnittsamerikaner glaubt, die Gewinne der Industrie – nach Steuerabzug – lägen in der Größenordnung von 30 Prozent vom Umsatz (was ein mangelndes Verständnis der Steuergesetze verrät, dem nur die mangelnde Kenntnis darüber das Wasser reichen kann, dass der durchschnittliche Gewinn in etwa 5 Prozent beträgt). Bei einer von derselben Organisation angestellten Umfrage antworteten 54 Prozent der High-School-Schüler auf die Frage, ob die Regierung die amerikanische Industrie verstaatlichen solle: »Keine Meinung.« Das war die vielleicht alarmierendste Feststellung des ganzen Buches – jedenfalls bis eine neuere Umfrage unter High-School-Absolventen zeigte, dass 56 Prozent der Befragten glaubten, der einzige Unterschied zwischen den Geschäftsführern von Enron und denen anderer großer Firmen läge darin, dass die bei Enron erwischt worden seien.

Wahrhaftig – Geschäftsleute tun viele Dinge, die man, unter der Lupe betrachtet, nur als seltsam und mysteriös bezeichnen kann. Und in manchen Fällen sogar als unehrenhaft. Doch die Leistungen der amerikanischen Geschäftswelt sind in der Tat enorm und werden von praktisch jedem, dem der Autor auf seinen Reisen in etwa fünfundneunzig Länder der ganzen Welt – darunter viele kommunistische und ex-kommunistische Nationen – begegnet ist, hoch geschätzt. Dieser Respekt galt zumindest bis vor kurzem besonders der Luft- und Raumfahrtindustrie, die auf diesen Seiten ganz bestimmt besonders viel einstecken musste – für kein schlimmeres Vergehen, als dass sie dem Autor ein Leben lang Anregungen, Chancen und Freundschaften in einer Gruppe außergewöhnlich netter Menschen geboten hat. Der Autor versteht, was Charles Lindbergh meinte, als er sagte: »Wissenschaft, Freiheit, Schönheit, Abenteuer. Was kann man vom Leben mehr verlangen? Die Luftfahrt hat all die Elemente in sich vereinigt, die ich liebte.«

Vielleicht kann nur ein Gebiet, das sich derartig reichliche Leistungen zugute halten kann, intensive Selbstkritik ertragen oder sogar begrüßen. Trotz aller auf diesen Seiten beleuchteten Pannen und Narreteien gibt es nur wenige Unterfangen in der gesamten Menschheitsgeschichte, die auf größere Errungenschaften verweisen können als die Luftfahrtindustrie – die etwa ein weltweites Transport- und Kommunikationssystem errichtete und bis an die Grenze des Weltraums vordrang.

Im Jahre 1903 unternahm Wilbur Wright den ersten missglückten Flug, der schließlich nicht nur zum Überschallflugzeug führte, das den Atlantik in etwas über drei Stunden überqueren konnte, sondern auch zu den Großraumflugzeugen, die den Begriff des Transportmittels und der Verkehrssicherheit grundlegend verändert haben. In einem durchschnittlichen Jahr sterben mehr Amerikaner an Bienenstichen als durch Unfälle von Verkehrsflugzeugen .

Keine acht Jahrzehnte sind verstrichen von dem Tag, da die Gebrüder Wright sich in die Luft erhoben, bis zu dem Zeitpunkt, als die Raumfähre ins All aufbrach – wobei letztere von Treibstoff in einem so großen Tank angetrieben wurde, dass die Flugbahn des berühmten Wright-Fluges hineinpassen würde.

Desgleichen liegen nur fünf Jahrzehnte zwischen der 1919 von

Robert Goddard verfassten Arbeit, in der er die Konstruktion einer Rakete beschrieb, die den Mond erreichen könne, und dem Tag, als Neil Armstrong seinen Fuß darauf setzte, nachdem ihn eine Rakete dorthin befördert hatte, die noch auf der Startrampe doppelt so hoch war wie die Flughöhe von Goddards berühmten Projektil.

Die erste Rakete, die Anfang der sechziger Jahre einen Menschen ins Weltall beförderte, war etwa so hoch wie der Blitzableiter an der Startrampe der Raumfähre. Die Menschheit ist nun daran gegangen, die meisten Planeten mit Hilfe von Sonden aus der Nähe zu erkunden und detaillierte Analysen von unserem Nachbarn, dem Mars, anzustellen; und viele wichtige Missionen im Weltraum wurden von Menschen durchgeführt, die ungebunden als menschliche Satelliten mit über 36 000 Stundenkilometern die Erde umkreisten.

Auf dem Gebiet der Elektronik waren die Entwicklungen gewaltig. 1943, zwei Jahre nach der Fertigstellung des ersten funktionsfähigen Computers durch Konrad Zuse, vertrat IBM-Chef Thomas Watson die Ansicht, es gäbe »einen weltweiten Bedarf an vielleicht fünf Computern«. Noch Mitte der siebziger Jahre glaubte DEC-Gründer Ken Olson, dass es keinen Grund gäbe, warum jemand einen Computer zuhause haben wolle. Wie wir heute sehen, haben sich beide gründlichst geirrt.

Ein Indikator für die Geschwindigkeit, in der sich die technische Entwicklung vollzieht, ist ENIAC, der erste große Digitalrechner der Welt: Mit einem Gewicht von 30 Tonnen und über 30 000 Vakuumröhren füllte er einen großen Raum aus und verbrauchte soviel Strom wie 1 700 Glühbirnen. Keine vier Jahrzehnte später wurde diese geballte Computer-Kraft von Geräten in den Schatten gestellt, deren Rechenleistung um ein vielfaches höher lag, die noch keine hundert D-Mark kosteten und die man in der Hosentasche mit sich herumtragen konnte – ganz zu schweigen davon, dass sie ihre Energie aus Sonnenlicht bezogen.

Wirklich – für eine Industrie, die ihre Anfänge auf zwei Leute zurückführt, die in einem Fahrradladen arbeiteten, und einen weiteren, der auf einem Kohlfeld Raketen starten ließ, hat sie eine Menge erreicht.

Doch jedes der hier vorgestellten »Gesetze« resultiert aus der realen Erfahrung mit realen Projekten und realen Problemen. Trotz der bisherigen Errungenschaften bleibt offenbar noch viel zu tun. Weiterhin scheinen die Gesetze und die Probleme, von denen sie abstammen, keine Vorliebe für eine bestimmte Branche oder ein bestimmtes Forschungsgebiet zu haben. Das meiste, wie man daraus lernen kann, ist selbstverständlich; ein paar Lehren werden in den folgenden Absätzen zusammengefasst.

Menschen sind bei fast jedem Unterfangen, auch im Geschäftsleben, der Schlüssel zum Erfolg. Das auffälligste Merkmal effizienter Führungskräfte scheint ihre Fähigkeit zu sein, Talent zu erkennen und sich mit fähigen Kollegen zu umgeben. Hat man einmal solche Kollegen gefunden, ist es die Quintessenz vernünftigen Managements, sie großzügig zu honorieren, damit sie auf keinen Fall verloren gehen.

Teamarbeit ist der Grundstoff effektiver Unternehmen. Solisten wirken inspirierend in der Oper, vielleicht sogar bei kleinen unternehmerischen Wagnissen, doch in Großkonzernen haben sie keinen Platz. Damit soll keinesfalls gesagt sein, dass es keinen Platz für Individualisten gibt, sondern nur, dass die Mitglieder des Teams bereit sein müssen, ihre individuellen Wünsche zum Wohle des Teams zurückzustellen.

Das Selbstwertgefühl ist im Geschäft so wichtig wie im Sport. Eine Unternehmensmannschaft muss sich als Sieger fühlen – wie Patienten, die einen Arzt wählen, vertrauen sich Kunden nur selten Organisationen oder Menschen an, die nicht berechtigten, stillen Stolz und Zuversicht in ihre eigenen Leistungen und ihre Produktionsfähigkeit ausstrahlen.

Die Motivation ist das Zünglein an der Waage. Im Sport setzt man sie manchmal mit »geistiger Zähigkeit« gleich – wie könnte man sonst die zahlreichen Vorfälle in jeder Saison erklären, bei denen eine Mannschaft eine andere verdientermaßen besiegt, doch ein paar Wochen später vom Verlierer niedergerungen wird? Fast immer schlägt die Motivation das bloße Talent.

Anerkennung von Leistungen (oder dem Mangel daran) ist eine unerlässliche Form des Feedbacks. Schlechte Leistungen zu belohnen oder hervorragende Leistungen zu übersehen, ist, als würde man die Schalter für die beiden Hälften einer elektrischen Heizdecke an die falsche Seite des Bettes legen. Denken Sie darüber nach. Den Mitarbeitern und Kunden zuzuhören trägt Früchte – sie kennen ihre Arbeit und ihre Bedürfnisse besser als jeder andere. Wie oft hört man die Bemerkung: »Er redet zu viel,« doch wann haben Sie zum letzten Mal die Kritik gehört: »Er hört zu viel zu«?

Delegieren ist, wo immer es möglich ist, die beste Vorgehensweise. Zentralisieren Sie die Zielvorgabe, die Formulierung der Richtlinien und die Ressourcenverteilung und dezentralisieren Sie die Ausführung. Manager aller Ebenen brauchen Freiraum für ihre Arbeit. Wie Plato meinte, bedeutet Gerechtigkeit, dass jeder seine eigene Arbeit tut. Offenheit gegenüber Mitarbeitern wie Kunden ist unerlässlich, um Vertrauen zu schaffen. Beide müssen als die netten, wichtigen Leute behandelt werden, die sie fast immer sind – und wenn sie so behandelt werden, benehmen sie sich wahrscheinlich auch so. Absichtlich kaschierte Probleme werden mit dem Alter nur selten besser. Sagen Sie, was Sache ist. Die Kunden verdienen das Allerbeste. Um eine indianische Redensart zu paraphrasieren, wäre es nützlich, wenn im Geschäftsleben jeder eine Meile in den Mokassins des Kunden gehen könnte. Der Autor fragte einmal einen Mann, der an der Tankstelle Benzin pumpte, warum es an seiner Tankstelle immer so voll sei, während die auf der anderen Straßenseite, die vergleichbares Benzin zum selben Preis bot, fast immer leer war. Dieser weise Geschäftsmann antwortete: »Die sind in einer anderen Branche als wir. Die haben eine Tankstelle – wir sind ein Service-Betrieb.« Ironischerweise muss man sich am anderen Ende des Spektrums fragen, warum Patienten, die ihre Ärzte aufsuchen, sich auf ihren Krücken vom Ende des Parkplatzes durch Schneewehen kämpfen müssen, weil alle Parkmöglichkeiten am Haus »Für

Ärzte reserviert« sind statt für die zahlenden Kunden. Qualität ist der Schlüssel zur zufriedenen Kundschaft. Das bedeutet, dass man dem Kunden gibt, was vereinbart war – und das jedes Mal. Um Qualität zu erzielen, muss man sich die Perfektion zum Ziel setzen, seine Fortschritte an diesem Ziel messen und Korrekturmaßnahmen einleiten, wann immer sie vonnöten sind.

Stabilität der Finanzierung, der Terminpläne, Ziele und Mitarbeiter ist für jeden reibungslosen Geschäftsbetrieb ein Muss. Turbulenzen hingegen führen zu Arbeitsunterbrechungen und Kostensteigerungen, erzeugen Verzögerungen, mindern den Wert der Investitionen, lenken das Management ab, unterminieren das Verantwortungsgefühl und demotivieren die Mitarbeiter.

Fordern Sie von sich selbst jenes letzte Quäntchen Anstrengung – das kann den Unterschied gegenüber der Konkurrenz ausmachen, die nicht den Willen besitzt, die zusätzlichen Mühen auf sich zu nehmen. Das Geschäft macht Spaß, doch es bedeutet auch harte Arbeit. Vorkehrungen gegen das Unerwartete sind die beste Versicherung für einen Geschäftsmann. Man hat gesagt, die höchste Form des Managements sei das Management unter ungewissen Bedingungen. Man muss die Risikoquellen und Unbekannten ausfindig machen und Vorkehrungen treffen, sie zu überwinden – in Form von Geldreserven, Zeitreserven und Leistungsreserven. Versprechen Sie nur, was Sie produzieren können, und produzieren Sie, was Sie versprochen haben. Die »Handwerker» – die Leute, die tatsächlich mit dem Produkt in Kontakt kommen – sind die einzigen Mitarbeiter, die mit Sicherheit etwas leisten. Die anderen – Manager, Anwälte, Buchhalter, Berater, Revisoren – können etwas leisten, doch vielleicht tun sie es nicht. Letztere Gruppen sollte man besonders zurückhaltend erweitern. Regeln, Vorschriften, Richtlinien, Berichte und Organisationsdiagramme sind kein Ersatz für gesunde Urteilskraft der Firmenleitung. Man kann Probleme nicht per Dekret lösen. Das haben schon andere versucht.

Logik ist bei der Darstellung von Entscheidungsalternativen, Konsequenzen, Vorteilen und Risiken unabdingbar. Wo Parameter quantifiziert werden können, ist dies gewöhnlich wünschenswert. Konservativismus, kluger Konservativismus, ist in Finanzdingen in der Regel der beste Weg. Manchmal sind kalkulierte Risiken zulässig, doch nur, wenn ihre Folgen eingegrenzt werden können. Die Riesenwelle schafft man nur so und so oft, bis das Wahrscheinlichkeitsgesetz zum Tragen kommt. Andererseits sollte man bei der Beurteilung neuer Ideen bereit sein, bis an die äußersten Grenzen zu gehen. Integrität ist das sine qua non allen menschlichen Strebens – auch im Geschäft. Man hat sogar gesagt, wenn Schurken den Wert der Ehrbarkeit kennen würden, wären sie einfach aus Schurkerei schon ehrlich.

Viel des oben Gesagten läuft einfach auf Disziplin hinaus – und insbesondere auf die schönste Form dieser Kunst, die Selbstdisziplin. Die Disziplin, nicht den einfachsten Ausweg zu wählen; die Disziplin, die »netten Extras« links liegen zu lassen; die Disziplin, Änderungen auf ein Mindestmaß zu beschränken; die Disziplin, ein Qualitätsprodukt zu verlangen; die Disziplin, den Kunden fair zu behandeln, selbst wenn das etwas kostet, und die Disziplin, es »durchzustehen« und die Probleme zu lösen, die selbst in den bestgeführten Unternehmen auftreten. Wie Robert Townsend, der ehemalige Vorstandsvorsitzende von Avis, in seinem Buch »Organisation ist fast alles« schreibt, müssen Manager soviel Disziplin besitzen, dass sie nicht die Blumen ausrupfen, um zu sehen, ob die Wurzeln gesund sind.

Anscheinend haben wir uns die meisten unserer Probleme – und das könnte auch für die Lösungen gelten – selbst zuzuschreiben.

Ein Adler stürzt auf einen Hasen nieder.
Da dringt des Jägers Pfeil ihm in das Herz.
Im Tode sieht er noch des Pfeils Gefieder,
Erkennt die eigenen Federn sofort wieder:
»Was einst mich schmückte, bringt mir Tod und Schmerz!«

Nach *Äsop*

Gesetze sind wie Würstchen.
Wenn Sie sie mögen, sollten Sie nicht zusehen,
wie sie gemacht werden.

Bismarck

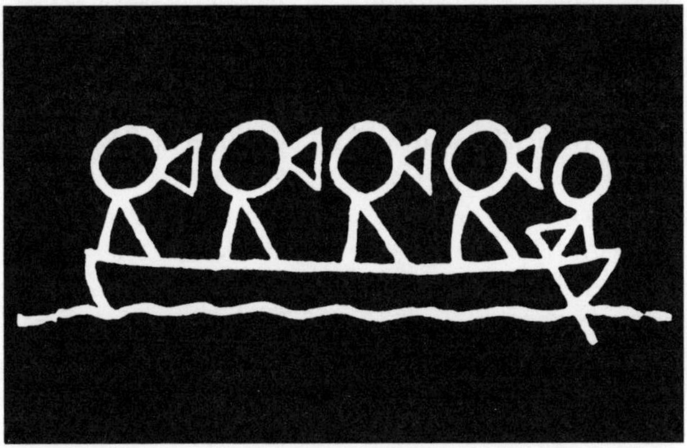

Register

Bildnachweise

Seite 2: Aviation Week & Space Technology
Seite 6: Columbia Business School
Seite 22: Jane's Publishing Company, Ltd.
Seite 60: Georgia Engelhard, Monkmeyer's Press Photo Service
Seite 100: Photoreporters Inc.
Seite 231: Aufnahme vom Testgelände, U.S. Army
Seite 259: Columbia Business School